吕思勉 著

# 通代史札记

吕思勉著作精选

读史札记

**图书在版编目（CIP）数据**

通代史札记 / 吕思勉著. -- 上海：上海古籍出版
社，2024. 11. --（吕思勉著作精选）. -- ISBN 978-7
-5732-1387-7

Ⅰ. K207-53

中国国家版本馆 CIP 数据核字第 2024TB4793 号

吕思勉著作精选·读史札记

# 通代史札记

吕思勉　著

上海古籍出版社出版发行

（上海市闵行区号景路 159 弄 1-5 号 A 座 5F　邮政编码 201101）

　　（1）网址：www.guji.com.cn

　　（2）E-mail：guji1@guji.com.cn

　　（3）易文网网址：www.ewen.co

上海颛辉印刷厂有限公司印刷

开本 890×1240　1/32　印张 10.125　插页 2　字数 268,000

2024 年 11 月第 1 版　2024 年 11 月第 1 次印刷

ISBN 978-7-5732-1387-7

K·3725　定价：52.00 元

如有质量问题，请与承印公司联系

# 前 言

　　有一种说法,说理想的历史著述家,要写过一部历史的专著,写过一部历史教科书,再写过一部历史通俗读物。又有一种类似的说法,把教科书换成了方志书,或是把通俗读物换成了历史地图册,说唯有著述了多种主题、多种形式的史学作品,历史著述才算达到了完满的境界。这些说法,当然不是在为史学评论提供一种评判的标尺,其本意是强调历史著述家除了要撰写专业领域里的学术著作,还要尽其所能为社会大众提供多种多样的历史作品,以满足不同层次、不同爱好的读者需要。

　　由此而论,史学家吕思勉先生倒是达到了理想的历史著述境界。他不仅写有大部头的史学著作,如《先秦史》《秦汉史》等成系统的四部断代史,还写过大量的文史教科书和历史通俗读物。其数量之多、品类之丰,在民国时代众多的史学大家中也是很罕见的。而且,他撰写的教科书和历史通俗读物,都是精心之作,或被后人称之为通俗读物之典范。

　　如此次"吕思勉著作精选"收录的一九二四年商务印书馆出版的《新学制高级中学教科书本国史》,黄永年先生曾评价说:这本书现在已经很少有人知道了,有一篇《吕思勉先生主要著作》,就没有提到这本书,也许认为这只是教材而非著作。"其实此书从远古讲到民国,只用了十二万字左右篇幅,而政治、经济、文化以及典章制度各个方面无不顾及,在取舍详略之中,体现出吕先生的史学史识,实是吕先生早期精心之作。有些青年人对我讲,现在流行的通史议论太多,史实太少,而且头绪不清,实在难读难记。我想吕先生这本要言不烦的《本国史》是否可以给现在编写通史、讲义的同志们一点启发。"(黄永年:《回忆我的老师吕诚之先生》,《学林漫录》第四集,北京,中华书局,1981年)

又如《三国史话》,原是吕先生撰写《秦汉史》的副产品,出版之后,就很受欢迎,被视为历史通俗读物的典范之作。虞云国先生说:史学大师吕思勉既有代表其学术高度的断代史,又有通俗读物《三国史话》,"各擅胜场,令人叹绝"。(吕思勉:《三国史话》封底,北京,商务印书馆,2015年)梁满仓先生也说:"《三国史话》的大家风范,首先体现在作者强烈的历史责任意识……还表现在一些经得住时间检验的观点……《三国史话》是一部通俗历史读物,然而通俗中却包含着渊博的知识……小中见大、通俗中见高雅,《三国史话》为我们树立了典范。"(梁满仓:《〈三国史话〉的大家风范》,吕思勉:《三国史话》,北京出版社,2012年)如今,吕先生的各种著述一再重版、重印,成为民国史学家中最为大众欢迎的史家之一,说明上述史学家们的评说已经成为大家的共识。

本着这样的认识,我们在吕先生一千余万字的著述中,选择了二十余种兼具通俗性与专业性且篇幅适宜者,根据内容分为七类,分别是:通史、专门史、修身、历史分级读本、读史札记、史话和国学,组成"吕思勉著作精选",以飨读者。如最先推出的"吕思勉著作精选·专门史",收入《中国社会史》、《中国社会变迁史(附大同释义)》、《中国民族史两种》和《中国文化史六讲　中国政治思想史十讲》。何以收入此四种?吕先生历来备受关注者,即其"两部通史、四部断代史、一种札记",但其对专门史亦非常重视。他提倡"专就一种现象的陈迹加以研究"之专门的历史,并且身体力行,在史学实践中完成社会史、民族史、文化史、政治思想史等专史著作,涵盖面很广。且其专门史常常有一种贯通的眼光,既是朝代的贯通,也是"专门"的贯通,如其讲政治思想史、文化史,则先论社会史,因此其专门之中又多贯通,体现了其"综合专门研究所得的结果,以说明一地域、一时代间一定社会的真相"的治学路径。吕思勉先生的历史著作,大多都蕴含着这种"贯通"的眼光。以此为例,是想说明我们精选吕思勉著作的用意,以及帮助读者更好地理解中国历史的希望。

　　为了便于查考,本书为各篇札记编了序号,并在目录中篇题后以"＊"号标注其版本出处:标＊的曾刊于《燕石札记》(商务印书馆,1937 年),标＊＊的曾刊于《燕石续札》(上海人民出版社,1958 年),标＊＊＊的曾刊于《论学集林》(上海教育出版社,1987 年),标＊＊＊＊曾刊于《吕思勉遗文集》(华东师范大学出版社,1997 年),标＊＊＊＊＊的为《吕思勉读史札记(增订本)》(上海古籍出版社,2005 年)所增补,标＊＊＊＊＊＊是《吕思勉全集》(上海古籍出版社,2015 年)所增补。未标星号的,均刊于《吕思勉读史札记》的初版本(上海古籍出版社,1982 年)。札记中的注文,均作文中夹注;编者按语则作页下注。

# 目 录

# 〔一〕西王母考

　　西王母古有两说：一以为神，一以为国。然二说仍即一说也。《山海经·西山经》曰："又西三百五十里曰玉山，是西王母所居也。西王母其状如人，豹尾，虎齿，而善啸，蓬发，戴胜。是司天之厉及五残。"《海内北经》曰："西王母，梯几而戴胜杖。"《郝疏》云："如淳注《汉书》司马相如《大人赋》引此经无杖字。"其南有三青鸟，为西王母取食，在昆仑虚北。《大荒西经》云："西海之南，流沙之滨，赤水之后，黑水之前，有大山，名曰昆仑之丘。有神，人面虎身，有文，有尾，皆白，处之。其下有弱水之渊环之。其外有炎火之山，投物辄然。有人戴胜，虎齿，有豹尾，穴处，名曰西王母。此山万物尽有。"上文又云："西有王母之山。"郝《疏》云："西有当为有西，《太平御览》九百二十八引此经作西王母山可证。"此皆以为神者也。《淮南·览冥》谓羿请不死之药于西王母，当即指此。《吴越春秋·越王阴谋外传》云："立东郊以祭阳，名曰东皇公，立西郊以祭阴，名曰西王母。"《史记·赵世家》："缪王使造父御，西巡狩，见西王母，乐之忘归。"《索隐》曰："谯周不信此事，而云：予尝闻之，代俗以东西阴阳所出入，宗其神，谓之王父母，或曰地名，在西域，有何据乎？"此亦以为神，而其说迥异。《大戴礼记·少间》、《尚书大传》均言舜之时，西王母献其白琯。《新唐书》言尧身涉流沙，封独山，见西王母，《修政语上》。《论衡》谓禹、益见西王母,《别通》。《尔雅·释地》,以觚竹、北户、日下、西王母为四荒。《淮南·墬形》云:"西王母在流沙之濒。"则皆以为国名矣。古多怪异之谈,后世知识稍进,则其所谓神者,怪异之性质较少,哲学之见解渐多,及儒生,乃径说之以人事。此可见同一名也,而其实迥异,辗转变迁,遂至判然二物。然谓其说非同原,固不可也。

古所谓西王母之神者,究在今何地与? 不可知也。何也? 流沙、弱水等,久成缪悠传说之辞,不易即地理凿求其所在也。惟以为在西方,寖假而以为在极西,则其见解迄未变。《尔雅》遂以为四荒之一。《淮南王》云:"在流沙之濒。"流沙,亦古人所以为极西之地,而实未能确知其所在者也。因西王母之所在,实不可知,而又相沿以为极西之地,于是凡心所以为极西之地,即指为西王母之所在。《史记·大宛列传》云:"安息长老传闻条支有弱水西王母而未尝见。"安息人安知有弱水西王母? 其为中国人所附会,不言可知。《后汉书·西域传》云:"大秦,或云其国有弱水、流沙,近西王母所居处,几于日所入也。《汉书》云从条支西行二百余日,近日所入,则与今书异矣。"《三国志注》引《魏略·西戎传》曰:"前世缪以为条支在大秦西,今其实在东。前世又缪以为弱水在条支西,今弱水在大秦西。前世又缪以为从条支西行二百余日,近日所入,今从大秦西近日所入。"《魏书·西域传》曰:"大秦西海水之西有河,河西南流。河西有南、北山。山西有赤水,西有白玉山。西有白玉山上,当夺赤水或水字。玉山西有西王母山,玉为堂云。从安息西界循海曲,亦至大秦,四万余里。于彼国观日月星辰,无异中国,而前史云条支西行百里日入处,失之远矣。"此古人于旧说所以为极西之地者,悉推而致之身所以为极西之地之表之证。日月星辰,天象可征,故日入处之说易破。弱水西王母等,则身苟有所未至,即无从遽断为子虚,而其地遂若长存于西极之表矣。循此以往,所谓西王母者,将愈推而愈西，而因有王莽之矫诬，乃又曳之而东，而致诸今青海之境。《论衡·恢国》篇曰："孝平元始四年，金城塞外羌献其鱼盐之地，愿内属。汉遂得西王母石室，因为西海郡。"此为西王母东迁之由。《汉志》金城郡临羌有西王母石室，盖即孝平时所得。其后《十六国春秋》云："前凉张骏酒泉太守马岌上言：酒泉南山，即昆仑之丘也。周穆王见西王母，乐而忘归，即谓此。有石室、王母堂、珠玑楼、严饰焕若神宫。"《史记·秦本纪正义》引。《晋书·沮渠蒙逊载记》曰："蒙逊袭卑禾虏，卑禾虏率众迎降。遂循海而西，至盐池，祀西王母寺。寺中有《玄石神图》，命其中书侍郎张穆赋焉，铭之于寺前，遂如金山而归。"《隋书·地理志》："西海郡，置在古伏俟城，即吐谷浑国都。有西王母石窟、青海、盐池。"亦皆《汉志》所谓临羌县之地。堂与寺等，盖皆汉立西海郡后之所为也。阅世既久，西王母之传说稍衰，适西域者，不复就其所知之表，而指为西王母之所在；而孝平之世，所指为西王母之所在者，因其指一石室以实之，且有为之堂及寺者，其说转久而不衰，而西王母遂若真在今青海之境矣。《水经·伊水注》："有七谷水注之。水西出女几山之南七溪山，上有西王母祠。东南流，注于伊水。伊水又东北径伏流岭东，岭上有昆仑祠，民犹祈焉。刘澄之《永初记》称陆浑县西有伏流坂者也。今山在县南崖口北三十里许，西则非也。"案陆浑县在今河南嵩县东北。《汉书·哀帝纪》：建平"四年春，大旱，关东民传行西王母筹，经历郡国，西入关至京师。民又会聚祠西王母，或夜持火上屋，击鼓号呼相惊恐"。盖伊洛之间，汉世犹有西王母遗迹，故讹言由之而起。此虽不敢指为古所谓西王母之神者所在，然其距古所以为西王母所在之地，必较近也。

建平时之讹言，《天文》、《五行》二志，较《哀帝纪》所叙为详。《天文志》云："其四年正月、二月、三月，民相惊动，欢哗奔走，传行诏筹,祠西王母。又曰:从目人当来。"《五行志》云:"建平四年正月,民惊走,持稿或楑一枚,传相付与,曰行诏筹。道中相过逢,多至千数。或被发徒践,或夜折关,或逾墙入,或乘车骑奔驰,以置驿传行,经历郡国二十六,至京师。其夏,京师郡国民聚会里巷阡陌,设祭,张博具,歌舞,祠西王母。又传书曰:母告百姓:佩此书者不死。不信我言,视门枢下当有白发。至秋止。"案《淮南·墬形》:"八纮,西北方曰一目,曰沙所。"一目即从目,沙所即流沙之滨也。被发者,羌人之俗。《左氏》僖公二十二年,"初,平王之东迁也,辛有适伊川,见被发而祭于野者,曰:不及百年,此其戎乎?其礼先亡矣。秋,秦、晋迁陆浑之戎于伊川。"辛有之言,固后来所附会,然伊洛之间,有被发之族,则不诬也。《大荒西经》言其神"人面虎身,有文,有尾,皆白",而汉时讹言,谓视门枢下当有白发,其说亦隐相符会。司马相如《大人赋》曰:"低回阴山翔以纡曲兮,吾乃今日睹西王母。皓然白首戴胜而穴处兮,亦幸有三足乌为之使。必长生若此而不死兮,虽济万世不足以喜。"三足乌与三青鸟,亦当有关系。皓然白首,此讹言之所以以白发为效。长生不死,则羿之所以请药于是也。然则汉世伊洛间之所流传,固犹与最古之说相近者也。

原刊《说文月刊》第一卷第九期,一九三九年十月出版

# 〔二〕度地居民

《孟子·滕文公》上曰："死徙无出乡,乡田同井,出入相友,守望相助,疾病相扶持,则百姓亲睦。"大抵古时度地居民,自有定法,过少则其力不足以相澹,过多则人不相狎而其情不亲,是非不足凭,人言不足恤矣。古者"邻有丧,舂不相;里有殡,不巷歌。"《礼记·曲礼》。《管子·小匡》曰:"卒伍政定于里,军旅政定于郊,内教既成,令不得迁徙;故卒伍之人,人与人相保,家与家相爱,少相居,长相游,祭祀相福,死丧相恤,祸福相忧,居处相乐,行作相和,哭泣相哀;是故夜战,其声相闻,足以无乱;昼战,其目相见,足以相识,欢欣足以相死;是故以守则固,以战相胜。"《郊特牲》述社祭及君亲誓命以习军旅之制,而继之曰:"以战则克,以祭则受福",亦是物也。

礼之有节文也,亦其出于自然者也。《杂记》曰:"三年之丧,虽功衰不吊,自诸侯达诸士。如有服而将往哭之,则服其服而往。练则吊,既葬大功,吊哭而退,不听事焉。期之丧未葬,吊于乡人,哭而退,不听事焉。功衰吊,待事不执事,小功缌,执事不与于礼。相趋也,出宫而退;相揖也,哀次而退;相问也,既封而退;相见也,反哭而退;朋友,虞袝而退。吊非从主人也,四十者执绋;乡人,五十者从反哭,四十者待盈坎。"因其身之有故与无故也,老壮也,居之远近也,而皆异其节;非强为之也,皆因其情而情又出于自然者也;故曰:礼也者,因人之情而为之节文,然过重于节文,则情有因之而漓者矣,故曰:礼,与其奢也宁俭,丧,与其易也宁戚。《论语·先进》。要之不忘其本而已矣。故曰:"圣人终日行,不离辎重。"《老子》。

《潜夫论·浮侈篇》曰:"今举世舍农桑,趋商贾,牛马车舆填塞道路,游手为功,充盈都邑。"又曰:"今察洛阳,浮末者什于农夫;虚伪游手者什于浮末。天下百郡千县,市邑万数,类皆如此。本末何足相供,则民安得不饥寒。"然则古之都邑,罪恶之薮也。符所言都邑之人,或以谋奸合任为业,或以游敖博弈为事,或作泥车、瓦狗、马骑、倡俳诸戏弄小儿之具以巧诈,妇人则学巫祝,鼓舞事神,以欺诬细民,荧惑百姓;此与后世之情形,有以异乎? 无以异也。

符言京师贵戚葬者:必欲江南檽梓豫章之木。其致之也,伐之高山,引之穷谷,入海乘淮,逆河溯洛,工匠雕刻,连累日月,会众而后动,多牛而后致,重且万斤,功将万夫,其难也如是,而边远下土,犹相竞用,致使东至乐浪,西达敦煌,费力伤财于万里之地。夫权臣贵戚,皆淫侈之徒也。彼千方百计,以取高位厚禄;其取之也,犹御人于国门之外也;不则犹齐人之乞食于墦间也;所甘心者,淫侈而已。而使之舍其所乐,不亦与虎谋皮哉? 然以少数人掯制多数人,以非正义之事压制正义,终非可以持久;公理有必明之日,民权有必达之时,至于为治者果为公意,而非复少数人,则淫侈之事,在所必禁矣,至此则都邑墟矣。

荀悦论井田:谓土地布列在豪强,卒而革之,并有怨心,则生纷乱,制度难行。若高祖初定天下,光武中兴之后,人众稀少,立之易矣。夫卒而革之,非义有所不可也,而势有所难行。势之所不能行,虽圣人无如之何也。势可行而卒莫之行,则非无识即苟且矣。夫都邑犹井田也,卒而革之,事不可为也。然遭大乱之后,立制度,使不得过若干家。浮侈之事,禁不得为;华靡之物,禁不得用;放古者度地居民之制，使地邑民居，必参相得也，不亦可乎？然岂所语于今之为政者哉！

齐景公曰："君不君，臣不臣，父不父，子不子，虽有粟，吾得而食诸？"《论语·颜渊》。卫嗣君曰："治无小，乱无大，教化喻于民，三百之城，足以为治。民无廉耻，虽有十左氏，将何以用之？"《战国策·卫策》。故治国之道，在教化明，法令行，物不足惜也。苟可以明义也，虽完整，犹将毁之，况其已经破败而劳复建邪？

禁侈非徒以明义也，即以淫侈者之身论，庸独利乎？董卓之入洛也，洛中贵戚室第相望，金帛财产，家家殷积。卓放纵兵士，突其庐舍，淫略妇女，剽虏资物，谓之"搜牢"。《后汉书》本传。此即王符之所哀叹者也。岂徒洛阳，古今繁盛之都邑，其极安有不如此者也？水流必趋于平也，犹财富之必趋于均也。注水于丘陵之上，则必流于四方，若都邑之财，四散而归于村野，周浃而遍于山林，则人间之海平矣。平，斯安矣。

东汉之末，生民几于尽矣。是时之握兵者，亦知民不足，则兵不强；兵不强，则终无以自存也。故其少有远虑者，咸致力于屯垦焉。《三国·魏志·王昶传》言文帝践阼，昶为洛阳典农。时都畿树木成林，昶斫开荒莱，勤劝百姓，垦田特多。夫自献帝而迁至于文帝践阼，亦既三十年矣，而洛阳之荒废犹如此，然则是时之从事于垦辟者，俨然如临天造草昧之世也。

度地居民，使地邑民居，必参相得，固无不可就之功矣。《三国·魏志·国渊传》言：太祖欲广置屯田，使渊典其事。渊屡陈损益，相土处民，计民置吏，明功课之法。《郑浑传》言：太祖征汉中，以浑为京兆尹，浑以百姓新集，为制移居之法，使兼复者与单轻者相伍，温信者与孤老者比。后浑转为山阳、魏郡太守，又以郡下百姓，苦乏材木，乃课树榆为篱，并益树五果；榆皆成藩，五果丰实。入魏郡界,村落齐整如一。又《注》引《魏略》言:颜斐后为京兆太守,令属县整阡陌,树桑果。皆能颇合度地居民之谊也。使执政皆知是谊,大乱之后,民居固可焕然改观也。然知斯谊者卒寡。且如吾邑自兵乱之后,破坏累累,孰为新建,孰为故迹,父老固历历能指之也。而新建者之零乱如故,若夫人各有私,不顾大局,岂一日也哉?

# 〔三〕开国之主必亲戎

《晋书·王鉴传》：鉴劝元帝亲征杜弢，《疏》曰："当五霸之世，将非不良，士非不勇，征伐之役，君必亲之，故齐桓免胄于邵陵，晋文擐甲于城濮。昔汉高、光武二帝，征无远近，敌无大小，必乎振金鼓，身当矢石，栉风沐雨，壶浆不瞻，驰骛四方，匪皇宁处，然后皇基克构，元勋以融。今大弊之极，剧于曩代，崇替之命，系我而已。欲使銮旗无野次之役，圣躬远风尘之劳，而大功坐就，鉴未见其易也。魏武既定中国，亲征柳城，扬旗卢龙之岭，顿辔重塞之表，非有当时烽燧之虞，盖一日纵敌，终己之患，虽戎辂蒙嶮，不以为劳，况急于此者乎？刘玄德躬登汉山而夏侯之锋摧，吴伪祖亲泝长江而关羽之首悬，袁绍犹豫后机，挫衄三分之势，刘表卧守其众，卒亡全楚之地。历观古今，拨乱之主，虽圣贤，未有高拱闲居，不劳而济者也。"其言可谓深切著明。晋元帝、宋高宗皆沈潜有谋，勤于政理，然终仅就偏安之业，且并此亦几岌岌不可保者，不能驾御武人实为之。王敦之患，人所共知。然宋高宗而不能替三宣抚司，江东亦未必能自立也。人皆以汉高祖能灭项羽为有大略，其实不然。高祖之大略，不在于其能灭项羽，而在于项羽灭后，六、七年间，能尽灭同时并起之异姓诸王，何者？项羽战绩，为史所艳称者，不过巨鹿、彭城、垓下三役耳。垓下之战，乃匹夫之勇，无足称。钜鹿一战，确有摧坚陷阵之能，亦借楚众之精锐；吴夫差、越句践固尝再用之以振威于北方；虽项燕亦用之大破秦军于楚垂亡之日矣，非尽羽之能也。彭城之役，则汉自不整耳，盖汉所用者为思东归之士，至此已为散地，而五诸侯之兵，亦心力不齐，号令不一也。汉高入关，财帛无所取，妇女无所幸，而至此，乃收楚货宝美人，日置酒高会，此犹项羽去关中时，不能禁其众无暴掠，屠咸阳，杀子婴，烧秦宫室，亦非羽之所欲也。汉王以四月败彭城，五月即收兵屯荥阳，六月又还攻章邯，至八月乃复东出；于斯时也，项羽何难急攻破之，长驱西上，而羽竟不能，是其昧于乘机矣。明年汉三年五月，破荥阳，六月，下成皋，而仍未能深入，徒隔河相持，汉王遂得以其间虏魏豹，下赵、代、破燕、齐，且结彭越以扰楚后。虽黥布，亦观望形势而叛楚。是时所事惟汉，非如汉初出时之犹重齐也。汉坚守以老楚师，而借信、越以攻其后，为楚计者，宜集全力击破汉王之军，深入穷追，直抵二周之郊，而叩函谷之关，使其不复能立，则信、越无与图功，必也转而从楚，他诸侯更不必论矣。而羽竟不能然，是不徒无远略，并野战亦不足取也，故曰，汉之亡楚，不足为异也。乃其既灭楚之后，则汉高与诸功臣，君臣之分未定也，秦灭六国，父兄有天下，而子弟为匹夫，在当时之人视之，实为变局而非常理，故秦一亡而天下复分，戏下之会，以义帝之空名奉楚怀王，其视之，犹周之天子也，项籍为西楚霸王，犹东周之桓、文也，特王侯之名异耳，其余大者为王，小者为侯若君，亦六国时之遗法也，当时之人，视此必以为彝典，谓有一人将如秦皇，尽灭同列，独有天下，必非意想所及。项羽使人说韩信以三分天下，而信不听，蒯彻劝之又不听，史言信自以功高，汉终不夺我齐，此乃附会之谈，非其实。当时之人，自以兵力据地而王，岂待他人之与之，既不待人之与之，又何虑人之夺之。尸皇帝之名，遂可任意树置翦灭侯王，亦岂当时之人意想所及？此项羽亡后，韩信等所由不惜以皇帝之名畀汉王与？几曾见周之武、成，能任意翦灭齐、楚哉？故汉高之铲除异姓诸王，非以君替其臣，乃敌国之相灭耳，其能奏功如是之速，则以身恒在行间，赴机疾捷也。且汉高以五年十月灭楚，正月王韩信、彭越、英布、张耳、韩王信，是年九月，即击虏荼。明年十月，禽韩信，正月，王荆王贾、楚王交，并王喜于代，子肥于齐，而徙韩王信于太原，信请徙治马邑，许之。七年十月，信反，高祖自将击之，深入至平城，虽以轻敌致败，然其果锐亦甚矣，围既解，仍击信余寇于东垣。十年九月，击陈豨，自至邯郸。十一年冬，破之，其年三月，复使掩捕梁王，即以其地王子恢及友，七月黥布反，又自将击之。十二年十月，破之，王兄子濞于吴。未几，卢绾反，使樊哙击之，帝之不亲戎者惟此役，盖其时已疾病矣。综观楚灭之后，七年之中，高帝盖未尝一日安居也。以当时人心之习于分裂，汉初王室形势之弱，使帝少濡滞苟安，身没之后，诸侯之合纵缔交，圜视而起，岂待问哉？然则天下之克定于其一，其功信不成于灭楚之日，而成于其后之七年中也。而其所以成功，亦实由其驰骛四方，匪皇宁处，鉴之言，可不谓之知言哉？鉴所引证诸王霸之主，事皆易明，独汉高之成功，少隐曲而难见，故具论之如上。

原刊一九四七年《东南日报》"文史"副刊

# 〔四〕入中入边之原

历代官卖之法，莫善于宋之入中入边，盖如是则官可省漕运之烦也。抑供入中入边之物，皆有独占之性质者，非如是，则不卖，则并可以奖励某种产业矣。明代行中盐之制，而商屯因之以兴，是也。汉通西南夷道，作者数万人，千里负儋馈粮，率十余钟致一石，散币于邛、僰以集之。数岁，道不通，蛮夷因以数攻，吏发兵诛之。悉巴蜀租赋，不足以更之，乃募豪民田南夷，入粟县官，而内受钱于都内。此已开宋代入边之先声，而其效亦与明代商屯等矣。尝谓欲殖边必需资本，国家不易有此大力，商人不肯投资于边，此一难也。人民真愿移徙者，不得官力之辅助；官招募所得，或为浮浪之人，并不能勤事生产，或且逃归，此二难也。此二者，若能假手于商人，俱较官办为佳。盖商人重利，自能招致勤事生产之民，且有以部勒之，不至虚费本钱也。所难者，使商人肯投资从事于此耳。今以其必欲得之物交换之，则资本及人力不期而集于边远之处矣；国家更能设官管理，使商人不能虐其所顾用之民，则善之善者也。

原刊《中华文史论丛》第一辑，一九八三年二月出版

# 〔五〕策试之制上

　　《文献通考·选举考》引致堂胡氏之言曰："汉策问贤良,非试之也,延于大殿,天子称制,访以理道,其事重矣。"马氏曰："自孝文策鼂错之后,贤良方正皆承亲策,上亲览而第其优劣;至孝昭年幼未即政,故无亲策之事,乃诏有司,问以民所疾苦;然所问者,盐铁、均输、榷酤,皆当时大事。令建议之臣,与之反覆诘难,讲究罢行之宜,卒从其说,为之罢榷酤。然则虽未尝亲奉大对,而其视上下姑相应以义理之浮文者,反为胜之。国家以科目取士,士以科目进身者,必如此,然后为有益于人国耳。"案对策与射策不同,射策者,疑其人之不能而试之;对策则以其人为贤知而问之。《汉书·萧望之传注》曰:"射策者,谓为难问疑义书之于策,量其大小,署为甲乙之科,列而置之,不使彰显。有欲射者,随其所取,得而释之,以知优劣。射之言投射也。对策者,显问以政事经义,令各对之,而观其文辞定高下也。"《后汉书·顺帝纪》,阳嘉元年《注》引《前书音义》曰:"甲科谓作简策难问,列置案上,任试者意投射,取而答之,谓之射策;上者为甲,次者为乙。若录政化得失,显而问之,谓之对策也。"马氏又云:"汉武帝之于董仲舒也,意有未尽,则再策之,三策之;晋武帝之于挚虞、阮种亦然。"由此也。然至后世,则对策其名者,亦不免射策其实矣。

　　《晋书·孔坦传》云："先是，以兵乱之后，务存慰悦，远方秀孝到，不策试，普加除署。至是，帝申明旧制，皆令试经，有不中科，刺史、太守免官。太兴三年，秀孝多不敢行，其有到者，并托疾。帝欲除署孝廉，而秀才如前制。坦奏议曰：古者且耕且学，三年而通一经，以平康之世，犹假渐渍，积以日月。自丧乱以来，十有余年，干戈载扬，俎豆礼戢，家废讲诵，国阙庠序，率尔责试，窃以为疑。然宣下以来，涉历三载，累遇庆会，遂未一试，扬州诸郡，接近京都，惧累及君父，多不敢行；其远州边郡，掩诬朝廷，冀于不试，冒昧来赴，既到审试，遂不敢会。臣愚以为不会与不行，其为阙也同。若当偏加除署，是为肃法奉宪者失分，徼幸投射者得官。王命无贰，宪制宜信。去年察举，一皆策试。如不能试，可不拘到，遣归不署。又秀才虽以事策，亦汜问经义，苟所未学，实难暗通，不足复曲碎乖例，违旧造异，谓宜因其不会，徐更革制。可申明前下，崇修学校，普延五年，以展讲习。帝纳焉。听孝廉申至七年，秀才如故。"《甘卓传》："中兴初，以边寇未静，学校陵迟，特听不试孝廉，而秀才犹依旧策试。卓上疏以为答问损益，当须博古通今，明达政体，必求诸《坟》、《索》，乃堪其举。臣所忝州，<sub>湘州。</sub>往遭寇乱，学校久替，人士流播，不得比之余州。谓宜同孝廉例，申与期限。疏奏，朝议不许。卓于是精加隐括，备礼，举桂阳谷俭为秀才。俭辞不获命，州厚礼遣之。诸州秀才闻当考试，皆惮不行，惟俭一人到台，遂不复策试。俭耻其州少士，乃表求试，以高第除中郎。俭少有志行，寒苦自立，博涉经史。于时南土凋荒，经籍道息，俭不能远求师友，惟在家研精，虽所得实深，未有名誉；又耻衒耀取达，遂归，终身不仕，卒于家。"观此二事，可知虽秀才之试，亦已渐同经生之业。《石勒载记》言其立秀孝试经之制，盖亦有所因循。至于孝廉，则《魏舒传》言其"年四十余，郡上计掾察孝廉，宗党以舒无学业，劝令不就，可以为高耳。舒曰：若试而不中,其负在我,安可虚窃不就之高,以为己荣乎? 于是自课,百日习一经,因而对策升第",则几同国子明经之举矣。

秀才之试,虽究与射策有异,又变而崇尚文辞,此在北朝,其弊最显。《北齐书·儒林传》:刘昼,"河清初还冀州,举秀才入京,考策不第,乃恨不学属文,方复缉缀辞藻。"马敬德,"河间郡王将举为孝廉,固辞不就,乃诣州求举秀才。举秀才例取文士,州将以其纯儒,无意推荐。敬德请试方略,乃策问之,所答五条,皆有文理,乃欣然举选。至京,依秀才策问,惟得中第。乃请试经业,问十条并通,擢授国子助教。"盖儒生之于文辞,究非专长也。刘景安与崔亮书,谓:"朝廷贡才,止求其文,不取其理,察孝廉惟论章句,不及治道。"《魏书·崔亮传》。可见二者之分野矣。《魏书·邢峦传》:"有司奏策秀孝,高祖诏曰:秀孝殊问,经权异策,邢峦才清,可令策秀。"所谓才清,盖亦长于文辞耳。《隋书·杜正玄传》:"开皇末举秀才,尚书试方略,正玄应对如响,下笔成章。仆射杨素,负才傲物,正玄抗辞酬对,无所屈挠,素甚不悦。久之,会林邑献白鹦鹉,素促召正玄,使者相望,及至,即令作赋,正玄仓卒之际,援笔立成。素见文不加点,始异之,因令更拟诸杂文笔十余条,又皆立成,而辞理华赡。素乃叹曰:此真秀才,吾不及也,授晋王行参军。"《北史》正玄附《杜铨传》后,述此事颇有附会之辞,不如此之可信。此几纯以文辞为重,亦北朝之余习也。南朝似略愈于此,而其实亦不然。《梁书·文学传》,谓何逊"弱冠州举秀才,南乡范云见其对策,大相称赏"。又云:云"谓所亲曰:顷观文人,质则过儒,丽则伤俗,其能含清浊,中今古,得之何生矣"。则所重亦在其文。《顾协传》:"举秀才,尚书令沈约览其策而叹曰:江左以来,未有斯作。"《孔休源传》:"州举秀才,太尉徐孝嗣省其策,深善之,谓同坐曰:董仲舒、华令思何以尚此? 足称王佐之才。"似其人深明于当世之务者,实亦未必不采庶子之春华,忘家丞之秋实也。姚察谓二汉求士,率先经术,近世取人,多由文史,《江淹任昉传论》。可以知其变迁矣。

或曰:马氏所举董仲舒、挚虞、阮种之流,皆贤良也,此后世制科之先河,秀才则与孝廉同为常举耳。其策之之法,自不能无异。然《晋书·王接传》云:永宁初,举秀才,友人遗书劝无行,"接报书曰:今世道交丧,将遂剥乱,而识智之士,钳口韬笔,祸败日深,如火之燎原,其可救乎? 非荣斯行,欲极陈所见,冀有觉悟耳。是岁,三王义举,惠帝复阼,以国有大庆,天下秀孝,一皆不试,接以为恨。"是则秀才对策,亦未尝不可极其謇谔矣。《魏书·高祖纪》:延兴二年,七月,"诏州郡县各遣二人,才堪专对者,赴九月讲武,当亲问风俗。"三年,六月,"诏曰:往年县召民秀二人,问以守宰治状,善恶具闻,将加赏罚。而赏者未几,罪者众多,肆法伤生,情所未忍。今特垂宽恕之恩,申以解网之惠。诸为民所列者,特原其罪,尽可贷之。"所谓民秀,盖即去岁所召也。太和七年,正月,"诏曰:朕每思知百姓之所疾苦,以增修宽政,而明不远烛,实有缺焉。故具问守宰苟虐之状于州郡使者、秀孝、计掾,而对多不实,甚乖朕虚求之意,宜案以大辟,明罔上必诛。然情犹未忍,可恕罪听归,申下天下,使知后犯无恕。"背公下比,不徒远愧始元之贤良,亦且近惭延兴之民秀矣。然魏孝文之问之,则固得枉于执事毋悼后害之义,此盖由其兴于代北,究较中原为质朴故也。

《齐书·谢超宗传》:"都令史骆宰议策秀才考格,五问并得为上,四、三为中,二为下,一不合与第。超宗议:非患对不尽问,患以恒文弗奇。与其俱奇,一亦宜采。诏从宰议。"清问当求奇士,考试自贵兼通,舍奇求多,亦对策渐近射策之一证。

策试非独秀孝。《孔坦传》言:"坦迁尚书郎。时台郎初到,普加策试,帝元帝。手策问曰:吴兴徐馥为贼,杀郡将,郡今应举孝廉不?

坦对曰：四罪不相及，殛鲧而兴禹。徐馥为逆，何妨一郡之贤？又问：奸臣贼子杀君，污宫潴宅，莫大之恶也。乡旧废四科之选，今何所依？坦曰：季平子逐鲁昭公，岂可废仲尼也！竟不能屈。"此不徒亲策以时事，亦且如马氏所言，意有未尽，则再策之三策之矣。《魏书·文苑·温子昇传》："熙平初，中尉、东平王匡博召辞人，以充御史，同时射策者八百余人，子昇与卢仲宣、孙搴等二十四人为高第。于是预选者争相引决，匡使子昇当之，皆受屈而去。搴谓人曰：朝来靡旗乱辙者，皆子昇逐北。遂补御史。"此云射策，当系对策，盖二者之实渐淆，其名亦随之而淆也。所召者为辞人，所取者为子昇等，可见徐景安所云"朝廷贡才止求其文"者，尚不仅指秀才言之也。然则唐世进士之浮华，其所由来者渐矣。

原刊一九四六年十二月二十日《益世报》

# 〔六〕策试之制下

策问之法，渐变而近于考试，其于政事，遂绝无所益乎？曰：否。射策者，帖经墨义之所本也。秀才策事，亦泛问经义，则大义论策之所本也。唐世秀才之科废绝，然进士偏重诗赋，实即南北朝来秀才策试兼重文辞之习。故唐世之进士明经，实即前世之州郡秀孝；所异者，前世选举之权，操之郡县，至唐则可投牒自列耳。然则科目之制，其所由来者远矣。后世科目之法可废乎，则前世秀孝之举，考试之法，亦可去矣。

世有说立乎千百年之前，而于千百年后之事，若烛照而数计者，葛稚川《审举》之篇是也。其言曰："秀、孝皆宜如旧试经答策。防其所对之奸，当令必绝，其不中者勿署吏，罚禁锢。其所举书不中者，刺史太守免官。不中左迁，中者多，不中者少，后转不得过故。若受赇举所不当，发觉有验者，除名禁锢终身，不以赦令原，所举者与同罪。试用此法，一二岁之间，秀、孝必多不行者，亦足知天下贡举之不精久矣。过此则必多修德而勤学者矣。或曰：能言不必能行，今试经对策虽过，岂必有政事之才乎？抱朴子答曰：古者犹以射择人，况经术乎？如其舍旃，则未见余法之贤乎此也。夫丰草不秀瘠土，巨鱼不生小水，格言不吐庸人之口，高文不堕顽夫之笔。今孝廉必试经无脱谬，而秀才必对策无失指，则亦不得暗蔽也。假令不能尽得贤能,要必愈于了不试也。今且令天下诸当在贡举之流者,莫敢不勤学,但此一条,其为长益风教,亦不细矣。自有天性好古,心悦艺文,学不为禄,味道忘贫,若法高卿、周生烈者,万之一耳。至于宁越、儿宽、黄霸之徒,所以强自笃励于典籍者,非天性也,皆由患苦困瘵,欲以经术自拔耳。向使非汉武之世,则朱买臣、严助之属,亦未必读书也。今若遐迩一例,明考课试,必多负笈千里以寻师友,转其礼赂之费以买记籍者,不俟终日矣。予意谓新年当试贡举者,今年便可使儒官才士,豫作诸策,计可周用,集上,禁其留草,殿中封闭之,临试之时亟赋之,人事因缘于是绝。当答策者,皆可会著一处,高选台省之官,亲监察之,又严禁其交关出入,毕事乃遣,违犯有罪无赦。如此,属托之冀窒矣。夫明君恃己之不可欺,不恃人之不欺己也,亦何耻于峻为斯制乎?若试经法立,则天下可以不立学官,而人自勤学矣。"案后世科目之利,曰官不立学,虽立亦有名无实,而人自勤学,文教于是覃敷也。其制,虽不能必得才,亦不足以得上才,而究愈于不试,实未有他法以代之。而其关防之法,则不得不严。唐、宋、明、清行事,皆足为证,稚川一一言之,若烛照而数计,可谓圣矣。何以克圣?理有必至,势有固然,辨之者精,察之者审也。君子是以贵好学深思也。

　　汉世丞相故事,四科取士,一曰德行高妙,志节清白;二曰学通行修,经中博士;三曰明达法令,足以决疑,能案章覆问,文中御史;四曰刚毅多略,遭事不惑,明足以决,才任三辅。一者德,四者才,二者儒学,三者文法之学也。孝廉课试,始于左雄,诸生试家法,文吏课笺奏,即此之二、三。黄琼以雄所上孝廉之选,专于儒学文吏,于取士之义,犹有所遗,奏增孝弟及能从政者为四科,即补以此之一、四也。以理论之,诚设四科,乃为该备。然才德不可试诸一时,故左雄专于儒吏也。儒吏之中,则不宜有所偏重矣。稚川又曰:"汉四科亦有明解法令入仕。今在职之人，官无大小，悉不知法令。或有微言难晓，小吏多顽，而使之决狱，是以死生委之，以轻百姓之命，付无知之人也。作官长不知法，为下吏所欺而不知，又决其口笔者，愦愦，不能知食法与不食，不问不以付主者，或以意断事，蹉跌不慎法令，亦可令廉良之吏，皆取明律令者试之如试经，高者随才品叙用。如此，天下必少弄法之吏，失理之狱矣。"此后世明法之科所由立也。宋承唐制，科目甚多，熙宁变法尽废之，独立新科明法，以待士之不能改业者。有用无用，夫固较然不可诬。而后世弄法之吏、失理之狱之多，亦由明法之科之废，科目偏重儒学也。稚川言之于千载之前，亦若烛照而数计矣。

稚川又曰："今普天一统，九垓同风，王制政令，诚宜齐一。夫衡量小器，犹不可使往往而有异，况人士之格，而可参差而无检乎？江表虽远，密迩海隅，然染道化，率礼教，亦既千余载矣，往虽暂隔，不盈百年，而儒学之事，亦不偏废也。惟其土宇褊于中州，故人士之数，不得钧其多少耳，及其德行才学之高者，子游、仲任之徒，亦未谢上国也。昔吴土初附，其贡士见偃以不试，今太平已近四十年矣，犹复不试，所以使东南儒业，衰于往昔也。"案自吴之亡，至大兴三年，凡四十年。据《孔坦传》：秀孝策试之令，当在建武、大兴之间，稚川之作，疑在是时。据其言，则北方秀孝之试，因乱旷绝，南方实迄未举行，非关丧乱也。又案《晋书·五行志》："成帝咸和六年正月丁巳，会州郡秀孝于乐贤堂，有麕见于前，获之。自丧乱以后，风教陵夷，秀孝策试，乏四科之实。麕兴于前，或斯故乎？"则其后虽复策试之制，依然有名无实矣。又《宋书·武帝纪》：义熙七年，"先是诸州郡所遣秀才、孝廉，多非其人，公表天子，申明旧制，依旧策试。"则晋末又尝不试。

《晋书·挚虞传》云："举贤良，与夏侯湛等十七人策为下第，拜中郎。武帝诏曰：省诸贤良答策，虽所言殊涂，皆明于王义，有益政道，欲详览其对，究观贤士大夫用心。因诏诸贤良方正直言，会东堂策问。《阮种传》："诏三公、卿尹、常伯、牧守各举贤良方正直言之士，于是太保何曾举种。时种与却诜及东平王康，俱居上第，即除尚书郎。然毁誉之徒，或言对者因缘假托，帝乃更延群士，庭以问之。"此二者即一事。《虞传》载策问曰："若有文武器能，有益于时务，而未见申叙者，各举其人，及有负俗谤议，宜先洗濯者，亦各言之。"《种传》载诏辞曰："若有文武隐逸之士，各举所知，虽幽贱负俗，勿有所限。"实一诏而史氏辞有异同，可以为证也。《郤诜传》载诏辞云："朕获承祖宗之休烈，于兹七载。"则此事当在泰始七八年间，《本纪》不载其事。再策由于毁誉之辞，实不如马氏所云"意有未尽"。然此等事当不多，其大体固当如马氏所云耳。然疑有弊而亲策，则实不自宋祖始矣。亲策也而腾谤者谓其因缘假托，则当时关防，殊不严密，稚川所以欲立法以防所对之奸与？策问令再举人，亦明阻被荐者至再令荐举之意。而惜乎二人之皆无所举也。虞对曰："臣生长荜门，不逮异物，虽有贤才，所未接识，不敢瞽言妄举，无以畴答圣问。"种对曰："文武隐逸之士，幽贱负俗之才，故非愚臣之所能识。"

原刊一九四六年十二月《益世报》

# 〔七〕郡县送故迎新之费

　　郡县送故迎新之费，自昔有之。《汉书·循吏传》：黄霸为颍川守。许丞老，病聋，督邮白欲逐之，霸不听。或问其故，霸曰："数易长吏，送故迎新之费，及奸吏缘绝簿书，盗财物，公私费耗甚多，皆当出于民。"是其事也。《游侠传》言：哀帝时，"天下殷富，郡二千石死官，赋敛葬送，皆千万以上。"《后汉书·张禹传》：禹父歆，终于汲令。"汲吏人赙送，前后数百万。"则当汉世，数已甚侈，魏、晋已后，斯风弥扇。晋初，傅咸即以长吏到官未几便迁，吏卒疲于送迎为病。《晋书·虞预传》："太守庾琛命为主簿，预上记陈时政所失，曰：自顷长吏轻多去来，送故迎新，交错道路。受迎者惟恐船马之不多，见送者惟恨吏卒之常少。穷奢竭费谓之忠义，省烦从简呼为薄俗，转相仿效，流而不反，虽有常防，莫肯遵修。加以王途未夷，所在停滞，送者经年，永失播植。一夫不耕，十夫无食，况转百数，所妨不赀。愚谓宜勒属县，若令尉先去官者，人船吏侍皆具条列，到当依法减省，使公私允当。"言其弊尤为痛切。《南史·恩幸·吕文显传》云："晋、宋旧制，宰人之官，以六年为限。近世以六年过久，又以三周为期，谓之小满。而迁换去来，又不依三周之制，送故迎新，吏人疲于道路。"则其弊降而益甚矣。

　　《汉书·高惠高后文功臣表》：清安侯奂，"元鼎元年，坐为九江太守受故官送免。"似受送本为非法,然虞预病送迎者虽有常防,莫肯遵修,又欲使去官者具自条列,依法减省,则其习为故常久矣。《隋书·百官志》:梁世,郡县吏有迎新送故之员,各因其大小而置;陈世,郡县官之任代下,有迎新送故之法,饷馈皆百姓出,并以定令。盖守令多异地人,国家既不给以道途之费,原不能责以自具也。此以理论,实不为过;既有定法,遵守不渝,亦不能谓取非其义,然能合于常防者则寡矣。

送迎之费,廉吏亦间有不受者,则史家以为美谈。如《梁书·良吏传》:范述曾,以齐明帝时出为永嘉太守,郡送故旧钱二十余万,一无所受。始之郡,不将家属,及还,吏无荷儋者。《南史·范岫传》:为安成内史,见征,吏将送一无所纳,是也。此虽高节,亦未可责诸人人。若王衍父卒于北平,送故甚厚,为亲识之所借贷,因以舍之,数年之间,家资馨尽。《晋书》本传。沈怀文,父宣为新安太守,丁父忧,郡送故丰厚,奉终礼毕,余悉班之亲戚,一无所留。《南史》本传。虽合不易于丧之义,已非大法小廉之旨。若齐豫章王嶷为荆州刺史,史称其务在省约,停府州仪迎物,东归部曲亦不赍府州物;而其后斋库失火,烧荆州还赀,评直三千余万,《齐书》本传。则不取也,而取过毕矣。刘悛,史称其强济有世调,善于流俗。为武陵内史。齐明帝崩,表奔赴,敕带郡还都,吏民送者数千人。悛人人执手,系以涕泣,百姓感之,赠送甚厚。《齐书》本传。胁肩谄笑,病于夏畦,以是求贷,不其恶与!

《南史·王僧达传》:"与兄锡不协,锡罢临海郡还,送故及俸禄百万以上,僧达一夕令奴辇取无余。"有以分施鸣高者,又有任情攘夺者,士大夫之所为,真可发一噱。

虞预言当时之送迎者,"穷奢竭费谓之忠义,省烦从简呼为薄俗。"此虽自托于忠厚,实则豪富之民,每欲献媚于官吏,以为宠荣;

又赀费之来必由科率，或由经手侵渔者，乃鄙俗势利之见耳。然风气诚朴之区，亦或有能得民心，馈遗出于真诚者；必峻却之，又非人情也。谢朏子谖为东阳内史，及还，五官送钱一万，止留一百，答曰：数多刘宠，更以为愧。《南史·谢弘微传》。颇堪媲美古人。

后世官员所用器物，有由地方或属员供给者，濒行每携之而去。需用时当地供给，犹不失随身衣食悉仰于官之义；携之而去，则成臧物矣。然古亦有如是者。《南史·宋宗室及诸王传》：衡阳王义季为荆州，"发州之日，帷帐器服诸应随刺史者，悉留之，荆楚以为美谈。"曰"应随"，则其取之亦成成例矣。《梁书·江革传》：除武陵王长史、会稽郡丞、行府州事。"将还，民皆恋惜之，赠遗无所受。送故依旧订舫，革并不纳，惟乘台所给一舸。"曰"依旧"，则舟车亦有成例也。

《梁书·刘季连传》：季连之受命高祖，"饬还装。高祖以西台将邓元起为益州刺史。元起，南郡人，季连为南郡之时，素薄元起。典签朱道琛者，尝为季连府都录，无赖小人，有罪，季连欲杀之，逃叛以免。至是，说元起曰：益州乱离已久，公私府库必多耗失，刘益州临归空竭，岂能远遣候递。道琛请先使检校，缘路奉迎；不然，万里资粮，未易可得。元起许之。道琛既至，言语不恭，又历造府州人士，见器物辄夺之。有不获者，语曰：会当属人，何须苦惜。于是军府大惧，谓元起至必诛季连，祸及党与，竞言之于季连。季连亦以为然，又恶昔之不礼元起也，遂召佐史，矫称齐宣德皇后令，聚兵复反。收朱道琛杀之。"《元起传》：季连既平，"元起以乡人庾黔娄为录事参军，又得荆州刺史萧遥欣故客蒋光济，并厚待之，任以州事。黔娄甚清洁，光济多计谋，并劝为善政。元起之克季连也，城内财宝无所私，勤恤民事，口不论财色。性本能饮酒，至一斛不乱，及是绝之。蜀土翕然称之。元起舅子梁矜孙，性轻脱，与黔娄志行不同，乃言于元起曰：城中称有三刺史，节下何以堪之。元起由此疏黔娄、光济，而治迹稍损。在州二年，以母老乞归供养，诏许焉，征为右卫将军，以西昌侯萧渊藻代之。是时，梁州长史夏侯道迁以南郑叛，引魏人，白马戍主尹天宝驰使报蜀，魏将王景胤、孔陵寇东西晋寿，并遣告急。此处史文有误。《南史·邓元起传》云："时梁州长史夏侯道迁以南郑叛，引魏将王景胤、孔陵攻东西晋寿，并遣告急。"据《魏书·邢峦传》，则王景胤为梁晋寿太守，孔陵亦梁将，为王足所破者。疑梁书元文，当作魏将某寇东西晋寿，太守王景胤、某官孔陵并遣告急。文有夺佚，传写者以意连属之，以致误谬；《南史》误据之，而又有删节也。众劝元起急救之。元起曰：朝廷万里，军不卒至，若寇贼侵淫，方须扑讨，董督之任，非我而谁？何事匆匆便救？黔娄等苦谏之，皆不从。高祖亦假元起都督征讨诸军，将救汉中。比至，魏已攻陷两晋寿。渊藻将至。元起颇营还装，粮储器械，略无遗者。渊藻入城，甚怨望，因表其逗留不忧军事，收付州狱，于狱自缢。"是元起先以虑阙迎资激季连之叛，继又以厚营还装自丧其生也。案元起佳士，其入蜀也，在道久，军粮乏绝，或说以检巴西籍注，因而罚之，所获必厚，元起然之，以李膺谏而止。史又言其"少时又尝至西沮田舍，有沙门造之乞，元起问田人曰：有稻几何？对曰：二十斛。元起悉以施之。时人称其大度。"此其所以能克城之日，财宝无所私，在州二年，口不论财色。岂有不攘窃于兵乱之日，聚敛于在州之时，顾侵渔于临去之际者乎！季连之败也，史称蜀中丧乱已二年矣，城中食尽，升米三千，亦无所籴，饿死者相枕，无亲党者，又杀而食之。季连食粥累月，饥窘无计，因此乃降。夏侯道迁之叛，魏以邢峦为梁、秦二州刺史，峦力求取蜀，其表云："益州顷经刘季连反叛，邓元起攻围，资储散尽，仓库空竭，今犹未复。"《南史·元起传》，略同《梁书》，惟不云渊藻诬其不忧军事而下诸狱，而云："萧藻入城，求其良马。元起曰：年少郎子，何用马为。藻恚，醉而杀之。元起麾下围城哭，且问其故。藻惧曰：天子有诏。众乃散。遂诬以反，帝疑焉。有司追劾削爵土，诏减邑之半，封松滋县侯。故吏广汉罗研诣阙讼之，帝曰，果如我所量也。使让藻曰：元起为汝报仇，汝为仇报仇，忠孝之道如何？乃贬藻号为冠军将军，赠元起征西将军，给鼓吹，谥忠侯。"元起功臣宿将，即不忧军事，岂藻所可擅囚？藻亦岂能忧国持正如是？盖实因求货不得，妄加杀害。逮其麾下围城，则厚诬君父以自解，又因是举，遂以反诬元起。诈虽不仇，梁武亦不能明正其罪，乃转以不忧军事莫须有之辞罪元起，而为之掩饰耳，其失刑甚矣。藻既临州，民齐苟儿叛，以十万众攻城，既解，藻弟渊猷嘲罗研曰："卿蜀人乐祸贪乱，一至于此。"民穷如是，其兄之负罪如是，而为是嘲谑之辞，可见是时贵族之无人心。研对曰"蜀中积弊，实非一朝。百家为村，不过数家有食。穷迫之人，什有八九；束缚之使，旬有二三。贪乱乐祸，无足多怪。若令家畜五母之鸡，一母之豕，床上有百钱布被，甑中有数升麦饭，虽苏、张巧说于前，韩、白按剑于后，将不能使一夫为盗，况贪乱乎。"见《南史·罗研传》。然则蜀中困敝，由来已久。《梁书·刘季连传》曰："初元起在道，惧事不集，无以为赏。士之至者，皆许以辟命，于是受别驾治中檄者将二千人。"盖实由财帛不给，以至于此。检罚巴西籍注，或亦势不得已，然元起卒以李膺之言而止，可见其深恶诛求，宁肯作茧丝于为州之日。休养生息，原非旦夕可期。其去州之时，粮储器械，一无所有，盖实以创夷未复；不能应机出兵，实亦由是。夏侯道迁之叛也，巴西人严玄思附魏，魏将王足，又所乡辄克，蜀中势实岌岌。以宣武固不听邢峦之谋，又以羊祉为益州，王足闻而引退，后反降梁。《魏书》王足事附见《崔延伯传》。而邢峦遣守巴西之李仲迁，亦以荒于酒色，为城人所杀反正，乃获幸免。当时情势，所急在外，宁以代者不卒至而自安哉！然则元起遣朱道琛先使检校，或诚为激变之由，然事或迫于不得已；其见戕于渊藻，则必以求货不得，致遭枉害也。然皆因送故迎新之侈有以启之，陋规之贻祸，不亦溥乎！

梁武帝大同九年张缵刺湘州，中大同元年岳阳王詧刺雍州，太清元年湘东王绎刺荆州。太清二年，帝改以缵刺雍州，而以河东王誉为湘州刺史。缵素轻少王，州府候迎及资待甚薄，誉深衔之。及至州，遂托疾不见缵，及检括州府庶事，留缵不遣。时湘东王与誉各率所领入援台，缵乃诒湘东书曰："河东戴櫂上水，欲袭江陵，岳阳在雍，共谋不逞。"湘东信之，三藩之衅始构。河东与缵，不旋踵而丧其身，湘东、岳阳，辗转相雠，卒致江陵之奇变。此真所谓以睚眦之衅而致滔天之祸者。然溯其原，则亦送迎之费有以阶之厉也。

北朝郡县，送迎之弊，与南朝同。《魏书·高祖纪》：延兴二年，十二月诏曰："《书》云：三载一考，三考黜陟幽明。顷者已来，官以劳升，未久而代。牧守无恤民之心，竞为聚敛，送故迎新，相属于路，非所以固民志，隆治道也。自今牧守温仁清俭、克己奉公者，可久于其任；岁积有成，迁位一级。其有贪残非道、侵削黎庶者，虽在官甫尔，必加黜罚。著之于令，永为彝准。"此诏之意，虽在久任以观治效，速黜以去贪残，然送故迎新之烦扰，亦其所欲革之一端也。《任城王云传》：除徐州刺史，以太妃盖氏薨，表求解任。"性善抚绥，得徐方之心，为百姓所追恋。送遗钱货，一无所受。"此事不足证云之廉，适足证徐方送遗之厚尔。《邓渊传》：曾孙羡，出为齐州长史，"在治十年，经三刺史，以清勤著称。齐人怀其恩德，号曰良二千石。及代还，大受民故送遗，颇以此为损。"《北史·循吏·孟业传》："魏彭城王韶，齐神武之婿也，拜定州刺史，除业为典签。及韶代下，业亦随还，赠送一无所受。"则非徒刺史，即其僚属，亦有因送迎而受馈遗者矣。《魏书·陆俟传》：子馥，出为相州刺史，假长广公。征为散骑常侍。其还也，"吏民大敛布帛以遗之，馥一皆不受，民亦不取，

于是以物造佛寺焉，名长广公寺。"此虽不受，何益于民！《北齐书·
酷吏传》：宋游道，"父季预，为渤海太守。游道弱冠随父在郡。父
亡，吏人赠遗，一无所受。"《周书·薛端传》：转基州刺史，至州未几
卒，"遗诫薄葬，府州赠遗，勿有所受。"能如是者盖寡矣。

## 附：编者（顾颉刚）识语

中国财政所以不能清晰者，收支不统于中央实为其大原因。收
支何以不统于中央，则以疆域广大，交通阻隔，各地方之情形又各有
不同，势不能行划一之法，不得不听其因地制宜故也。以各地方之
财，供各地方之用，地方既有肥瘠之异，财政因有丰啬之殊。列国并
立之世本是如此，统一之后理应合全国而酌盈剂虚。然此语言之甚
易而行之甚难，不能为整齐划一之规，诚亦未足深责。然收支可委
诸郡县，俾各率其成规；计帐必集于中央，以深防其弊窦。中央之监
察不能委细，则宜立法，俾人民自监察之。而前者徒有其名，后者并
无其法，此财政之所以难于清厘，贪污之所以有所寄托也。朘我以
生，必在郡县。郡县之取于民，藉口之端有二：国家不能责人自携
资财以作官，在任时之俸给及其到任去任时之资斧不能不取之于
民，一也；行政经费向无规定，更不能不各循成例取之于民，二也。
二者皆不可谓之贪取，然无以监察之，则贪取藉之而行矣。左（下）
方所录读史笔记二则，深足考见此事之源流，实言财政者所宜留意
也。编者识。

原刊一九四六年十一月二十二日《益世报》

# 〔八〕上行下效之习

　　《论语·颜渊》："季康子患盗,问于孔子。孔子对曰：苟子之不欲,虽赏之不窃。"《左氏》襄公二十一年："邾庶其以漆闾丘来奔,季武子以公姑姊妻之,皆有赐于其从者,于是鲁多盗。季孙谓臧武仲曰：子盍诘盗? 武仲曰：不可诘也,子召外盗而大礼焉,何以止吾盗。"夫上之所为,民之归也。上所不为,而民或为之,是以加刑罚焉而莫敢不惩；若上之所为,而民亦为之,乃其所也,又可禁乎?《史记·夏本纪》曰："皋陶敬禹之德,令民皆则禹,不如言,刑从之。"盖邃古之世,曾以上之所行,即为下所当为,此上行下效之习,所以深入人心也。后世以为人自有其所当循之道,为上者亦不当背；古则以为上之所行,即为当然之道,其见解迥异。《后汉书·乌桓传》："其约法,违大人言者,罪至死。"与中国古俗可以参观。

# 〔九〕使臣图自利

　　《聘义》述主国待客之礼曰:"古之用财者不能均如此,然而用财如此其厚者,言尽之于礼也。尽之于礼,则内君臣不相陵而外不相侵,故天子制之而诸侯务焉尔。"盖外交之事,其集,两国实利赖之;苟其不集,三军暴骨,是以不得不慎也。乃贪鄙之夫,不恤糜国帑,坏国事,以为私图,此则虽圣人末如之何也已。《三国·魏志·武帝纪》:"安定太守毌丘兴将之官,公戒之曰:羌胡欲与中国通,自当遣人来,慎勿遣人往。善人难得,必将教羌胡妄有所请求,因欲以自利;不从,便为失异俗意,从之则无益事。兴至,遣校尉范陵至羌中,陵果教羌,使自请为属国都尉。公曰:吾预知当尔,非圣也,但更事多耳。"《周书·突厥传》:杨忠与突厥伐齐还,言于高祖曰:"突厥甲兵恶,爵赏轻,首领多而无法令,何谓难制驭,正由比者使人妄道其强盛,欲令国家厚其使者,身往重取其报。朝廷受其虚言,将士望风畏慑。今以臣观之,前后使人皆可斩也。"夫当建安之世,凉州之彫敝,可谓甚矣。周、齐之时,中国之所以事突厥者,亦云疲矣。而使人之但图自利如此,岂非所谓全无心肝者哉?

　　敝中国以事四夷者,汉武帝其首也。武帝之欲通西域,本为招月氏共通匈奴,其意原欲宽中国之民力,意至善也。乃月氏不来,而闻大宛、大夏、安息、大月氏之属,或兵弱,或兵虽强而可以赂遗设利朝,欲招致之,以示威德遍于四海,则动于侈心矣。卒之暴骨于大宛,忧劳于乌孙,竭中国以事四夷,曾不得其一卒以助攻匈奴,丝粟之财以实府库,宜乎夏侯胜之发愤,而班孟坚作《西域传赞》愤惋形于辞气也。然而汉之彫敝,自其征大宛始,而大宛之逆命,则汉使之椎埋固有以激之。而汉使者之所以失体如此,则武帝明知其为小人而犹听其言且欲激而用之,有以使之然也。故非更事多者,不可以为人君。若魏武者,虽曰未圣,吾必谓之圣矣。

# 〔一〇〕江南风气之变

　　项籍以江东子弟八千人渡江而西,其在北方,战必胜,攻必取,未知其绩出于此八千子弟者,究有几何,然钜鹿之战,距籍出兵未远,史所谓战士一以当十,兵呼声动天者,其中必有江东之士,则揆诸事理,似无足疑者也。汉人论各地方风气及兵事,称南方剽锐者甚多,固未必皆指江东,然《地理志》言吴越之士,轻死好用剑,则江东风气,仍甚勇悍可知,此孙策所由能以一旅之众,定三分之业歟。乃自晋室东渡以后,江南遽以柔弱闻,何哉? 用与不用之殊也。所以或用或不用,则以一国之民,或事生产,或备攻战,亦有其分工协力之道焉,民风之强弱,非天之降才尔殊也,人事则使之然。

　　《宋书·武帝纪》:隆安五年,孙恩向沪渎,高祖弃城追之,<sub>高祖</sub><small>时筑城于海盐故治</small>。海盐令鲍陋遣子嗣之,以吴兵一千,请为前驱。高祖曰:“贼兵甚精,吴人不习战,若前驱失利,必败我军,可在后为声援。”不从,果为贼所没。又自序:元凶弑立,分江东为会州,以随王诞为刺史,沈正说诞司马顾琛,以江东义锐之众,为天下唱始,琛曰:“江东忘战日久。士不习兵,当须四方有义举,然后应之。”此皆江东之民,欠阙训练之证,然其风气则实未遽变,宋武之讨南燕,慕容超见群臣,议距王师。公孙五楼言:“吴兵轻果,初锋勇锐不可当。”此固未必皆吴人,其中亦未必无江东之士也。顾觊之于宋文帝坐论江东人物,及顾荣,袁淑谓觊之曰:"卿南人怯懦,岂办作贼。"误矣。自晋灭吴以来,吴人之叛者踵相接。据《晋书》本纪,武帝太康二年九月,有吴故将莞恭帛奉举兵反,攻害建业令,遂围扬州。八年十月,有南康平固县吏李丰反。十一月,有海安令萧辅聚众反。十二月,又有吴兴人蒋迪聚党反。至元帝大兴元年,尚有孙皓子璠以谋反伏诛。《五行志》云:武帝平吴后,江南童谣曰:"局缩肉,数横目,中国当败,吴当复。"又曰:"宫门柱,旦当朽,吴当复在三十年后。"又曰:"鸡鸣不拊翼,吴复不用力。"于是吴人皆谓在孙氏子孙,故窃发为乱者相继,则似纪所不书者尚多。《华谭传》:谭举秀才,武帝策之曰:"吴蜀恃险,今既荡平,蜀人服化,无携贰之心,而吴人越睢,屡作妖寇,岂蜀人敦朴,易可化诱,吴人轻锐,难安易动乎?"亦可见是时江表情势之岌岌也。陈敏起兵,实有割据江东之志,顾荣、甘卓等皆从之,以子弟凶暴而败,后来周玘父子,仍有倾覆执政之谋,其成败,亦间不容发耳。晋初北方兵力,虽似强盛,实则诸将皆已骄淫,不可复用。观树机能之乱,功臣宿将,莫能陈力,卒借新进疏逖之马隆募兵平之可知。齐万年之叛,关中危殆,六陌之战,周处虽以无继败亡,然能寒氐贼之胆者,惟此一战耳。"洒落君臣契,飞腾战伐名",缅想周瑜决策以拒曹公,又欲羁刘备而挟关羽、张飞以攻战。鲁肃最称持重,亦不为关羽所弱,至吕蒙,卒取羽而定荆州。陆逊又有猇亭之捷,英风浩气,盖非魏蜀所克比伦。东晋之不振,乃正以北来世族,把持政权,而不能任江东英锐之士耳。设以吴桓王大帝处此,五胡岂足平哉,乌乎!

过江以后,称善战者必曰伧楚。《宋书·殷孝祖传》:太宗初即位,普天同逆,朝廷惟保丹阳一郡,永世县寻又反叛,义兴贼垂至延陵,内外忧危,咸欲奔散,孝祖忽至,众力不少,并伧楚壮士,人情于是大安。《齐书·崔慧景传》:慧景向京师,子觉及崔恭祖领前锋,皆伧楚善战,是其二事也。吴人谓中州人曰伧。语见《晋书·周处传》。

楚者,江淮之间,乃楚之旧壤也。《晋书·祖逖传》云:京师大乱,逖率亲党数百家,避地淮泗。少长咸宗之,推为行主。达泗口,元帝逆用为徐州刺史,寻征军谘祭酒,居丹徒之京口。逖以社稷倾覆,常怀振复之志,宾客义徒,皆暴桀勇士,逖遇之如子弟。时扬土大饥,此辈多为盗窃,攻剽富室。逖抚慰问之曰:"比复南塘一出否?"或为吏所绳,逖辄拥护救解之,谈者以少逖,然自若也。《郗鉴传》:鉴寝疾,上疏逊位曰:"臣所统错杂,率多北人,或逼迁徙,或是新附,百姓怀土,皆有归本之心。臣宣国恩,示以好恶,处与田宅,渐得少安。闻臣疾笃,众情骇动,若当北渡,必启寇心。太常臣谟,平简贞正,素望所归,谓可以为都督徐州刺史。臣亡兄息晋陵内史迈,谦爱养士,甚为流亡所宗,又是臣门户子弟,堪任兖州刺史。公家之事,知无不为,是以敢希祁奚之举。"此等流亡暴桀之士,即当时之所谓伧,《梁书·陈伯之传》:幼有膂力,年十三四,好着獭皮冠,带刺刀,候伺邻里稻熟,辄偷刈之。尝为田主所见,呵之云:"楚子莫动。"将执之。伯之因杖刀而进,将刺之曰:"楚子定何如?"田主皆反走。伯之徐檐稻而归。此等家贫无行之徒,则当时之所谓楚也。流亡暴桀之士,家贫无行之徒,自易于轻悍好斗,故欲求武用者多资焉。如齐王融欲辅竟陵王子良,招集江西诸伧楚,始安王遥光谋叛,亦召诸伧楚是也。刘牢之败苻坚之师,陈庆之送元颢之众,其中伧楚,必不少矣。然当时精兵中亦非遂无江东之士,沈田子青泥之战,实为勘定关中一大关键,而《宋书自序》称其所领江东勇士,便习短兵,知公孙五楼称宋武之众为吴兵,非无由也。轻死好用剑之风,谁谓其已消歇哉?

　　未经训练临时征发之士,当时谓之白丁。《宋书·邓琬传》:安成太守刘袭举郡归顺,琬遣廖琰率数千人并发庐陵白丁攻袭。《沈攸之传》:索虏南寇,发三吴民丁,攸之亦被发,至京都,诣领军刘遵考求补白丁队主是也。《齐书·王敬则传》:敬则以旧将举事,百姓担篙荷锸随逐之，十余万众，遇左兴盛、刘山阳二寨，尽力攻之，官军不敌，欲退，而围不开，各死战。胡松领马军突其后，白丁无器仗，皆惊散，敬则军遂大败。此亦犹鲍嗣之之众，牵动宋武之军。唐寅之举事，富阳发男丁防县，会稽太守沈文季发吴、嘉兴、海盐盐官民丁救之，亦败。及齐武帝遣禁兵数千人马数百匹东讨，至钱塘，乃擒斩寅之，见《齐书·文季传》。亦白丁不可用之证也。然此自由其阙于训练之故，苟加以训练，即白丁亦成精兵。征姚泓也，拓跋氏发兵缘河随大军进止，宋武所遣先渡河者，即白直队主丁旿也，胡三省《通鉴》注曰：选白丁之壮勇者入直左右，使旿领之。亦可见训练所系之重矣。

《宋书·刘敬宣传》：孙恩举事，牢之自表东讨，军次虎疁，敬宣请以骑并南山趣其后，吴人畏马，又惧首尾受敌，遂大败。此与唐寅之之败于齐禁兵，如出一辙，吴人畏马，亦以不习骑战故也。

缺训练而不能战，则何地不然。《梁书·杨公则传》：攻东昏时，公则所领多湘溪人，性怯懦，城内轻之，以为易与，每出荡，辄先犯公则垒。公则奖励军士，克获更多。湘溪何以蒙懦怯之称，亦以地处腹里不习战斗故也。《宋书·沈昙庆传》论曰：江南之为国，外奉贡赋，内充府实，止于荆扬二州，扬部分析，境极江南，考之汉城，惟丹阳、会稽而已。地广野丰，民勤本业，一岁或稔，则数郡忘饥。会土带海旁湖，良畴亦数十万顷，膏腴上地，亩直一金，鄠杜之间，不能比也。荆城跨南楚之富，扬部有全吴之沃，鱼盐杞梓之利，充仞八方，丝绵布帛之饶，覆衣天下。此所云者，乃自今两湖至江、浙缘江沼泽之地，在当时，已为南朝举国财富之所自出矣。而淮南、江北之地，自吴魏来久为争战之场，其民之习于战伐亦宜也。故曰民风之强弱，非天之降才有殊，用与不用之异也。何以或用或不用，则一国之民，或事生产，或备攻战，分工协力之道也，势使之然也。

原刊一九四七年二月二十四日天津《民国日报》副刊"史与地"

# 〔一一〕南强篇

《中庸》："子路问强，子曰：南方之强与？北方之强与？抑而强与？宽柔以教，不报无道，南方之强也，君子居之；衽金革，死而不厌，北方之强也，而强者居之。故君子和而不流，强哉矫；中立而不倚，强哉矫；国有道，不变塞焉，强哉矫；国无道，至死不变，强哉矫。"小时读此，尝窃疑于南方之强，与君子之所谓强哉矫者，是一是二，由今思之，乃知其断然是一，不足疑也。盖就风俗而论，只有南方之强与北方之强二端，孔子尚南方之强，而抑北方之强，而子路之所谓强，则实有类于北方之强者。孔子始而诘之曰：南方之强与？北方之强与？抑而强与？一似子路之强，出于南北风气之外者，辞之婉也。继言南方之强，而明著之曰君子居之，明宗尚之所在也。言北方之强，而直斥之曰而强者居之，则明告子路，以其所谓强者，果居何等也。夫世俗之视南方之强，则徒以为宽柔以教，不报无道而已，然其实不止于是，故又以和而不流四端，开示真谛也。

人孰不好强而恶弱，好荣而恶辱，然而抚剑疾视之为强，则亦不足恃矣。一族一国，犹一人也，过刚者必折，不戢者自焚，理无难明，事亦习见，然而人莫不慕夫抚剑疾视之为强，则以抚剑疾视者，固有时而获胜；而雍容揖让者，遂不免于败绩而失据也。然而胜负自有其原，衡论者固不当徒拘于其表。历来民族国家之竞争，胜者之风气,固多尚武,然其所以胜者,实别有在,初非由其好杀;败者之风气,固多柔靡,其使之柔靡者,亦自有其由,初非徒矫其柔靡之迹而遂克有济;更不应因此遂怀偏激之见,并其所谓宽柔以教,不报无道者,而亦唾弃之也。宽柔以教,不报无道,固制胜之术,而非败绩之原也,旷观往史:民族起于林麓沙迹、瘠薄之区者,恒好争而有胜;而其居于江海薮泽肥沃之区者,恒流于柔靡而败,晋之于五胡,宋之于辽、金、元,明之于清,希腊之于马其顿,罗马之于日耳曼皆是也。其故何哉?谓国力之不敌与?人口之众,财力之富,机器之利,兵法部勒之明,其相去皆不可以道里计也;而成败利钝,适与之反者,沃土之民多淫,瘠土之民思义,淫则溺于晏安,无复奋发有为、杖节死绥之志;抑溺于淫乐者,岂肯胼手胝足,栉风沐雨而致之,则必诛求其下,攘夺于人;又耽淫乐者必无直节,于是是非不明,毁誉无准,通敌者不见诛,守节者不见赏,怨毒之气盈于下,苟偷之习成于朝,安往而不为人弱也?然则文明民族之败绩,野蛮民族之克捷,全与其人民之强弱无关。若徒就战事立论,晋、宋、明、希腊、罗马之兵,固未尝真不敌野蛮侵略之族。夫文明民族之败于野蛮,在东方,其可征者,则炎、黄之争其始也。炎帝姜姓,三苗之祖也,《墨子》道三苗之事曰:"日妖宵出,雨血三朝,龙生于庙,犬哭于市",《非攻下》。流传之说如此。其营于礼祥,可以想见。营于礼祥,未有不耽于淫乐者,古所谓巫风也。炎族之不敌黄族,其原盖由于此。然太古之文明,起于东南江海之交,而不起于西北山林之地,则彰彰明甚也。地下隰湿热,则草木畅茂,生事资焉,《礼运》言先王之世,食草木之实,而《郊特牲》言农夫黄衣黄冠;知古衣食所资,实以植物为主,此必东南湿热之地也。《郊特牲》曰:"伊耆氏始为蜡。"《明堂位》曰:"土鼓、蒉桴、苇籥,伊耆氏之乐也。"《礼运》言礼之初,亦曰"蒉桴而土鼓。"二篇所述,其皆神农氏之事。一说伊耆氏者,或以为神农,或以为尧,以为神农者盖是,以为尧者非也。蜡之祭,合万物而索飨之,则有坊与水庸;迎猫,为其食田鼠也;迎虎,为其食田豕也;主先啬而祭司啬,固农耕之民所有事也。若尧则黄帝之后,黄帝迁徙往来无常处,安知重农?尧命羲和历象日月星辰,敬授人时,似非不知重农者?然特袭之所征服之族,非其所固有也。孟子曰:"夏后氏五十而贡。"又述龙子之言曰:"治地莫不善于贡。贡者,校数岁之中以为常,乐岁,粒米狼戾,多取之而不为虐,则寡取之;凶年,粪其田而不足,则必取盈焉。"《滕文公上》。然则贡者,君民异族,君但责其民岁纳税若干,而其苦乐生死,初非所问。有夏如此,况于陶唐哉?《商君书》曰:"神农之世,男耕而食,妇织而衣,刑政不用而治,甲兵不起而王,神农既殁,以强胜弱,以众暴寡,故黄帝内行刀锯,外用甲兵。"《画策》。炎黄二族,一尚和平,一好战伐,此其明证。在尚北方之强者,必曰:尚和平,则炎族之所以败也。然蚩尤实始作兵,春秋战国之世,吴楚之兵,犹铦于北方,炎帝之族,遁居江南之遗教也。黄族则弦木为弧,剡木为矢而已矣,其械器之不敌亦明矣。然而炎族终为黄族弱,则知胜负之原,固别有在,而不在于其械器矣。岂惟械器?夫岂无谲士勇夫!大势既去,则亦蒿目扼腕,五合六聚而不能救也。岂惟不能救?不北走胡,则南走越,盖有反为敌用者矣。

　　然则南方之所以败,在其地肥而生事饶足,因之当路之人,溺于晏安,刻剥其下,固与宽柔以教,不报无道之风气无涉。而宽柔以教,不报无道之风,实开世界大同之门,启民族和亲之路,往史具在,来者难诬。北方之族,以其贫瘠而奋发有为,乖离不甚,所以遇异族者虽酷,然在其群之内,则直道存焉。由余所以诲穆公,中行说所以折汉使,皆是物也。然其死而不厌之风,则实毁世界之文明,沦人道于禽兽。科学未兴之世,人力弱而不能受制于天行,风气之不同,各视其所居之地。治化之一进一退,文明之既成复毁,皆由于此。自今以后,革社会组织之偏,以拯各地方风气之敝,因合各地方风气之善,以矫一地方风气之偏,世运之大同,民族之和亲,必于是乎有赖矣。

《淮南王书》曰:"雁门之北,狄不谷食,贱长贵壮,俗尚气力。人不弛弓,马不解勒。"《原道训》。此即孔子所谓北方之强也。《说苑》曰:"子路鼓瑟,有北鄙之声。孔子闻之曰:信矣,由之不才也。夫先王之制音也,奏中声,为中节,流入于南,不归于北。南者生育之乡,北者杀伐之域。故君子执中以为本,务生以为基。故其音温和而居中,以象生育之气,忧哀悲痛之感,不加乎心,暴厉淫荒之动,不在乎体。夫然者,乃治存之风,安乐之为也。彼小人则不然,执末以论本,务刚以为基。故其音湫厉而微末,以象杀伐之气。和节中正之感,不加乎心,温俨恭庄之动,不存乎体。夫杀者,乃乱亡之风,奔北之为也。昔舜造南风之声,其兴也勃焉。纣为北鄙之声,其废也忽焉。"《修文》。修文此中国所谓中道,即南方之道;而所谓北方之强,即后世匈奴、鲜卑等游牧之族杀伐之俗之铁证也。殷人所居,实近东南,纣都朝歌,乃渐徙而北,彼其淫虐,得毋渐染北俗与? 然殷代文教,究近于南;周起丰镐,实在于北,孔子修春秋,变周之文,从殷之质,其以此与? 孔子亦言从周,则以杞、宋文献不足,而周礼为时所用故也。然曰周之失胜者,野蛮人之学于文明人,固但能得其形迹也。此孔子所由欲变之与?

原刊一九三七年三月二十四日《时事新报》
副刊"古代文化"第一期

# 〔一二〕尸体不朽

《后汉书·刘盆子传》云:"赤眉发掘诸陵,取其宝货,遂污辱吕后尸。凡贼所发,有玉匣。敛者率皆如生,故赤眉得多行婬秽。"《三国志·刘表传注》引《世语》曰:"表死后八十余年,至晋太康中,表冢见发,表及妻身形如生,芬香闻数里。"《吴志·孙休传注》引《抱朴子》曰:"吴景帝时,戍将于广陵掘诸冢,取版以治城,所坏甚多。复发一大冢,内有重阁,户扇皆枢转可开闭,四周为徼道通车,其高可以乘马。又铸铜为人数十枚,长五尺,皆大冠朱衣,执剑列侍。灵座皆刻铜人,背后石壁言殿中将军,或言侍郎、常侍,似公王之冢。破其棺,棺中有人,发已班白,衣冠鲜明,面体如生人。棺中云母厚尺许,以白玉璧三十枚借尸。兵人辈共举出死人,以倚冢壁。有一玉长一尺许,形似冬瓜,从死人怀中透出堕地。两耳及鼻孔中,皆有黄金如枣许大,此则骸骨有假物而不朽之效也。"案其葬埋之侈,至于如此,则其别有不朽之术可知。谓其必由于金玉,亦未必然也。即《后汉书》之言,亦如葛洪者附会之耳。

# 〔一三〕藏首级

赵襄子杀知伯,漆其头以为饮器,世皆以是讥其暴。然其事非迄于襄子,则亦非始于襄子也。汉人戕新莽,藏其头于武库,至晋元康五年乃被焚,见《晋书·惠帝纪》及《五行志》。莽头果至晋时尚存否,殊难质言,然汉人尝藏其头,则必不诬矣。《宋书·臧质传》言质之死,江夏王义恭等请依汉王莽事例,漆其头首,藏于武库。诏可之。易代犹奉为成例,果何为哉?《陈书·宣帝纪》:太建五年十二月,诏曰:"古者反噬叛逆,尽族诛夷,所以藏其首级,戒之后世。比者所戮,止在一身,子胤或存,枭悬自足,不容久归武库,长比月支。恻隐之怀,有仁不忍。维熊昙朗、留异、陈宝应、周迪、邓绪等及今者王琳首,并还亲属,以弘广宥。"则其时于叛者,且以藏其首为故常矣。观诏文之意,似以其亲属既尽,莫为收敛而然,然亦岂文王葬骨之仁也?《章昭达传》言子大宝,至德三年反,生擒送都,于路死,传首枭于朱雀航,夷三族。死而犹传其首,亦淫刑也。又夷其三族,则又非宣帝时戮止其身者比矣。《南史》作"寻被擒,枭首朱雀航",则失"路死传首"之事。史文之不可妄删如此。

或曰:匈奴杀月氏王,以其头为饮器,则此盖胡俗,而赵襄子效之。然匈奴固淳维后,法俗类中国者甚多,予别有考,则亦难谓此非中国法也。

# 〔一四〕孝　子

　　行必贵中庸，何也？无所厚于此，则亦无所薄于彼，通观焉而皆得其宜也。世恒于有所特厚者艳称之，而不知其所特薄者已随之而起，特人莫之觉耳。吾乡有性情暴戾而居丧尽礼者，众皆以其居丧尽礼而誉之，又以其性情暴戾而訾之，几若其出于两人之身，而不知其同具于一时也。高宗，殷之贤王也，继世即位，而慈良于丧，然实杀孝己。其慈于亲，正其所以虐于子，皆失中之情为之也。高宗之为人，盖与周太王、晋献公颇相类，夫吴太伯之不为殷孝己晋共世子者亦幸耳。安知周太王、晋献公不特有所厚乎？故曰："世无恶，只有过不及。"

　　《旧唐书·杨炎传》："祖哲以孝行有异，旌其门闾；父播登进士第，隐居不仕，玄宗征为谏议大夫，弃官就养，亦以孝行祯祥表其门闾。炎……释褐，辟河西节度，掌书记，神乌令李大简尝因醉辱炎，至是与炎同幕，率左右反接之，铁棒抶之二百，流血被地，几死，是悖戾之人也。""节度使吕崇贲爱其才，不之责"，失政刑矣。炎后"征拜起居舍人，辞禄就养岐下，丁忧，庐于墓前，号泣不绝声，有紫芝白雀之祥，又表其门闾"，史称"孝著三代，门树六阙，古未有也"。祯祥岂足信哉？况三世仍见乎？然其行则必有足炫流俗者矣。是惟能反接人而树之者优为之，其名亦惟如是之人能居之不疑也。然则中庸之士如之何？曰：施由亲始，势使然也。然毋忘爱无差等之义，故孟子之言，不足以难夷之也。咸丘蒙曰："盛德之士，君不得而臣，父不得而子。舜南面而立，尧率诸侯北面而朝之，瞽叟亦北面而朝之，舜见瞽叟，其容有蹙。"孟子曰："此非君子之言，齐东野人之语也。"《新唐书·康承训传》："(庞)勋谒汉高祖庙受命，以其父举直为大司马，守徐州。或曰：方大事，不可私于父，失上下序。举直乃拜于廷，勋坐受之。"此与孟子所云齐东野人之言，何以异哉？故知东野人之情，古今无异，固可以诡激之行诈之以立名也。

　　《新唐书·高俭传》：子"真行至左卫将军，其子岐连章怀太子事，诏令自诫切，真行以佩刀刺杀之，断首弃道上。高宗鄙其为，贬睦州刺史。"此其所为，岂特可鄙？衡以父杀其子当诛之义，高宗为失刑矣。《旧五代史·晋少帝纪》："天福八年十月，西京奏百姓马知饶杀男吴九不死，以其侵母食也，诏赦之。"盖律固以为当诛也。又《李彦珣传》："彦珣素不孝于父母，在乡绝其供馈。……范延光既叛，署为步军都监，委以守陴，招讨使杨光远……遣人就邢台访得其母，令于城下以招之，彦珣识其母，发矢毙之。……及随延光出降，授坊州刺史，近臣以彦珣之恶逆，奏于高祖，高祖曰：赦命已行，不可改也。遂令赴郡。"此盖当时叛者众，务安反侧，不敢行诛，不能以法论也。又《王瑜传》："入为刑部郎中。丙午岁，父钦祚刺举义州，瑜归宁至郡，会契丹据有中夏，何建以秦州归蜀。瑜说钦祚曰：若不西走，当是契丹矣。厉色数谏，其父怒而不从。因其卧疾涉旬，瑜仗剑而胁之曰：老懦无谋，欲趋炮烙，不即为计，则死于刃下。父不得已而听之。"此则临为戎之界，权以免其父于不义，与杨光远之子劫父降敌志在自免者，殊不同科。瑜本有才，观此事可知其明于民族大义，传多载其恶，不足信也。

# 〔一五〕 五　伦

墨子言兼爱,而孟子斥为无父,世虽或疑其辞之过甚,而终以其说为不刊,此由溺于小康以降之俗,以为亲疏远近,出于理势之自然,无可变革,而不知其皆由于人群之组织也。世言人群之伦纪,以为自然不可变革者,莫如五伦,其实无论诸子书,即儒书之言伦纪者,其说亦不一律;五伦之名,特见于《中庸》,最为人所习熟,遂奉为不刊之典耳。经、子言伦纪,全与《中庸》合者,惟《吕览》之十际。《台行》:"先王所恶,无恶于不可知;不可知,则君臣、父子、兄弟、朋友、夫妻之际败矣;十际皆败,乱莫大焉。凡人伦,以十际为安者也;释十际,则与麋鹿虎狼无以异,多勇者则为制耳矣。"《孟子·滕文公上》曰:"使契为司徒,教以人伦:父子有亲,君臣有义,夫妇有别,长幼有序,朋友有信",以长幼易兄弟。《礼记·礼运》曰:"何谓人义? 父慈,子孝;兄良,弟弟;夫义,妇听;长惠,幼顺;君仁,臣忠";以长幼易朋友,《王制》七教,父子、兄弟、夫妇、君臣、长幼、朋友、宾客。于《中庸》五伦外,益以长幼宾客,《周书常训》八政,夫妻,父子,兄弟,君臣。则又独阙朋友。不特此也,《中庸》又曰:"君子之道四,丘未能一焉,所求乎子以事父,未能也;所求乎臣以事君,未能也;所求乎弟以事兄,未能也;所求乎朋友先施之,未能也。"独阙夫妇一伦,则即本篇之中,亦且自相违异矣。《左氏》隐公三年,载石碏之辞曰:"贱妨贵,少陵长,远间亲,新

间旧,小加大,淫破义,所谓六逆也。君义,臣行;父慈,子孝;兄爱,
弟敬;所谓六顺也。"文公十八年,载季文子之辞曰:"舜臣尧,举八
元,使布五教于四方,父义,母慈,兄友,弟共,子孝。"或阙夫妇朋友,
或仅具父子兄弟二伦,其违异尤甚。其故何哉?盖古人之言,皆随
其意之所至,论理初不谨严。石碏之偏举君臣、父子、兄弟,乃所以
妃六逆;而季文子之辞,亦偶举以盈五数耳;固未计及其所取所舍
者,是否悉衷于理也。《中庸》之自相违异,亦若是则已矣;而其五
伦之说,又安见其不可损益乎? 夫自小康以降,人群之组织,既益繁
复,分际之殊,悉举而枚数之,奚翅十百? 若反诸人性之本然,则道
仁,仁与不仁而已矣。不独亲其亲,不独子其子,惇朴之俗,固可征
于古,亦未尝不有验于今;惊怖其言,若河汉而无极,只见其有蓬之
心也。

朱熹《章句》释五伦曰:"即《书》所谓五典;《孟子》所谓父子有
亲,君臣有义,夫妇有别,长幼有序,朋友有信是也。"案《王制·礼
运》,皆以长幼与兄弟并举,可见《章句》之不然。《书》之五典,师无
明说。伪孔即以左氏季文子之言释之;康成释"五品不逊"亦然;则
徒尊信古文,蔑弃今说,而不计其中理与否,自不如《章句》引《孟子》
之得矣。

原刊《齐鲁学报》第二期,一九四一年出版

# 〔一六〕田　制

　　井田之制，古之论者多以为宜行诸大乱之后，人少之时。《汉纪》所载荀悦之论，最众所熟知者也。此说自有其理，然谓非如此不可，则亦未为的当。何者？历代土田，固多为私家所占，然在官者仍不少也。私家之田，不可卒夺，官田独不可详立制度，以之为本，推诸私田乎？《汉书·高帝纪》：五年，五月，兵皆罢归家。诏曰："民前或相聚保山泽，不书名数。今天下已定，令各归其县，复故爵、田宅。"又曰："诸侯子及从军归者，甚多高爵，吾数诏吏先与田宅，及所当求于吏者，亟与。爵或人君，上所尊礼，久立吏前，曾不为决，甚无谓也。异日秦民爵公大夫以上，令、丞与亢礼，今吾于爵非轻也，吏独安取此！且法以有功劳行田宅，今小吏未尝从军者多满，而有功者顾不得，背公立私，守、尉、长吏教训甚不善。其令诸吏善遇高爵，称吾意。且廉问，有不如吾诏者，以重论之。"读此诏，便知当时田宅，在官者多，吏且能制其予夺，九年徙齐、楚大族关中，所由能予以利田宅也。自晋至唐，田皆有还受之法，公田自必甚多。至金世，乃云卖质于人无禁。说见《田业卖质无禁》条。然《金史·高汝砺传》言：军户既迁，将括地分授，汝砺诤之，谓"河南民地、官田，计数相半"。民地自有隐匿，然官田数已不少。《明史·食货志》载弘治时，"官田视民田得七之一"亦然。此岂不足立制度，为推行之本乎？

　　荀悦言：井田之制，"土地布列在豪强，卒而革之，并有怨心，则生纷乱，制度难行。若高祖初定天下，光武中兴之后，人众稀少，立之易矣。既未悉备井田之法，宜以口数限田，为之立限；人得耕种，不得卖买；以赡贫弱，以防兼并，且为制度张本，不亦善乎？"此即《申鉴》所谓"耕而勿有，以俟制度"者。仲长统《昌言》曰："今者土广民希，中地未垦，犹当限以大家，勿令过制。地有草者，尽曰官田，力堪农事，乃听受之。若听其自取，后必为灾也。"其说与悦若合符节。详密之条例，不徒非急务，或且非必须。扼要言之，未耕者悉为公田，惟能耕者乃得受之，即此二语，已尽哀多益寡、称物平施之义矣。将此二语，明白宣示，与此违者，限期正之；详密之条例，随时随地定之，岂必俟大乱之后？而亦岂虑纷乱之生乎？或曰：并兼者之悖戾，则何所不至？虽如此，岂遂不与政府抗？然耕者其右之乎？耕者不之右，豪强能为乱乎？故均地之制，实不难行也。其不行，乃莫之行，非不可行也。何以莫之行？曰：皇庄也，官庄也，职田也，公廨田也，其剥削莫不同于豪强。然则自天子以至于公卿大夫士，皆豪强也。与虎谋皮得乎？然则荀悦等之论，特鉴于新莽之败而云然耳，固未尽制土分民之理也。

　　魏三长之立也，李安世上疏曰："窃见州郡之民，或因年俭流移，弃卖田宅，漂居异乡，事涉数世。三长既立，始返旧墟，庐井荒毁，桑榆改植。事已历远，易生假冒。强宗豪族，肆其侵陵，远认魏晋之家，近引亲旧之验。又年载稍久，乡老所惑，群证虽多，莫可取据。各附亲知，互有长短，两证徒具，听者犹疑，争讼迁延，连纪不判。良畴委而不开，柔桑枯而不采，侥幸之徒兴，繁多之狱作。欲令家丰岁储，人给资用，其可得乎？愚谓今虽桑井难复，宜更均量，审其径术，令分艺有准，力业相称，细民获资生之利，豪右靡余地之盈。则无私之泽，乃播均于兆庶；如阜如山，可有积于比户矣。又所争之田，宜限年断；事久难明，悉属今主。然后虚妄之民，绝望于觊觎；守分之士，永免于陵夺矣。"当时强宗豪族之所为，即仲长统所谓自取者。而均田之令，则从事后正之者也，亦曷尝见其能为乱乎？

《韩非子》曰："夫与人相若也，无丰年、旁入之利，而独以完给者，非力则俭也。与人相若也，无饥馑、疾疫、祸罪之殃，独以贫穷者，非侈则惰也。今人征敛于富人，以布施于贫家，是夺力俭而与侈惰也。"《显学》。人与人是否相若，事极难言。然使其资地相同，所异者只在丰年、旁入之利，饥馑、疾疫、祸罪之殃，韩非之言，庸或未为大过；若先据特厚之资，持是以剥削人，则其所以致富者，乃强豪，非力俭也。此而加以右护可乎？占荒田者是已。《晋书·李班载记》：班尝谓李雄："古者垦田均平，贫富获所。今贵者广占荒田，贫者种殖无地，富者以己所余卖之。此岂王者大均之义乎？"《梁书·武帝纪》：大同七年，诏："如闻顷者，豪家富室，多占取公田，贵价僦税，以与贫民，伤时害政，为蠹已甚。"《宋史·食货志》：绍兴二十六年，通判安丰军王时升言："淮南土皆膏腴，然地未尽辟、民不加多者，缘豪强虚占良田，而无遍耕之力；流民褓负而至，而无开耕之地。"又淳熙九年，袁枢振两淮还，奏："民占田不知其数。力不能垦，则废为荒地。他人请佃，则以疆界为词，官无稽考。是以野不加辟，户不加多，而郡县之计益窘。"《金史·食货志》：大定二十七年，"随处官豪之家，多请占官地，转与他人种佃，规取课利。"《世宗纪》：大定二十年，十月，上谓宰臣："山后之地，皆为亲王、公主、权势之家所占，转租于民。"此等皆由人得自取所致。荀悦所由欲以口数立限，户调式所以有占田之数也。

土地制度之难立，在于太重先占之权。《晋书·隐逸传》：郭翻，"欲垦荒田，先立表题，经年无主，然后乃作。稻将熟，有认之者，悉推与之。县令闻而诘之，以稻还翻，翻遂不受。"此以制行论，原不失为廉让之美德,然非所语于为政矣。李安世言桑井难复,宜更均量;所争之田,宜立限断。皆必破弃私有之权,然后其策克遂者也。《旧唐书·哀帝纪》:天祐二年十月,敕:"洛城坊曲内,旧有朝臣、诸司宅舍,经乱荒榛。张全义葺理已来,皆已耕垦。既供军赋,即系公田。或恐每有披论,认为世业,须烦案验,遂启幸门。其都内坊曲及畿内已耕殖田土,诸色人并不得论认。如要业田,一任买置。凡论认者,不在给还之限。如有本主元自差人勾当,不在此限。如荒田无主,即许识认。"即以诏旨剥夺私有之权者也。谓不合义可乎?

宋杨戬之立公田也,《戬传》谓其谋出于胥吏杜公才。"立法索民田契。自甲之乙,乙之丙,展转究寻。至无可证,则度地所出,增立赋租。"以戬之暴,犹必展转寻索田契,可见昔人视私有权之重。此在常局,固亦不得不然,然不能以此妨碍改革之大计也。

《汉书·王莽传》载中郎区博谏莽之辞曰:"井田虽圣王法,其废久矣。周道既衰,而民不从。秦知顺民之心,可以获大利也,故灭庐井而置阡陌,遂王诸夏,迄今海内未厌其敝。今欲违民心,追复千载绝迹,虽尧、舜复起,而无百年之渐,弗能行也。"此所谓顺民之心者,谓民灭庐井、置阡陌而秦听之,非谓庐井为秦所灭,阡陌为秦所置也。曰民未厌其敝,乃谓民未思复井田,非谓其不恶富者占逾分之田,而己无立锥之地也。曰欲复井田,必有百年之渐,亦以繁碎之条例言。若知行井田之义在于均田,则亦初不俟此也。

《宋史·杨存中传》:乾道元年,兴屯田,存中献私田在楚州者三万九千亩。此亦乘兵荒而占取者也。王时升、袁枢所言不过平民,其为害已如此,况将帅乎?

# 〔一七〕官家出举上

　　振贷平民之事,后世日见其少,而出举兴生之事顾日多。《后汉书·樊宏传》:子儵,以永平十年卒。"帝遣小黄门张音问所遗言。先是河南县亡失官钱,典负者坐死及罪徒者甚众,并委责于人,以偿其耗。乡部吏司因此为奸。儵常疾之。又野王岁献甘醪、膏饧,每辄扰人,吏以为利。儵并欲奏罢之,疾病未及得上。音归,具以闻。帝览之而悲叹,敕二郡并令从之。"《虞诩传》:永建元年,为司隶校尉。为张防所陷,论输左校。复拜议郎。数日,迁尚书仆射。"是时长吏、二千石听百姓谪罚者输赎,号为义钱,托为贫人储,而守令因以聚敛。诩上疏曰:元年以来,贫百姓章言长吏受取百万以上者,匈匈不绝;谪罚吏人,至数千万;而三公、刺史,少所举奏。寻永平、章和中,州郡以走卒钱给贷贫人,司空劾案,州及郡县,皆坐免黜。今宜遵前典,蠲除权制。于是诏书下诩章,切责州郡。谪罚输赎,自此而止。"此皆官自放责以取利者也。《朱儁传》:"少孤,母尝贩缯为业。儁以孝养致名,为县门下书佐。时同郡周规辟公府,当行,假郡库钱百万,以为冠帻费,而后仓卒督责,规家贫无以备,儁乃窃母缯帛,为规解对。"观规所假之巨,而长吏受取之多,无足异矣。《北齐书·宋游道传》:为尚书左丞,"入省,劾太师咸阳王坦、太保孙腾、司徒高隆之、司空侯景、录尚书元弼、尚书令司马子如官贷金银,催征酬价,虽非指事臧贿,终是不避权豪。"可见官家出举,历代不绝。然论者究尚以为非法,至隋、唐之世,而所谓公廨钱者,乃公然以出举兴生为事矣。

《隋书·食货志》:"开皇八年,五月,高颎奏诸州无课调处,及课州管户数少者,官人禄力,乘前已来,恒出随近之州。但判官本为牧人,役力理出所部。请于所管户内,计户征税。帝从之。先是京官及诸州,并给公廨钱,回易取利,以给公用。至十四年六月,工部尚书苏孝慈等,以为所在官司,因循往昔,以公廨钱物,出举、兴生。惟利是求。烦扰百姓,败损风俗,莫斯之甚。于是奏皆给地以营农。回易取利,一皆禁止。"此先是二字,可上溯至拓跋魏之世。魏百官本无禄,至孝文太和八年,乃颁禄而罢在官商人,见《魏书·本纪》。未颁禄前,疑即任商人出举、兴生以自给。然虽颁禄之后,疑亦未能尽绝,至衰敝之世,乃又从而扬之。宋游道所劾咸阳王坦等,即其事也。《隋志》又云:"开皇十七年,十一月,诏在京及在外诸司公廨,在市回易,及诸处兴生,并听之,惟禁出举收利。"盖出举之弊,较兴生为尤甚矣。唐世公廨钱,屡罢屡复,甚至祠祭、蕃夷别设、宰相堂除食利、六宫飨钱等,皆恃此以给之。事见《新唐书·食货志》。其散见他处者:《旧唐书·玄宗纪》:开元二十六年,正月,长安、万年两县,各与本钱一千贯,收利供驲。三月,河南、洛阳两县,亦借本钱一千贯,收利充人吏课役。《代宗纪》:永泰元年,三月,诏左仆射裴冕等十三人并集贤院待诏。上以勋臣罢节制者,京师无职事,乃合于禁门、书院间,以文儒、公卿宠之也。仍特给飨本钱三千贯。《穆宗纪》:元和十五年,八月,赐教坊钱五千贯,充息利本钱。长庆三年,十月,赐内菌使公廨本钱一万贯,军器使三千贯。《懿宗纪》:咸通五年,五月,以南蛮侵犯湖南,桂州是岭路系口,诸道兵马、纲运,无不经过,顿递供承,动多差配。潭、桂两道,各赐钱三万贯,以助军钱,亦以充馆驿息利本钱。江陵、江西、鄂州三道,比于潭、桂,徭配稍简。令本道观察使详其间剧,准此例兴置。《礼乐志》:永泰二年,国子学成,贷钱一万贯,五分收钱,以供监官、学生之费。《新唐书·宦者·鱼朝恩传》云:赐钱千万,取子钱供秩饭。盖无一事不恃为经费之源矣。公家将资本放出,使民间得资周转,免于阁置,又得取其利息,以充经费,似亦未为失计。然其授受之间,必尽守私家贷贷之法乃可。若其别有所挟,则其弊不可胜穷矣。

《宋史·宁宗纪》:嘉泰四年,七月,"蠲内外诸军逋负营运息钱。"则宋时诸军,仍有从事营运者。《辽史·圣宗纪》:开泰二年,七月,"诏以敦睦宫子钱振贫民。"此子钱亦必取之于民者也。《食货志》:"圣宗乾亨间,以上京云为户,訾具实饶,善避徭役,遗害贫民。遂勒各户,凡子钱到本,悉送归官,与民均差。"云为户,盖借代官营运而免役者。《元史·河渠志》:蜀堰之成,余款二十万一千八百缗,责灌守以贷于民,岁取其息,以备祭祀及淘滩、修堰之费。《百官志》:大司农司供膳司,所属有辅用库,掌规运息钱,以给供需。太医院大都惠民局,掌收官钱,经营出息,市药修剂,以惠贫民。《食货志》:惠民药局:太宗九年,始于燕京等十路置局。官给银五百锭,为规运之本。世祖中统二年,又命王祐置局。四年,复置局于上都。每中统钞一百两,收息钱一两五钱。至元二十五年,以陷失官本,悉罢革之。至成宗大德三年,又准旧例,于各路设置焉。内宰司广惠库,至元三十年,以钞本五千锭立库,放典收息,纳于备用库。《世祖纪》:至元十四年,二月,"立永昌路山丹城等驿。仍给钞千锭为本,俾取息以给驿传之须。诸王只必铁木儿言:永昌路驿百二十五,疲于供给,质妻孥以应役。诏赐钞百八十锭赎还之。"《武宗纪》:大德十一年,七月,"从和林省臣请,如甘肃省例,给钞二千锭,岁收子钱,以佐供给。"至大三年,十月,"三宝奴言:故丞相和礼霍孙时,参议府左右司断事官、六部官日具一膳,不然则抱饥而还,稽误公事,今则无以为资。乞各赐钞二百锭规运,取其息钱以为食。制可。"《仁宗纪》:延祐六年,六月,"赐大乾元寺钞万锭,俾营子钱,供缮修之费。"十一月,"中书省臣言:曩赐诸王阿只吉钞三万锭,使营子钱,以给田猎廪膳,毋取诸民。今其部阿鲁忽等出猎,恣索于民,且为奸事。宜令宗正府、刑部讯鞫之,以正典刑。制曰可。"《顺帝纪》:至正六年,十二月,"诏复立大护国仁王寺昭应宫财用规运总管府,凡贷民间钱二十六万余锭。"《孔思晦传》:仁宗时,袭封衍圣公。"子思书院旧有营运钱万缗,贷于民,取子钱以供祭祀。久之,民不输子钱,并负其本。思晦理而复之。"皆可见出举关涉之广也。

宋时布帛,有所谓预买者。《宋史·食货志》云:太宗时,马元方为三司判官,建言:"方春乏绝时,预给库钱贷民,至夏秋令输绢于官。"大中祥符三年,河北转运使李士衡又言:"本路岁给诸军帛七十万,民间罕有缗钱,常预假于豪民,出倍称之息。至期则输赋之外,先偿逋欠,以是工机之利愈薄。请预给帛钱,俾及时输送,则民获利而官亦足用。"诏优予其直。自是诸路亦如之。或蚕事不登,许以大小麦折纳。仍免仓耗及头子钱。亦见元方及仕衡传。案《五代史·常思传》:"广顺三年,徙镇归德,居三年,来朝,又徙平卢。思因启曰:臣居宋,宋民负臣丝息十万两,愿以券上进。太祖颔之。案时居位者应为世宗。即焚其券,诏宋州悉蠲除之。"思盖名进其券,实冀朝廷为之征偿也。《通鉴》后唐庄宗同光二年,"孔谦贷民钱,使以贱价偿丝,屡檄州县督之。翰林学士承旨、权知汴州卢质上言:梁赵岩为租庸使,举贷诛敛,结怨于人。陛下革故鼎新,为人除害,而有司未改其所为,是赵岩复生也。"此与宋之预买,虽缓急不同,原其朔则同为一事。盖民间先有此等剥削之法,官乃恃其财势,从而攘其利耳。故预买本意,虽在宽民,后亦变为剥削之政矣。《宋史·王随传》:

真宗时，"迁淮南转运使，父忧，起复。时岁比饥，随敕属部出库钱，贷民市种粮，岁中约输绢以偿，流庸多复业。"此亦初兴时之预买。《张美传》：太祖时，"拜定国军节度。县官市木关中，同州岁出缗钱数十万以假民，长吏十取其一，谓之率分钱，岁至数百万。美独不取。他郡有诣阙诉长吏受率分钱者，皆命偿之。"此则由预买变为放债矣。俵籴价亦豫给，见《青苗法》条。

《清史稿·陈鸿传》：道光二年，"奉命稽察银库。其妻固贤明，曰：可送妾辈归矣。惊问之，曰：银库美差，苟为所染，昵君者麕至，祸且不测，妾不忍见君菜市也。鸿指天自誓，禁绝赂遗。中庭已列花数盆，急挥去，盆堕地碎，中有藏镪，益耸惧。遂奏库衡年久铁陷，请敕工部选精铁易之。送库日，责成管库大臣率科道库员校验，然后启用。禁挪压饷银、空白出纳，及劈鞘诸弊。库吏百计饴之，不动。复请户部逐月移送收银总簿；别立放银簿，钤用印信，以资考核。先是御史赵佩湘驭吏严，其死也，论者疑其中毒。鸿莅库，勺水不敢饮。"又《徐法绩传》："迁给事中。稽察银库，案事在道光九年后。无所染。（道光）十二年，分校会试。同官与吏乘隙为奸，匿云南饷银。法绩出闱，亟按之，谋始沮。"《论》曰："陈鸿、徐法绩，清操相继，冀挽颓风，而库藏大狱，卒发于十数年之间，甚矣实心除弊之罕觏其人也！"案所谓库藏大狱者，事在道光二十三年，亏空凡九百万两，见《黄爵滋传》。又《和瑛传》：为喀什噶尔参赞大臣，"劾喀喇沙尔历任办事大臣，私以库款贷与军民及土尔扈特回子，取息钱入己，降革治罪有差。"则知私以库款出贷，历代皆有其事。

又《觉罗宝兴传》：道光时，为四川总督。"以马边诸厅、县增设防兵，筹议边防经费，请按粮津贴，计可征银百万两。以三十万为初设防兵之需。每岁经费，即以余银七十万两生息，置田供支。上以津贴病民，拨部帑银百万。翰林院侍读学士王炳瀛奏：四川前买义田,遍及百余州县。若更以数十万帑银于各州县买田收租,膏腴将尽归公产。请限于四厅近边地收买,安置屯防。下宝兴妥议。疏言:边防完竣,用银二十二万两有奇。以三十七万发盐茶各商,岁得息三万七千余两,足敷增设练勇饷械之需。余银四十万,听部拨别用。遂罢买田议。"此事亦见《何凌汉传》,可以参观。隋代以兴生贤于出举,给地贤于回易,此则适与相反,足见社会情形,随世变易也。存商利息,不过一分,亦远较前代为轻。

《新唐书·苗晋卿传》:为魏郡太守,"会入计,因上表请归乡里。出俸钱三万为乡校本,以教授子弟。"则民间事业,亦多以出举收息充经费。《宋史·常楙传》:"为浙东安抚使。值水灾。两浙及会稽、山阴死者暴露,与贫而无以为敛者,以十万楮置普惠库,取息造棺以给之。"《黄𤇺传》:"知台州。置养济院;又创安济坊,以居病囚;皆自有子本钱,使不废。"此等虽出官办,实与民间自办者无异,故亦称善政。公家之出举,所恶者原在其恃势横行,实同豪夺,而非在其出举也。

《元史·奸臣·卢世荣传》:世荣奏:"国家虽立平准,然无晓规运者,以致钞法虚弊,诸物踊贵。宜令各路立平准周急库,轻其月息,以贷贫民。如此,则贷者众而本且不失。"此欲出贷,与隋、唐之出举不同;所云规运,亦与其所谓兴生者大异。世荣理财之策,不徒非历代计臣所知,并非学人议论所及,疑实来自西域。其能行于中国与否,自难遽断,然入诸《奸臣传》,则实厚诬也。

公家亦有入举者,已见《古振贷二》条。宋元嘉二十七年北伐,扬、南徐、兖、江四州,富民家赀满五千万,僧尼满二千万者,并四分换一。过此率讨,事息即还。萧颖胄起兵,史亦言其换借富资,以充军费。当时所谓换,即今所谓借也。《元史·王檝传》:"戊子,宋理宗绍定元年,成吉思汗死之明年也。奉监国公主命,领省中都。属盗起信安,结北山盗李密,转掠近县。楲曰：都城根本之地,何可无备？引水环城。调度经费,楲自为券,假之贾人,而敛不及民。"燕帖木儿之起,伯颜应之,亦借赀商人,许以倍息。此等皆在用兵之时。《新唐书·薛仁贵传》：子讷,迁蓝田令。"富人倪氏,讼息钱于肃政台。中丞来俊臣受赇,发义仓粟数千斛偿之。讷曰：义仓本备水旱,安可绝众人之仰私一家？报上不与。会俊臣得罪,亦止。"讼息钱而判以义仓粟为偿,其事殊不可解。度其贷款,必与地方公务有关涉也,此则在于平时矣。

# 〔一八〕官家出举下

　　专制之世,官私不甚分明。官之所为,与作官者之所为,往往混为一谈;而私家之所为,亦有托诸官或作官之人者。出举其一事也。

　　《史记·萧相国世家》言:高祖击黥布,数使使问相国何为。客有说相国买田地,贳贷以自污者。此说,盖汉初治纵横家言者所造,不足信,然当时有此等事,则可想见也。《汉书·王子侯表》:旁光侯殷,元鼎元年坐贷子钱不占租、取息过律,会赦,免;陵乡侯诉,建始二年坐使人伤家丞,又贷谷息过律,免;其明证矣。《宋书·蔡兴宗传》:"迁会稽太守。会土全实,民物殷阜。王公妃主,邸舍相望,挠乱在所,大为民害。子息滋长,督责无穷。兴宗悉启罢省。"《隋书·秦王俊传》:镇并州,"出钱求息,民吏苦之。"《旧唐书·高季辅传》:太宗时上封事,言"公主、勋贵,放息出举,追求什一。"《新唐书·徐有功传》:博州刺史琅琊王冲,责息钱于贵乡,遣家奴督敛,与尉颜余庆相闻知。《辽史·道宗纪》:清宁三年,十二月,"禁职官于部内假贷、贸易。"太康九年,七月,"禁外官部内贷钱取息,及使者馆于民家。"《金史·马琪传》:"世宗谓宰臣曰:比者马琪主奏高德温狱,其于富户寄钱,皆略不奏。朕以琪明法律而正直,所为乃尔。称职之才,何其难也?"《元史·刑法志·禁令》:"诸监临官辄举贷于民者,取与俱罪之。"《明史·太祖诸子传》:宁王宸濠,"责民间子钱,强夺田宅、子女。"《外戚传》:孙忠,"家奴贷子钱于滨州民,规利数倍,有司望风奉行,民不堪,诉诸朝,言官交章劾之。命执家奴戍边,忠不问。"皆作官之人。若贵势之家,自以其钱出贷,非以官钱也。其与官相依倚者,则如汉掖庭狱"为人起责,分利受谢";《汉书·谷永传》。罗裒致千余万,举其半赂遗曲阳、定陵侯,依其权力,赊贷郡国;《货殖传》。北齐诸商胡,负官债息者,宦者陈德信纵其妄注淮南富家,令州县征责,《北齐书·卢潜传》。皆是。《明史·杨松传》:附《骆开礼传》。"历官御史,巡视皇城。尚膳少监黄雄征子钱与民哄,兵马司捕送松所。事未决,而内监令校尉趣雄入直,诡言有驾帖。松验问无有,遂劾雄诈称诏旨。帝穆宗令黜兵马司官,而镌松三级,谪山西布政司照磨。"则并有依托宫禁者矣。

　　与官相依倚者,以商人为最多。以其兼事出举、兴生,二者皆有恃于官势也。《魏书·高宗纪》:和平二年,正月,诏曰:"刺史牧民,为万里之表。自顷每因发调,逼民假贷,大商富贾,要射时利,旬日之间,增赢十倍。上下通同,分以润屋。为政之弊,莫过于此。其一切禁绝。犯者十匹以上皆死。"此所谓假贷,盖谓赊欠货物,即晁错所谓"乘上之急,所卖必倍",乃兴生之事,非出举之事也。然游资在手,兼事出举,自亦甚便。故刘从谏署贾人子为牙将,使行贾州县,其人遂所在暴横,责子贷钱矣。《新唐书》本传。

　　《旧唐书·杜亚传》:充东都留守。"既病风,尚建利以固宠。奏请开苑内地为营田,以资军粮,减度支每年所给。从之。""苑内地堪耕食者,先为留司中官及军人等开垦已尽。亚计急,乃取军中杂钱举息与畿内百姓。每至田收之际,多令军人车牛,散入村乡,收敛百姓所得菽粟将还军。民家略尽,无可输税,人多艰食,由是大致流散。"此军人从事放债者也。《明史·颜鲸传》:"擢御史,出视仓场。

奸人马汉,怙定国公势,贷子钱漕卒。偿不时,则没入其粮,为怨家所诉。汉持定国书至,鲸立论杀之。"则又贵势之放债于军人者矣。

《北齐书·循吏·苏琼传》:迁南清河太守。"道人道研为济州沙门统,资产巨富,在郡多有出息,常得郡县为征。及欲求谒,度知其意,每见则谈问玄理,应对肃敬。研虽为债数来,无由启口。"此可见当时僧人,亦多与官吏相结托。

与官吏相结托者,不过取其权力而已,纲纪颓敝之世,又有不待官而自行之者。《通鉴》后汉高祖乾祐元年,蜀司空兼中书侍郎、同平章事张业,于私第置狱系负债者,或历年,至有瘐死者,是也。然此等事非可常行,故与官结托者究多。

士大夫亦有以贳贷为可耻者。《宋书·王弘传》:父珣,"颇好积聚,财物布在民间。珣薨,弘悉燔烧券书,一不收责。"《顾觊之传》:"五子:约、绰、缋、缜、绲。绰私财甚丰,乡里士庶多负其责,觊之每禁之不能止。及后为吴郡,诱绰曰:我常不许汝出责,定思贫薄亦不可居。民间与汝交关,有几许不尽,及我在郡,为汝督之。将来岂可得?凡诸券书皆何在?绰大喜,悉出诸文券一大厨与觊之。觊之悉焚烧,宣语远近:负三郎责,皆不须还,凡券书悉烧之矣。绰懊叹弥日。"《齐书·崔慰祖传》:"父梁州之资,家财千万,散与宗族。料得父时假贳文疏,谓族子纮曰:彼有,自当见还,彼无,吾何言哉?悉火焚之。"《宋史·陈希亮传》:"幼孤,好学。年十六,将从师。其兄难之,使治钱息三十余万。希亮悉召取钱者,焚其券而去。"皆其事也。然此等人如凤毛麟角矣。

士大夫亦有入举者。如范质兄子杲,家贫,贷人钱数百万是也。《宋史·质传》。此等人,谨慎守法者,亦多为债主所苦。《旧唐书·崔衍传》:继母李氏,不慈于衍,而衍事李氏益谨。李氏所生子郃,每多取子母钱,使其主以契书征负于衍。衍岁为偿之。故衍官至江州刺史,而妻子衣食无所余。盖其盘剥颇深矣。宋王旦为中书舍人,家贫,与昆弟贷人息钱,违期,以所乘马偿之。《宋史·王祐传》。太宗并用李沆、宋湜、王化基为右补阙、知制诰,各赐钱百万。又以沆素贫,多负人钱,别赐三十万偿之。《宋史沆传》。亦其事也。其豪横者,则或不作偿计。《汉书·高惠高后文功臣表》:河阳严侯陈涓,子信,坐不偿人责过六月,免,其最早者矣。《宣元六王传》:朱博自言负责数百万,淮南宪王钦遣吏为偿二百万。《佞幸传》:邓通败后,家负责数巨万。《后汉书·梁冀传》:冀从士孙奋贷钱五千万,奋与以三千万。此等盖皆相交关为奸利,非迫于用,其借以供挥霍者。则如《潜夫论》言:"王侯、贵戚、豪富,高负千万,不肯偿责。小民守门号哭啼呼,曾无怵惕惭怍哀矜之意。苟崇聚酒徒无行之人,或殴击责主,入于死亡。诸妄骄奢、作大责者,必非救饥寒而解困急,振贫穷而行礼义者也,咸以崇骄奢而奉淫湎耳。"《断讼》。是其事也。小民安有钱可以出借?盖皆出于赊欠。汉高祖从王媪、武负赊酒;吕母益酿醇酒,赊与少年来沽者;《后汉书·刘盆子传》。潘璋居贫好赊沽;皆是。王符又言:"永平时,诸侯负责,辄有削黜之罚,其后皆不敢负民。"可见负民习为恒事。然究不能不受法律之裁正,故又必崇聚酒徒无行之人,以其不畏法律也。此等可谓不法已极。唐章怀太子之子守礼,常带数千贯钱债。或谏之。守礼曰:岂有天子兄,没人葬?《旧唐书·高宗诸子传》。转为愿朴者矣。

《宋史·奸臣·吕惠卿传》:邓绾言其兄弟强借秀州富民钱买田。此说未知信否。然以诋惠卿纵诬,当时必自有此等事。此又贵势入举之一种也。

《新唐书·宋璟传》:"京兆人权梁山谋逆,敕河南尹王怡驰传往按,牢械充满,久未决,乃命璟为留守,复其狱。初,梁山诡称婚集,多假贷,吏欲并坐贷人。璟曰:婚礼借索大同,而狂谋率然,非所防亿。使知而不假,是与为反。贷者弗知,何罪之云? 平纵数百人。"
假贷何必分向数百人? 数百人何以皆信之? 其事殊不可解。梁山
盖豪侠者流? 其诡称婚集,盖亦如今豪侠者所谓"开贺"? 特今则竟
以相遗,尔时则犹称假贷耳。史言陈汤家贫,丏贷无节,此与汉高、
潘璋、从吕母赊沽之少年,正汉诸侯王所崇聚者耳。

《宋史·李汉超传》:"迁齐州防御使兼关南兵马都监。人有讼
汉超强取其女为妾及贷而不偿者,太祖召而问之曰:汝女可适何
人? 曰:农家也。又问:汉超未至关南,契丹如何? 曰:岁苦侵暴。
曰:今复尔邪? 曰:否。太祖曰:汉超,朕之贵臣也,为其妾,不犹
愈于农妇乎? 使汉超不守关南,尚能保汝家之所有乎? 责而遣之。
密使谕汉超曰:亟还其女并所贷。朕姑贳汝,勿复为也。不足于
用,何不以告朕耶?"此人敢与汉超讼,讼而能达九重,必非贫弱,汉
超盖亦择富民而鱼肉之耳。

时愈晚,则出举取利之事愈多。《宋史·文苑·贺铸传》:"以尚
气使酒,不得美官,悒悒不得志。食官祠禄,退居吴下,以是杜门,将
遂其老。家贫,贷子钱自给。有负者,辄折券与之。秋豪不以丏
人。"又《孝义·郝戭传》:"家贫,竭力营养。或怜伤之,贷以钱数百
万,使取息自赡。戭重谢,留钱五六年不用,复返之。"此虽尚与子钱
家所为有异,然亦足见士大夫之恃子钱自活者日多矣。

# 〔一九〕京　债

　　《陔余丛考》卷三十三,有一条论历代放债起息之重轻,其论近代京债云:"富人挟赀住京师,遇月选官之不能出京者,量其地之远近,缺之丰啬,或七八十两作百两,谓之扣头。甚至有四扣、五扣者,其取利最重。按此事古亦有之。《史记·货殖传》:吴楚七国反时,长安列侯当从军者,欲贷子钱,子钱家莫肯贷,惟无盐氏捐金出贷,其息十之。吴楚平,而无盐氏之息十倍。曰子钱家,则专有此出钱取息之人,如今放京债者也。曰息十倍,则如今京债之重利也。又《旧唐书·武宗纪》:中书奏选官多京债,到任填还,致其贪求,罔不由此。乃定户部预借料钱到任扣还之例。此又后世京债故事,及官借俸钱之始。"愚案:肯贷款者独一无盐氏,可见当时所谓子钱家者,并不注意于此,故此例实不甚切。唐武宗时事,见《旧唐书·本纪》会昌二年,则真后世之京债也。《宋史·吕祐之传》:"端拱中,副吕端使高丽,假内府钱五十万以办装。还遇风涛,舟欲覆,祐之悉取所得货沈之,即止。复献《海外覃皇泽诗》十九首。太宗嘉之,仍蠲其所贷。"此亦官借俸钱之类也。

　　《旧唐书·高瑀传》云:"大和初,忠武节度使王沛卒。物议以陈、许军四征有功,必自择帅,或以禁军之将得之。宰相裴度、韦处厚议:瑀深沈方雅,曾刺陈、蔡,人怀良政,又熟忠武军情,欲请用瑀。事未闻,陈、许表至,果请瑀为帅。乃授忠武节度使。自大历已来,节制除拜,多出禁军中尉。凡命一帅,必广输重赂。禁军将校当为帅者,自无家财,必取资于人,得镇之后,则膏血疲民以偿之。及瑀之拜,以内外公议,缙绅相庆曰:韦公作相,债帅鲜矣!"然则京债之盘剥,又不止于文臣也。《后妃传》:文宗母萧氏,因乱去乡里,有母弟一人。文宗诏闽越求访。后,福建人。有萧洪者,冒充后弟。上以为复得元舅,拜河阳怀节度使,迁鄜坊。先是,有自神策两军出为方镇者,军中多资其行装,至镇三倍偿之。时有自左军出为鄜坊者,资钱未偿而卒,乃征钱于洪。洪不肯。卒以此败。此则以军人而放京债,无怪其神通之广大矣。《宋史·尹洙传》:知潞州,"部将孙用,由军校补边,自京师贷息钱到官,无以偿。洙惜其才可用,恐以犯法罢去,假公使钱为偿之。"区区军校补边,亦为京债所及,可谓无微不至矣。

　　《清史稿·刘荫枢传》:康熙时,除刑科给事中。疏言:"京师放债,六七当十。半年不偿,即行转票,以子为母。数年之间,累万盈千。乞敕严立科条,照实贷银数,三分起息。"与瓯北所言,如出一辙。

# 〔二〇〕营 债

军人不徒剥削债帅也,亦剥削其兵士。《宋史·兵志》:政和二年,臣僚言:"祖宗军政大备,比多逃亡,其弊有六。""二曰举放营债。"所谓举放营债,盖贷款于兵士而收其息也。《志》又载熙宁十年,诏:"安南道死、战没者,所假衣奉,咸蠲除之。弓箭手、民兵、义勇等,有贷于官者,展偿限一年。"出征须自假贷,其役使之酷可想。《元史·成宗纪》:大德元年,十二月,中书省臣同河南平章孛罗欢等言:"外郡戍卒封桩钱,军官迁延,不以时取,而以己钱贷之,征其倍息。"《兵志》:世祖至元十年,八月,"禁军吏之长举债,不得重取其息,以损军力。违者罪之。"《刑法志·职制上》:军官之罪,有"举债倍息"。《职制下》:"诸军官役其出征军人家属,又借之钱而多取其息者,并坐之。"足见其弊之普遍。《明史·王章传》:"出按甘肃。边卒贷武弁金,偿以贼首,武弁以冒功,坐是数启边衅。章著令,非大举毋得以零级冒功。"更可谓无奇不有矣。

坐此剥削,故兵士甚贫。《宋史·高宗纪》:绍兴二十九年,五月,"禁权要豪民举钱军中取息。"《辽史·文学·萧韩家奴传》:重熙间,应诏言:"戍卒之食,多不能给。求假于人,则十倍其息,至有粥子、割田不能偿者。"《金史·奥屯忠孝传》:"改沁南军。坐前在卫州句集妨农军借民钱不令偿,由是贫富不相假贷,军民不相安,降宁海州刺史。"足见军士之须假贷,历代皆然也。兵之陵民,何所不至?而至于举钱取息,则不得不受其羁轭。钱之为力,可谓大矣。

《三国志·高柔传》云:"护军营士窦礼近出不还。营以为亡,表言逐捕,没其妻盈及男女为官奴婢。盈连至州府,称冤自讼,莫有省者。乃辞诣廷尉。柔问曰:汝何以知夫不亡?盈垂泣对曰:夫少单特,养一老妪为母,事甚恭谨,又哀儿女,抚视不离,非是轻狡不顾室家者也。柔重问曰:汝夫不与人有怨仇乎?对曰:夫良善,与人无仇。又曰:汝夫不与人交钱财乎?对曰:尝出钱与同营士焦子文,求不得。时子文适坐小事系狱。柔乃见子文,问所坐。言次,曰:汝颇曾举人钱不?子文曰:自以单贫,初不敢举人钱物也。柔察子文色动,遂曰:汝昔举窦礼钱,何言不邪?子文怪知事露,应对不次。柔曰:汝已杀礼,便宜早服。子文于是叩头,具首杀礼本末,埋藏处所。柔便遣吏卒,承子文辞往掘礼,即得其尸。诏书复盈母子为平民。班下天下,以礼为戒。"此又营伍之中,自相假贷之事也。窦礼信非轻狡,然观其事,则知出举取利,谨厚者亦复为之矣。

# 〔二一〕民间借贷

借贷之事,在城市者,盖以工商为多,乡村则多农民。乡村赀财少,农民又多愿朴,故其盘剥为尤酷。晁错说汉文帝,言商人兼并农人,盖其意主抑商,故但言商人;其实田连阡陌之家,亦未尝不如是也。《后汉书·樊宏传》,言其父重,"世善农稼,好货殖,开广田土三百余顷,年八十余终。其素所假贷人间数百万,遗令焚削文契。责家闻者皆惭,争往偿之。诸子从敕,竟不肯受。"《魏书·卢义僖传》:"义僖少时,幽州频遭水旱。先有谷数万石贷民。义僖以年谷不熟,乃燔其契。"《北齐书·卢叔武传》:"叔武在乡时,有粟千石。每至春夏,乡人无食者,令自载取,至秋,任其偿,都不计较,而岁岁常得倍余。"《北史·李士谦传》:"士谦出粟万石,以贷乡人。属年谷不登,责家无以偿,皆来致谢。士谦曰:吾家余粟,本图振赡,岂求利哉?于是悉召债家,为设酒食,对之燔契。明年,大熟,责家争来偿。士谦拒之,一无所受。"此等多粟之家,盖皆当时之大地主也。诸人皆获好义之名,然合全局观之,则必求利者其常,而振施者其变矣。《宋史·食货志》言:太宗时,"富者操奇赢之资,贫者取倍称之息,一或小稔,责偿愈急,税调未毕,资储罄然。遂令州县戒里胥、乡老察视,有取富民谷麦赀财,出息不得逾倍,未输税,毋得先偿私逋,违者罪之。""宣仁太后临朝,起司马光为门下侍郎。光抗疏曰:四民之中,惟农最苦。幸而收成,公私之债,交争互夺。谷未离场,帛未下机,已非己有。"其言之可谓痛矣。放此等债者,其追索恒特酷。宋武帝负刁逵社钱三万,为所执录,事见《南史·本纪》。《魏书·刁雍》及《岛夷传》皆同,惟《北史·雍传》作一万。其后辗转报复,可谓以涓涓之流,而酿滔天之祸。宋武亦豪杰之流,而犹如此,况于羸弱者乎?《宋史·崔与之传》,言民有窘于豪民逋负,殴死其子诬之者,盖诚有所不得已也。

亦有商人、地主,合而为一者。《清史稿·循吏·郑敦允传》:附《狄尚絅传》。道光八年,出为湖北襄阳知府。"枣阳地瘠民贫,客商以重利称贷,田产折入客籍者多。敦允许贷户自陈,子浮于母则除之。积困顿苏。"以商人贷款而准折入田产,此晁错所以谓商人兼并农人也。

乘人之急而鱼肉之,已足诛矣。乃又有诱人使入陷阱者。《宋史·真宗纪》:大中祥符二年,正月,"诏诱人子弟析家产,或潜举息钱,辄坏坟域者,令所在擒捕流配。"宜矣。

《元史·成宗纪》:大德五年,十月,"诏权豪势要之家,佃户贷粮者,听于来岁秋成还之。"此田主于收租之外,更以借贷剥削其佃户者也。

在城市者,盖多以钱借贷。《元史·孝友传》:"孙秀实,大宁人。里人王仲和,尝托秀实贷富人钞二千锭,贫不能偿,弃其亲逃去。数年,其亲思之,疾,秀实日馈薪米存问,终不乐。秀实哀之,悉为代偿,取券还其亲。后命奴控马赍金,访仲和使归,父子欢聚,闻者莫不叹美。又李怀玉等贷秀实钞一千五百锭,度无以偿,尽还其券不征。"此等皆为数颇巨,盖工商有赀产者。《梁书·王志传》:天监元年,迁丹阳尹。"京师有寡妇,无子,姑亡,举债以敛葬,既葬而无以还之。志愍其义,以俸钱偿焉。"则凡民之迫于用者也。《史记·货殖列传》：长安有子钱家。《元史吴鼎传》：同知中政院事。"浙有两富豪曰朱、张家，多贷与民钱。其后两家诛没，而券之已偿者，亦入于官，官惟验券征理，民不能堪。鼎力为辨白，始获免。"专以出贷为事，盖亦所谓子钱家矣。《宋史·吴奎传》：权开封府。"富人孙氏辜榷财利，负其息者，至评取物产及妇女。奎发孙宿恶，徙其兄弟于江淮间，豪猾畏敛。"子钱家之居辇毂下者，其神通，又非寻常之子钱家比也。

豪猾虽自有势力，究仍多依倚官府。宋秦州民李益，民负息钱，官为督理，引见《富人之不法》条。《金史·章宗纪》：明昌元年，八月，"禁指托亲王、公主奴隶，占纲船，侵商旅，及妄征钱债。"亦其伦也。《宋史·陈舜俞传》：舜俞诤青苗法有云："祖宗著令：以财物相出举，任从书契，官不为理，其保全元元之意，深远如此。"以官不理债务为保全元元，盖知官吏必左袒债主也。《儒林·黄震传》："调吴县尉，吴多豪势家，告私债则以属尉。民多饥冻窘苦，死尉卒手。震至，不受贵家告。"吴之豪势家，亦秦之李益也。

官之右护富民，亦有出于不得已者。盖既不能铲除贫富，又举相沿已久、习以为安之局而坏之，其为患，必更有不堪设想者也。《宋史·沈立传》："迁两浙转运使。苏、湖水，民艰食，县戒强豪民发粟以振，立亟命还之，而劝使自称贷，须岁稔，官为责偿。"《朱寿隆传》：为京东转运使。"岁恶民移，寿隆谕大姓、富室畜为田仆，举贷立息，官为置籍索之，贫富交利。"皆以此也。《崔与之传》：知建昌之新城。"岁适大歉。有强发民廪者，执其首，折手足以徇，盗为止。劝分有法，贫富安之。"《陈居仁传》："移建宁府。岁饥，出储粟平其价，弛逋负以巨万计，代输畸零茧税。有因告籴杀人者，会赦免，居仁曰：此乱民也，释之将覆出为恶，遂诛之。"意亦如是。然折其手足已甚矣，况杀之乎？

《金史·黄久约传》："时以贫富不均,或欲令富民分贷贫者,下有司议。久约曰:物之不齐,物之情也。贫富不均,亦理之常。若从或者言,适足以敛怨,非损有余补不足之道。章宗时领右丞相,罢其议。"案行或者之言,则不得不官为理欠,此其一难。然明二祖仁、宣时,曾令"富人蠲佃户租,大户贷贫民粟,免其杂役为息,丰年偿之。"见《明史·食货志》。又《刘辰传》:迁江西布政司参政。"岁饥,劝富民贷饥者,蠲其徭役,以为之息。官为立券,期年而偿。"则迫之虽属难行,劝之亦自有其术也。

富人莫能救恤,贫民自不得不相濡以沫。既曰贫民,安有余力,则合众之道尚焉。《新唐书·循吏传》:韦宙,出为永州刺史。"民贫无牛,以力耕。宙为置社,二十家月会钱若干,探名,得者先市牛,以是为准,久之,牛不乏。"此即后世纠会之法,缓急之借以济者多矣。

# 〔二二〕 质　典

出举者必不甘丧其所有也,于是乎有质典。可质典之物甚众。《梁书·处士庾诜传》:"邻人有被诬为盗者,被劾妄款。诜矜之,乃以书质钱二万,令门生诈为其亲,代之酬备。"《南史·谢弘微传》:曾孙侨,"素贵。尝一朝无食,其子启欲以《班史》质钱。答曰:宁饿死,岂可以此充食乎?"北齐祖珽,尝以《华林遍略》数帙,质钱樗蒲。是书可为质也。褚炫病,无以市药,以冠剑为质。《南史·褚彦回传》。孙腾、司马子如尝诣李元忠,逢其方坐树下,葛巾拥被,对壶独酌,使婢卷两褥,以质酒肉。及卒,又以金蝉质绢,乃得敛焉。杜甫之诗曰:"朝回日日典春衣,每向江头尽醉归。"诗人之辞,似不容尽据为典实。然《宋史·张秉传》言:"秉好饬衣服,洁馔具。每公宴及朋友家集会,多自挈肴膳而往。家甚贫,常质衣以给费焉。"则杜陵之辞,亦非尽子虚矣。是凡衣饰皆可为质也。《元史·儒学·胡长孺传》:为台州宁海县主簿。"永嘉民有弟质珠步摇于兄者,赎焉,兄妻爱之,绐以亡于盗。屡讼不获直,往告长孺。长孺曰:尔非吾民也,叱之去。未几,治盗。长孺嗾盗诬兄受步摇为臧,逮兄赴官,力辨数弗置。长孺曰:尔家信有是,何谓诬耶? 兄仓皇曰:有固有之,乃弟所质者。趣持至验之。呼其弟示曰:得非尔家物乎? 弟曰:然。遂归焉。"此又以贵重之物为质者也。以物为质而后出举,实最利于举主。然举主必资力雄厚，且必能保守其质物。独力不给，集众为之，而典肆兴矣。然非一蹴可几也。

《南史·循吏传》：甄法崇孙彬。"尝以一束苧就州长沙寺库质钱。后赎苧还，于苧束中得五两金，以手巾裹之，彬得，送还寺库。道人惊云：近有人以此金质钱，时有事不得举而失。檀越乃能见还，辄以金半仰酬。往复十余，彬坚然不受。"案《齐书·褚渊传》言：渊死后，弟澄，"以钱万一千，就招提寺赎太祖所赐渊白貂坐褥，坏作裘及缨。"则当时僧寺，实为一质押称贷之所。《魏书·释老志》：永平二年冬，沙门统惠深上言："比来僧尼，或因三宝，出贷私财。"僧尼且然，岂况于寺？出举而多受质物，则寺库立矣。《旧唐书·德宗纪》：建中三年，"借京城富商钱，所得才八十万贯。少尹韦积，又取僦柜质库法拷索之。"《通鉴》云："括僦柜质钱，凡蓄积钱帛粟麦者，皆借四分之一，封其柜窖。"胡《注》云："民间以物质钱，异时赎出，于母钱之外复还子钱，谓之僦柜。"《通鉴》本文，质字下似夺库字。综观诸文，盖藏钱帛之所谓之柜，粟麦之所谓之窖，出于钱粟之外者，则谓之库也。至此则缘起僧寺，托于周急以自文者，公然为牟利之举矣。《老学庵笔记》云："今僧寺辄作库质钱取利，谓之长生库。"则宋时僧寺，犹有从事于此者，然日衰矣。《五代史补》云："慕容彦超之被围也，勉其麾下曰：吾库中金银如山积，若全此城，尽以为赐，汝等勿患富贵。有卒私言曰：侍中银皆铁胎，得之何用？诸军闻之，稍稍解体。高祖入，有司阅其库藏银，铁胎者果什七八。初，彦超令人开质库，有以铁胎银质钱者，经年后库吏始觉，言之彦超。初甚怒，顷之，谓吏曰：此易致耳，汝宜伪窦库墙，凡金银器用暨缣帛等，速皆藏匿，仍乱撒其余，以为贼践，吾当擒此辈矣。库吏如其教。彦超下令：恐百姓疑彦超隐其物，宜令三日内各投状，明言质物色目，当倍偿之。百姓以为然，投状相继。翼日，铁胎银主果出。于是擒之，置之深屋中，使教部曲辈昼夜造，用广府库。此银是也。"则五代时并有官典矣。

《金史·百官志》："中都流泉务。大定十三年，上谓宰臣曰：闻民间质典，利息重者至五七分，或以利为本，小民苦之。若官为设库务，十中取一为息，以助官吏廪给之费，似可便民。卿等其议以闻。有司奏于中都、南京、东平、真定等处并置质典库，以流泉为名，各设使、副一员。凡典质物，使、副亲评价直，许典七分，月利一分；不及一月者，以日计之。经二周年外，又逾月不赎，即听下架出卖。出帖子时，写质物人姓名、物之名色、金银等第分两、所典年月日、钱贯、下架年月之类。若亡失者，收赎日勒合干人，验元典官本，并合该利息，陪偿入官外，更勒库子，验典物日上等时估偿之。物虽故旧，依新价偿。仍委运司佐贰幕官识汉字者一员提控，若有违犯则究治。每月具数申报上司。大定二十八年十月，京府、节度州添设流泉务，凡二十八所。明昌元年，皆罢之。二年，在都依旧存设。"此典肆规制见于史最早者。其待质物者，较后世私典颇优。然此类事官办必不能善，故后不得不皆罢也。《元史·文宗纪》：至顺元年，正月，"赐燕帖木儿质库一。"知元时亦有官典。然《刑法志·禁令》云："诸典质不设正库，不立信帖，违例取息者禁之。"则私典究盛矣。信帖，即金流泉务之帖子。《齐书·萧坦之传》：坦之死，收其从兄翼宗，"检家赤贫，惟有质钱帖子数百。"此事《通鉴》见永元元年。《注》云："质钱帖者，以物质钱，钱主给帖与之，以为照验，他日出子本钱收赎。"其昉也。

商业初兴时，受官管制颇严，如《礼记王制》所载："有圭璧金璋，不粥于市"等是也。典肆亦然。《元史·仁宗纪》：至大四年，九月，"禁卫士不得私衣侍宴服，及以质于人。"《宁宗纪》：至顺三年，十月，"敕百官及宿卫士有只孙衣者，凡与宴飨，皆服以侍，其或质诸人者罪之。"《刑法志·职制下》："诸管军官辄以所佩金银符充典质者，笞五十七，降散官一等。受质者减半。"皆是。然此等亦终成具文而已。

近代典业之兴盛，实为生计进步之一大端。私产未废，贷贷之间，固终不能免于剥削，亦自有其浅深，不容不问其程度，一例诛责之也。"缓急人之所时有"，(《史记·游侠列传》语。原意非指钱财，但愈至后世，缓急系于钱财者愈巨。)必不可无通融之所，而在乡村为尤难。自吾所传闻之世，下逮少时所见，全国典肆，盖有数千，而在乡实多于在城。其受质也，主于粟米、丝绵、布帛、衣物；于他琐屑之物，亦多受质。利率月二分。而其为质者守护其作质之物，亦他放债者所弗逮也。又其受官管理颇严，故其营业颇为稳固，存款者多乐于是，典肆得之，可以扩充其营业，而公私款项，亦有存放之所也。典肆之败坏，实与银圆之流行相关。当银圆未行时，典肆实为极稳固之业，逮其盛行，平钱稍尽，钱价日跌，典肆以受官管理故，出入仍皆用钱，而社会实已用银。质物时得钱若干，将来仍以此数来赎，合之银价，所亏甚巨，虽加息无益也。典肆在斯时，受创最巨。其后虽许改正，然民生日蹙，质物而不能赎者日多，且所质之物，多为衣服。晚近风气，裁制多尚新奇，而自洋布及人造丝盛行，衣服亦不如土布暨纯丝所制绸缎之牢固，不赎者遂益增多，售诸衣庄，亦不能得善价，典肆遂纷纷倒闭矣。民国二十年后，上海银行有至内地设抵押所者。然其所受之广，及其与农民之相习，尚远不如典肆也。倭难旋作，事亦遂辍。

乡民除土地外，可以质典之物甚少，此兼并之所以盛行也。《宋史·仁宗纪》：天圣六年，九月，"诏河北灾伤，民质桑土与人者悉归之，候岁丰偿所贷。"此等原欲保护贫民，然无益也。何者？出举者必不甘丧其所有，无质典，则借贷愈难也。《金史·高汝砺传》：汝砺言："循例推排"，民"或虚作贫乏，故以产业低价质典"。足见质典之事，平时并不甚多。张骏尝以谷帛付民，岁收倍利。利不充者，簿卖田宅。见《魏书》。宋时，以田宅抵市易钱久不偿者，估实直如卖坊场河渡法。若未输钱者，官收其租息。元丰二年令。见《宋史·食货志》。此皆官家，故能如是。民间惟武断者为之，而兼并转盛矣。此亦乡间之典肆，所以有益于民也。

《宋史·刘文质传》：子涣，"历知邢、恩、冀、泾、澶五州。治平中，河北地震，民乏粟，率贱卖耕牛，以苟朝夕。涣在澶，尽发公钱买之。明年，民无牛耕，价增十倍。涣复出所市牛，以元直与民。澶民赖不失业。"此亦犹许其典质也。故典质者即或重取其息，较之迫买，相去终有间也。

以货物为抵，而贷款以经商者，为《周官》之泉府。王莽亦行之。宋市易法、抵当所，亦颇得其意。市易法未能行，而抵当所卒不能废。见《宋史·食货志》《职官志》。黄𥳑知台州，"为抵当库"；徐鹿卿为江东转运判官，"岁大饥，减抵当库息"；皆见《宋史》本传。则地方亦颇藉以周转。

《宋史·李谦溥传》：子允正，雍熙四年，"迁阁门通事舍人。时女弟适许王，以居第质于宋偓。太宗诘之曰：尔父守边二十余年，止有此第耳，何以质之？允正具以奏。即遣内侍赍钱赎还。缙绅咸赋诗颂美。"《向敏中传》："故相薛居正孙安上不肖，其居第有诏无得贸易，敏中违诏质之。会居正子惟吉嫠妇柴，将携资产适张齐贤，安上诉其事，柴遂言敏中尝求娶己，不许，以是阴庇安上。"《金史·移剌子敬传》："卒，家无余财，其子质宅以营葬事。"皆城市中以宅为质者。

以人为质，久为法所不许，然亦终不能绝。《元史·刑法志·禁令》："诸称贷钱谷，夺人子女以为奴婢者，重加之罪。"即其事也。前代奴婢，以罪没入与以贫穷粥卖者不同。以罪没入者可黥面，以贫穷粥卖者不能也。见《三国志·毛玠传》。而《元史·世祖纪》：至元二十年，十一月，"禁云南权势多取债息，仍禁没人口为奴，及黥其面者。"则并视如罪人矣。《宋史·食货志》上："宁宗开禧元年，夔路转运判官范荪言：本路施、黔等州荒远，绵亘山谷，地旷人稀，其占田多者须人耕垦，富豪之家诱客户举室迁去。乞将皇祐官庄客户逃移之法校定：凡为客户者，许役其身，毋及其家属；凡典卖田宅，听其离业，毋就租以充客户；凡贷钱，止凭文约交还，毋抑勒以为地客；凡客户身故，其妻改嫁者，听其自便，女听其自嫁。庶使深山穷谷之民，得安生理。刑部以皇祐逃移旧法轻重适中，可以经久，淳熙比附略人之法太重，今后凡理诉官庄客户，并用皇祐旧法。从之。"典卖田宅，而不许其离业；贷钱除交还外，又抑勒以为地客；皆为奴之渐也。淳熙比附略人法，亦必有其由，恐其不法，尚不仅如范荪所言耳。

凡事独力不如合众徒，贷赀于人，而富家联合为之，乃近世钱庄所由兴；其收受质物者，则典肆所由兴也。故钱庄典肆之兴，亦为生计自然之演进。

# 〔二三〕借贷利率

　　古书言利息最早者，为《周官》泉府"以国服为之息"之语。司农谓以其所贾之国所出为息。假令其国出丝絮，则以丝絮偿；其国出绤葛，则以绤葛偿。说颇牵强，且亦未及息率。康成云：以其于国服事之税为息。并据载师之文，而云：受园廛之田而贷万泉者，则期出息五百。贾《疏》因并"近郊十一"等文用之，且推诸小宰八成之"称责"，其凿空亦与司农同，其所言之利率，亦不足信矣。《史记·货殖列传》云："封者食租税，岁率户二百。千户之君则二十万，朝觐聘享出其中。庶民农、工、商贾，率亦岁万息二千，百万之家则二十万，而更徭租赋出其中。衣食之欲，恣所好美矣。"《汉书·贡禹传》云："商贾求利，东西南北，各用智巧，好衣美食，一岁有十二之利。"而《食货志》晁错谓农夫"取倍称之息"。如淳曰："取一偿二为倍称。"师古曰："称，举也，今俗所谓举钱者也。"案此犹今云借加倍偿还之债。则当时息率之低者，为今所谓二分，其高者则今所谓十分也。《史记·货殖列传》又云："子贷金钱千贯；节驵会，贪贾三之，廉贾五之；此亦比千乘之家。"《集解》引《汉书音义》云："贪贾未当卖而卖，未可买而买，故得利少而十得三；廉贾贵而卖，贱乃买，故十得五。"此说殊误。金钱千贯，其什二正二十万。三之五之，即《易·系辞传》"参伍以变"之"参伍"字，乃动字，非数字。此言贾人以驵会所平物价为节度,而参伍用之,亦可得什二之利耳。故下文又总结之曰"他杂业不中什二,则非吾财"也。《货殖列传》又云:"吴楚七国兵起时,长安中列侯封君行从军旅,赍贷子钱。子钱家以为侯邑国在关东,关东成败未决,莫肯与。惟无盐氏出捐千金贷,其息什之。三月,吴楚平。一岁之中,则无盐氏之息什倍,用此富埒关中。"《索隐》云:"出一得十倍。"此说更误。本一息十,亘古未闻。果若所云,列侯封君,安肯俯首就范? 其息什之,盖亦谓子本相侔,即所谓倍称之息。什倍,谓以十分之十加厚,非谓一出,以十一入也。盖以盘剥农夫之利率,施诸列侯封君耳。

《泉府注》云"王莽时,民贷以治产业者,但计赢所得受息,无过岁什一",与《汉书·食货志》合《王莽传》云"收息百月三",如淳曰"出百钱与民,月收其息三钱也",二说不同,未知孰是。盖《食货志》所言为定法,而初行时未能遽如法邪?

《魏书·张骏传》:以谷帛付民,岁收倍利。利不充者,簿卖田宅。此亦倍称之息,盖沿民间旧习也。利不充即簿卖田宅,则民间出举者所不能矣。

隋、唐之世,官之取于民者,远过于秦、汉时之什二。公廨钱之制,见于《新书·食货志》者:贞观十五年,以捉钱令史主之,所主才五万钱以下,而市肆贩易,月纳息钱四千,此今所谓八分利也。永徽中,天下置公廨本钱,以典史主之,收赢十之七。开元十年罢之。十八年复,收赢十之六。元和十年新收置公廨本钱,则收息五之一。案《全唐文》卷三载玄宗诏云:"比来公私举放,取利颇深,有损贫下,事须厘革。自今已后,天下私举质宜四分收利,官本五分收利。"《新唐书·礼乐志》:永泰二年,国子学成,贷钱一万贯,五分收息。《旧唐书·沈传师传》:"建中二年夏,敕中书、门下两省分置待诏官三十员。各准品秩给俸钱、廪饩、干力、什器、馆宇之设;以公钱为之本,收息以赡用。"传师父既济上疏,言"今官三十员,皆给俸钱、干力,及厨廪、什器、厅宇,约计一月不减百万。以他司息利准之,当以钱二千万为之本",亦以五分为率也。然则当时官贷五分,私贷四分,盖视为持平之利率,故中叶后咸遵之也。

古所谓倍称之息者,并未言及其时之长短。然以理度之,其为时必不长。以此等借贷,原出农家,必也春耕时借,秋获时还也。设以半年为期,则一年所得,将再倍其本矣。此其所以为重也。后世则不论其时之长短,但息过于本则禁之。《旧五代史·梁末帝纪》:贞明六年,四月丁亥,《新五代史》作己亥。制:"私放远年债负,生利过倍,自违格条,所在州县,不在更与征理之限。"龙德元年,五月丙戌,制:"公私债负,纳利及一倍已上者,不得利上生利。"《唐明宗纪》:长兴元年,圜丘赦制:"应私债出利已经倍者,只许征本;已经两倍者,本利并放。"《晋高祖纪》:天福六年赦诏:"私下债负,征利一倍者并放。"《宋史·太祖纪》:乾德四年,八月丁酉,"诏除蜀倍息。"《食货志》:太宗时,"令州县戒里胥、乡老察视,有取富民谷麦赀财,出息不得逾倍。"《光宗纪》:淳熙十六年,闰五月,"免郡县淳熙十四年以前私负。十五年以后,输息及本者亦蠲之。"《金史·食货志·和籴》:宣宗贞祐中,"上封事者言:比年以来屡艰食,虽由调度征敛之繁,亦兼并之家有以夺之也。收则乘贱多籴,困急则以贷人,私立券质,名为无利,而实数倍。饥民惟恐不得,莫敢较者,故场功甫毕,官租未了,而囷已空矣。国朝立法,举财物者,月利不过三分,积久至倍则止,今或不期月而息三倍。愿明敕有司,举行旧法,丰熟之日,增价和籴。"皆禁其逾倍者也。《元史·良吏·谭澄传》:为交城令。"岁乙未,籍民户,有司多以浮客占籍,及征赋,逃窜殆尽,官为称贷,积息数倍,民无以偿。澄入觐,因中书耶律楚材面陈其害,太宗恻然,为免其逋。其私负者,年虽多,息取倍而止。"《刘秉忠传》:

秉忠上书世祖，时世祖未立。有云："今宜打算官民所欠债负，若实为应当差发所借，宜依合罕皇帝圣旨，一本一利，官司归还。凡陪偿无名虚契所负，及还过元本者，并行赦免。"亦仍守中国旧法。其后遂自定为法令。《布鲁海牙传》："世祖即位，择信臣宣抚十道，命布鲁海牙使真定。真定富民出钱贷人者，不逾时倍取其息。布鲁海牙正其罪，使偿者息如本而止。后定为令。"《世祖纪》：至元六年，九月戊午，"敕民间贷钱取息，虽逾限，止偿一本息。"《刑法志·禁令》："诸称贷钱谷，年月虽多，不过一本一息。有辄取赢于人，或转换契券，息上加息；或占人牛马财产，夺人子女以为奴婢者，重加之罪，仍偿多取之息，其本息没官。"盖皆《布鲁海牙传》所谓令者也。《成宗纪》：至元三十一年，六月，"完泽贷民钱，多取其息，命依世祖定制。"所指盖亦此令。《陈思谦传》："至顺元年，拜陕西行台监察御史。先是关陕大饥，民多粥产流徙，及来归，皆无地可耕。思谦言听民倍直赎之，使富者收兼入之利，贫者获已弃之业。从之。"亦认倍称为合法者也。

　　月利不过三分，《金史·食货志》外，又见《元史·世祖本纪》。至元十九年，四月，"定民间贷钱取息之法，以三分为率"，其事也。亦重于汉时之什二。案《汉书·王子侯表》：旁光侯殷坐取息过律，陵乡侯䜣坐贷谷息过律，皆获罪。则重利盘剥，久有法禁，但恒不易行耳。《周官》朝士："凡民同货财者，令以国法行之，犯令者刑罚之。"司农云："同货财谓合钱共贾。"康成则云："富人畜积者，多时收敛之，乏时以国服之法出之。虽有腾跃，共赢不得过此，以利出者与取者；过此则罚之，若今时加贵取息坐臧。"释"同货财"未知孰是，谓其时有加贵取息坐臧之法，则必不诬也。

# 〔二四〕 古代贱商之由

子贡废著鬻财，而结驷连骑。束帛之币，以聘享诸侯。所至，国君莫不分庭与之抗礼。乌氏倮以畜牧富，秦始皇帝令比封君，以时与列臣朝请。巴寡妇清擅丹穴之利，则以为贞妇而客之。晁错论当时商人，谓其交通王侯，力过吏势。其重富人如此，然言及商贾，则又恒以为贱，何哉？杨恽《报孙会宗书》曰："恽幸有余禄，方籴贱贩贵，逐十一之利，此贾竖之事，污辱之处，恽亲行之，下流之人，众毁所归，不寒而栗。"可谓若将浼焉。又其甚者，"国君过市则刑人赦；夫人过市，罚一幕；世子过市，罚一帟；命夫过市，罚一盖；命妇过市，罚一帷"。《周官·地官司市》。几于刑余之贱矣。岂真以其皇皇求财利，非士大夫之意，故贱之乎？非也。隆古之民好争，惟武健是尚，耕稼畜牧，已非所问。贸迁有无，更不必论矣。是惟贱者为之。其后居高明者，非不欲自封殖，则亦使贱者为之。《货殖列传》曰："齐俗贱奴虏。而刁闲独爱贵之。桀黠奴，人之所恶也。惟刁闲收取，使之逐渔盐商贾之利。"今所传汉人乐府《孤儿行》曰："孤儿生，孤儿遇生，命当独苦。父母在时，乘坚车，驾驷马。父母已去，兄嫂令我行贾，南到九江，东到齐与鲁。"王子渊《僮约》曰："舍后有树，尝裁作船。上至江州下到湔，主为府椽求用钱。推访亚，贩棕索。绵亭买席，往来都落。当为妇女求脂泽，贩于小市，归都担枲。转出旁蹉,牵犬贩鹅。武都买茶,杨氏儋荷。往来市聚,慎护奸偷。入市不得夷蹲旁卧,恶言丑骂。多作刀矛,持入益州,货易羊牛。"虽讽刺之辞,或溢其实。游戏之文,不为典要,然当时贩粥,皆使贱者为之,则可见矣。《货殖列传》所列诸人,度亦深居,发踪指示,坐收其利,非真躬与贾竖处也。不然,安得曰"千金之子,不死于市"哉?且达官贵人,因好利故,至于与贾竖抗礼,而语及其人,则又贱之,亦非自舛倍也。近世淮南齹贾,有起自奴仆者,士人或从之求丐,犹不欲与通婚姻。乡人有嫁女军人者,军人故盗也。戚党耻之,虽其人亦自惭恶。然耻之者,亦未尝不以其从军人铺啜为幸。为贪财利,乃蚁慕小人,语及家世,则又自矜亢,承流品之余习,丁好利之末世,人之情固然,其无足怪。

## 附:市 区

古代之市,皆自为一区,不与民居相杂,所以治理之者甚备,监督之者亦严。其见于《周官》者,有胥师以察其诈伪;贾师以定其恒贾;司虣以禁其斗嚣;司稽以执其盗贼;胥以掌其坐作出入之禁令,肆长以掌其货贿之陈列;而司市总其成。郑《注》云:"司市,市官之长。"又云"自胥师以及司稽,皆司市所自辟除也。胥及肆长。市中给繇役者"。又有质人以掌其质剂、书契、度量、淳制,廛人以敛其布。凡治市之吏,居于思次。司市:"以次序分地而经市,凡市入,则胥执鞭度,守门市之群吏平肆,展成奠贾,上旌于思次以令市。市师莅焉。而听大治大讼。胥师贾师,莅于介次。而听小治小讼。"《注》:"次,谓吏所舍。思次,若今市亭也。介次,市亭之属,别小者也。郑司农云:思,辞也。次,市中候楼也。玄谓思当为司,声之误也。"《天官》:内宰:"凡建国,佐后立布,设其次,置其叙,正其肆,陈其货贿,出其度量淳制。祭之以阴礼。"通货贿则以节传出入之。司市:"凡通货贿以玺节出入之。"司关:"掌国货之节,以联门市。凡货不出于关者,举其货,罚其人。凡所达货贿者,则以节传出之。"《注》:"货节谓商本所发司市之玺节也。自外来者,则案其节而书其货之多少,通之国门,国门通之司市。自内出者,司市为之玺节,通之国门,国门通之关门。"又云:"商或取货于民间,无玺节者至关,关为之玺节及传出之。其有玺节,亦为之传。传如今移过所文书。"

**物之藏则于廛。**《孟子·公孙丑》上:"市廛而不征,法而不廛。"《注》:"廛,市宅也。"《王制》:"市廛而不税。"《注》:"廛市物邸舍。"《周官》载师:"以廛里任国中之地。"《注》:"故书廛或作坛。郑司农云:坛读为廛。廛,市中空地未有肆,城中空地未有宅者,玄谓廛里者,若今云邑里居矣。廛,民居之区域也,里,居也。"又《序官·廛人注》:"故书廛为坛。杜子春读坛为廛。说云市中空地。玄谓:廛,民居匠域之称。"又廛布《注》云:"邸舍之税。"又,遂人"夫一廛"《注》:"郑司农云:廛,居也。扬子云有田一廛,谓百亩之居也。玄谓廛,城邑之居。孟子所云:五亩之宅,树之以桑麻者也。"愚按廛为区域之称,所谓市中城中空地者,正区域之谓也。但乡间可居之区域,亦称为廛。筑室其上,亦得沿廛之称。初不论其在邑在野、有宅无宅、为民居、为邸舍也。孟子言:"廛而不税。"指商肆,下又言"廛无夫里之布。"则指民居。载师"以廛里任国中之地",明言在国中。遂人"夫一廛",则必在野矣。《荀子·王制》:"定廛宅。"似以廛与宅为对文。许行"愿受一廛而为氓。"则又似为通名,不必凿指其为空地,抑为宅舍也。**虽关下亦有之。**司关,"司货贿之出入者,掌其治禁,与其证廛",《注》:"征廛者,货贿之税与所止邸舍也。关下亦有邸客舍,其出布为市之廛。"**是货物之运贩、屯积、粥卖,皆有定处,有定途也。**《周官》:司市"大市日昃而市,百族为主。朝市朝时而市,商贾为主。夕市夕时而市,贩夫贩妇为主"。《疏》云:"大市于中,朝市于东偏,夕市于西偏,《郊特牲》所云是也。"案《郊特牲》云:"朝市之于西方,失之矣。"《注》:"朝市宜于市之东偏。"引《周官》此文为说,此疏所据也。然则一市之中,亦有部分不容紊越矣。《周官·王制》:"有圭璧金璋,不粥于市。命服命车,不粥于市。宗庙之器,不粥于市。牺牲不粥于市。戎器不粥于市。用器不中度,不粥于市。兵车不中度,不粥于市。布帛精粗不中度,幅广狭不中量,不粥于市。奸色乱正色，不粥于市。锦文珠玉成器，不粥于市。衣服饮食，不粥于市。五谷不时，果实未熟，不粥于市。木不中伐，不粥于市。禽兽鱼鳖不中杀，不粥于市。"又曰：天子巡守，"命市纳贾，以观民之所好恶。"惟市有定地。故监督易施，而物价亦可考而知也。秦汉而降，此意仍存《三辅黄图》谓长安市有十，各方二百二十六步，六市在道西，四市在道东，凡四里，为一市。是汉之市有定地也。《唐书·百官志》谓："市肆皆建标筑土为候。凡市，日中击鼓三百以会众。日入前七刻，击钲三百而散。有果谷巡逪，平货物为三等之直，十日为簿。"两京诸市署令。是唐之市有定地也。此犹京国云尔。王莽于长安及五都立五均官，更名长安东西市令及洛阳、邯郸、临菑、宛、成都市长，皆为五均司市师。则大都会皆有市长矣。隋开皇中，以钱恶，京师及诸州邸肆之上，皆令立榜置样为准。不中样者，不入于市。则天长安中，亦悬样于市，令百姓照样用钱。则渚州邸肆皆有定所矣。北魏胡灵后时，尝税入市者人一钱。《辽史》谓太祖置羊城于炭山北，起榷务，以通诸道市易。太宗得燕，置南京，城北有市，令有司治其征；余四京及他州县产懋迁之地，置亦如之。则辽之市亦由官设，由官管理矣。要之邸肆民居，毫无区别，通衢僻巷，咸有商家，未有如今日者。此固由市制之益坏，亦可见贸易之日盛也。

原刊《光华大学经济杂志》创刊号，一九三〇年一月出版

# 〔二五〕论金银之用

中国用金银为币，果始何时乎？曰用银为币，始于金末，而成于明之中叶，金则迄未尝为币也。自明废纸币以前，可称为币者惟铜耳。何以言之？

《史记·平准书》云："虞夏之币，金为三品，或黄，或白，或赤。"此为书传言用金银最古者。《平准书》本伪物，此数语在篇末，又系后人记识之语，混入正文。《汉书·食货志》云："凡货，金钱布帛之用，夏殷以前，其详靡记云。"记识者何由知之？《汉志》又言："太公为周立九府圜法：黄金方寸，而重一斤。"《管子》的《国蓄》、《地数》、《揆度》、《轻重》诸篇皆言先王以"珠玉为上币，黄金为中币，刀布为下币"。所谓先王，盖亦指周。《轻重乙》以为癸度系对周武王之言。则用黄金为币，当始于周也。《管子·山权数》言禹以历山、汤以庄山之金铸币，未言何金，然下文系言铜。然此时所谓币者，与后世之所谓币，其意大异，不可不察。

凡物之得为易中者，必有二因：一曰有用，一曰好玩。《汉志》释食货之义曰："食为农殖嘉谷可食之物，布谓布帛可衣，及金刀龟贝，所以分财布利通有无者也。"所谓食，即今所谓消费；所谓货，即今所谓交易也。《志》又云："货宝于金，利于刀，流于泉，布于布，束于帛。"则所谓货者，实兼指金、铜、龟、贝、布、帛言之。是时之金，果可行用民间为易中之物乎？则不能无疑矣。

汉志载李悝尽地力之教，粟石三十。《史记·货殖列传》亦言："粜二十病农，九十病末。"则三十实当时恒价。古权量当今四之一，则百二十钱得今粟一石，一钱得粟八合余矣，此可供零星贸易之用乎？而况于黄金乎？然则古之金，果用诸何处？曰用诸远方。《管子》曰："玉起于禺氏，金起于汝、汉，珠起于赤野，东西南北距周七千八百里。《通典》引作七、八千里。水绝壤断，舟车不能通。先王为其途之远，其至之难，故托用于其重。"《国蓄》、《地数》、《揆度》、《轻重乙》略同。又曰："汤七年旱，禹五年水，民之无糴卖子者。汤以庄山之金铸币，而赎民之无糴卖子者。禹以历山之金铸币，而赎民之无糴卖子者。"《山权数》。盖古者交易未兴，资生之物，国皆自给，有待于外者，厥惟荒歉之年。故《周官·司市》"国凶荒札丧，则市无征而作布"。布者铜币，所以通寻常之贸易。《揆度》所谓"百乘之国，中而立市，东西南北度五十里"；"千乘之国，中而立市，东西南北度百五十余里"；"万乘之国，中而立市，东西南北度五百里"者也。

至于相距七、八千里之处，则铜又伤重赍，而不得不以黄金珠玉通其有无也。此黄金珠玉，岂持以与平民易哉？非以为聘币而乞粜于王公贵人，则以与所谓万金之贾者市耳。至于民间，则钱之用且极少，而黄金珠玉无论也。李悝言粟石三十，乃用以计价耳，非必当时之籴粜者，皆以钱粟相易也。《管子·轻重丁》：桓公欲借国之富商畜贾，管子请使宾无驰而南，隰朋驰而北，宁戚驰而东，鲍叔驰而西，视四方称贷之间，受息之民几何家。反报西方称贷之家，多者千钟，少者六七百钟，其出之中也一钟，其受息之萌九百余家。南方称贷之家多者千万，少者六七百万，其出之中伯五也，其受息之萌八百余家。东方称贷之家丁惠高国，多者五千钟，少者三十钟，其出之中钟五釜也，其受息之萌八九百家。北方称贷之家多者千万，少者六、七百万，其出之中伯二十也，受息之岷九百余家。凡称贷之家，出泉参千万，出粟参数千万钟，受子息民参万家。可见当时称贷钱谷并用，及当时富家藏粟之多。其中丁惠高国，乃大夫也。桓公又忧大夫并其财而不出，腐朽五谷而不散，可见大夫与富商畜贾，并为多藏钱粟之家矣。大夫如此，国君可知。《山权数》：北郭有得龟者，管子请命之曰："赐若服中大夫。东海之龟，托舍于若。"四年，伐孤竹。丁氏家粟，可食三军之师行五月。召丁氏而命之曰："吾今将有大事，请以宝为质于子，以假子之邑粟。"当时以珠玉黄金等为币，皆用之。此等人非如后世帛币用诸寻常贸易之间也。

然则货币之原始可知已矣。布帛泉刀，物之有用者也，所以与平民易也。泉为钱之借字。钱本农器名，钱刀并以金为之。械器粗拙之时，日用之物，人民并能自造，惟金所成之械器不然。《易·大传》曰：神农"斫木为耜，揉木为耒。"黄帝、尧、舜"弦木为弧，剡木为矢"。则兵及农器，亦不用金。然究为难造之物，非夫人所能为，故为人所贵，而可用为易中也。珠玉黄金，可资玩好者，所以与王公贵人易也。龟为神物，贝属玩好，龟少而难得，惟王公贵人有之，贝则较多，故民间亦用为易中焉。故曰"古者货贝而宝龟"。《说文》宝者，保也。字或作保，与俘相似。故庄六年"齐人来归卫宝"。左氏讹为俘货者，非也，对居言之。书曰："懋迁有无非居。"《史记·货殖列传》作"废著"。《汉志》云："货宝于金。"可见黄金与龟，并皆宝藏，不用于市。周时之钱，则贝之后身也。钱之圜所以像贝，函方所以便贯穿。古者贝亦贯而用之，故《说文》云："贯，钱贝之贯。"冊，"从一横贯。"毌，所以像宝货之形也。汉武帝以白鹿皮为币，又造白金三品，以龙、马、龟为文，则古珠玉、黄金、宝龟之属也。王侯宗室朝觐聘享，必以皮币荐璧，然后得行，正合古者用上币中币之法。白金欲强凡人用之，则终废不行矣。王莽变法，黄金重一斤，值钱万。朱提银重八两为一流，直一千五百八十。它银一流直千。宣帝时，谷石四钱。然则挟它金一流者，将一举买谷二百五十石乎？其不行宜矣。买谷十石，用钱四十，取携毫无不便也。用银尚不及三分之一两。古权量当今四之一，尚不及一钱，如何分割乎？王莽造错刀，以黄金错其文，曰一刀，直五千。张晏曰："刻之作字，以黄金填其文，上曰一，下曰刀"。汉时黄金，一斤值钱万。错刀所错之黄金,固必不及半斤,亦以金价太贵,不便分割,故欲错之于铜而用之也。

　　职是故,古所谓子母相权者,非谓以金、银、铜等不同之物相权,乃谓以铜所铸之钱大小不同者相权。周景王将铸大钱,单穆公曰:"不可。古者天降灾戾,于是乎量资币,权轻重,以救民。民患轻,则为之作重币以行之,于是有母权子而行,民皆得焉。若不堪重,则多作轻而行之,亦不废重。于是乎有子权母而行,小大利之。今王废轻而作重,民失其资,能无匮乎?"是其时金所以宜为币者,以其可分。什之伍之,其价亦必什之伍之。百取其一,千取其一,其价亦必为百之一,千之一。夫物之不齐,物之情也。三品之金,其物固异,其价安能强齐? 今世以金银为主币,银铜为辅币,其视辅币,以为主币若干分之一耳,不复视为本物。犹恐其物故有直,民或舍其为辅币之值,而论其故直也。故必劣其成色,限其用数以防之,若防川焉,而犹时亦溃决。汉世钱之重,几牟于今之银圆,安得欲用金银? 既不欲金银,安得喻今主辅币相辅而行之理? 既不喻今主辅币相辅而行之理,相异之金安得并用为币乎? 汉志曰:"秦兼天下,币为二等: 黄金以溢为名,上币; 铜钱质如周钱,文曰半两,重如其文。而珠玉龟贝银锡之属为器饰宝藏,不为币。"珠玉龟贝银锡之属不为币固矣,黄金虽号上币,实亦非今之所谓币也。今之所谓币者,必周浃于日用市易之间,秦汉之黄金能之乎? 则亦用为器饰宝藏,特以有币之名,故赐予时用之耳。得之者固与今之人得珠玉钻石等同,非如今之人之得金银也。或曰晁错言"珠玉金银轻微易藏,在于把握,可以周海内而无饥寒之患"。则固极通用矣,安得云不足为币? 曰此言其易藏,非谓其可以易物。可以易物者,凡物之所同。轻微易藏,则珠玉金银之所独也。凡物之有用而为人所欲者,果能挟以周行,皆可以无饥寒之患,然则凡物皆可谓之币邪?

　　顾亭林《日知录》以金哀宗正大间,钞废不行,民间但以银市易,为上下皆用银之始。王西庄《十七史商榷》谓专用银钱二币，直至明中叶始定。以生计学理衡之，说皆不误。赵瓯北《陔余丛考》驳王氏之说，殊为不然。然瓯北又谓当时用银，犹今俗之用金，则说亦不误，而又驳王氏者，昔人于泉币与人民寻常用为易中之物，分别未清也。亭林引《后汉书·光武纪》王莽末天下旱蝗，黄金一斤易粟一斛，为当时民间未尝无黄金之证，则殊不然。此特以金计价，非谓真持金一斤易粟一斛，即有其事，其人几何？今日荒歉之区，固亦有持黄金易粟者，可谓中国今日用金为币乎？

然则用银为币，晚近以前，果绝无其事，而用金为币，则更从来未有乎？曰是亦不然，特其有之皆在偏隅之地耳。五朝史《志》云：梁初，"交广以金银为货"；后周时，"河西诸郡或用西域金银之钱"。或者，不尽然之词。《志》又云：陈时，"岭南诸州多用盐、米、布交易，不用钱"。盖通用盐、米、布；值巨，或须行远，则济以金银。《日知录》引韩愈奏状云："五岭买卖一以银"；元稹奏状言："自岭以南，以金银为货币。"张籍诗曰："海国战骑象，蛮州市用银。"《宋史·仁宗纪》："景祐二年，诏诸路岁输缗钱，福建、二广以银。"则与偏隅之地交易，用金银由来已久，且迄不绝。然终不能行之全国者，以其与铜异物，价不齐，相权固不便也。历代钱法大坏，民至以物易物，数见不鲜。据《陔余丛考》所考，其时金银初未尝乏，然民终不用为币。《旧唐书》：宪宗元和三年六月诏曰："天下有银之山，必有铜矿。铜者，可资于鼓铸。银者，无益于生人。其天下自五岭以北见采银坑，并宜禁断。"则明言银之不可为币矣。宋代交、会跌价，香药犀象并供称提，而民仍不用金银。金以银为钞本，亦弗能信其钞。其后民间以银市易，则钞既不用，钱又无有，迫于无如何耳。故知中国人之用银，乃迫不得已为之，而非其所欲也。

夫民之所以不用金银为币者，何也？曰：以其与铜异物，物异则价不齐，不能并用为币也。故在古代，患物之重，宁铸大铜钱，与小钱相权。然生事日进,则资生之物有待于交易者日多;交易愈多,用币愈广;用币既广,泉币之数,势必随之而增;泉币日增,其价必落;币价落而交易又多,势必以重赍为患。大钱之名值,与其实值不符,民所弗信也。符则大钱之重赍与小钱等矣。古之作大钱,非患小钱重赍,乃患钱币数少耳。专用铜币,至此将穷,安得不济以金银乎? 曰斯时也,实当以纸币济铜钱之穷,不当以金银也。《唐书·食货志》载飞钱之始,由"商贾至京师,委钱诸道进奏院及诸军,诸使,富家",而"以轻装趋四方,合券乃取之"。《文献通考》载交子之始,由蜀人患铁钱重,私为券以便贸易,皆以为钱之代表,而非遂以纸为钱。其后宋造交、会、关子,金行钞,或不畜本,或虽畜本而不足,或则所以代本者为他物而非钱,故为民所弗信耳。若其可以代钱,则唐于飞钱,宋于交子,并弗能禁。飞钱之行,京兆尹裴武请禁之。元和时,遂以"家有滞藏,物价寝轻"为患。交子之行,富人十六户主之。后富人资稍衰,不能偿所负,争讼数起。寇瑊尝守蜀,请禁之。薛田为转运使,议废交子,则贸易不便,请官为置务,禁民私造,乃置交子务于益州。金章宗初立,或欲罢钞法,有司亦言"商旅利于致远,往往以钱买钞,公私俱便之事,岂可罢去"。以钞代钱,有轻赍之益,而无价格不齐之患,实非并用金银所逮,惜乎人民已自发明此策,而为理财者所乱也。故曰:"善者因之。"又曰:"代大匠斫,希不伤手。"

今日纷纷,莫如径用银为币,其值巨者,以钞代之。若虑汇兑之际,外人操纵金银之价,则定一比率,设法维持之可也。银之辅币,不必为铜,可别以一种合金为之,为一角、一分、一厘诸种。此犹以纸代银,视为十分圜、百分圜、千分圜之一,而不复视为本物,特不用纸而用一种合金耳。所以不用纸者,以币之值愈小,其为用愈繁,纸易敝坏,多耗费也。所以并不用铜者,以铜行用久,民或不视为银币之十分之一,百分之一,千分之一,而仍论其铜之价,则圜法不立。

用新造之合金，其物为旧日所无，自无固有之价，民自视为银币之化身矣。此亦暂时之事，若论郅治，则必如孔子所言："货恶其弃于地也，不必藏于己；力恶其不出于身也，不必为己。"如今社会学家所言，有分配而无交易乃可。即以小康论，亦必支付，虽用泉币，定数则以实物，如今谓货物本位者。整齐钱币，特姑取济目前而已。

　　用钞之弊，昔人有言之者，亭林所谓"废坚刚可久之货，而行软熟易败之物"也。纸值最贱，贱则弥利伪造矣。其质易败，又不可以贮藏也。新旧钞异价之事，往往有之。钞法行时，民多用钞而藏实币，钞价由是贱，实币由是贵，久则实币与钞异价，而钞法坏矣。固由民信实币，不信虚钞，亦由纸质易败，不可久藏也。旷观历代值小之币，未有能用纸者。宋之交会，本以代表见钱，金之行钞，则为铜少权制。元中统元年造钞，始于十文，至元十一年，添造厘钞为一文、二文、三文，十五年而罢。明初设局铸钱，后以无铜，乃更行钞，然百文以下，皆用钱。至洪武二十七年，以民重钱轻钞，乃令悉收钱归官，依数换钞，不许更用，则钞法亦寖坏矣：钞可以行钱，而不可以为钱，固由虚不敌实，亦由辅币之值愈小，愈便于用。金利分割，坚刚可久，纸不然也。故主币可用纸，辅币用纸易败耳。

# 〔二六〕续论金银之用

　　予尝论古代之黄金，仅行于王公贵人、富商畜贾之间，人民初未以为用，故不可以为钱，观于亭林论铜之语而益信，亭林之言曰："乏铜之患，前代已言之。江淹谓古剑多用铜，如昆吾、欧冶之类皆铜也。楚子赐郑伯金，盟曰无以铸兵，故以铸三钟。原注：杜氏注：古者以铜为兵。《汉书·食货志》：贾谊言，收铜勿令布，以作兵器。《韩延寿传》：为东郡太守，取官铜物，候月蚀，铸作刀剑钩镡，放效尚方事。古金三品，黑金是铁，赤金是铜，黄金是金。夏后之时，九牧贡金，乃铸鼎于荆山之下。董安于之治晋阳公宫，令舍之堂，皆以炼铜为柱质。荆轲之击秦王中铜柱，而始皇收天下之兵铸金人十二，即铜人也。原注：《三辅旧事》曰：聚天下兵器，铸铜人十二，各重二十四万斤。汉世在长乐宫门。《魏志》云：董卓坏以铸小钱。吴门杨氏曰：门当为王之误。阖闾冢，铜椁三重。秦始皇冢，亦以铜为椁。战国至秦，攻争纷乱，铜不充用，故以铁足之。铸铜既难，求铁甚易，是故铜兵转少，铁兵转多，年甚一年，岁甚一岁，渐染流迁，遂成风俗，所以铁工比肩，而铜工稍绝。二汉之世，愈见其微。建安二十四年，魏太子铸三宝刀、二匕首，天下百炼之精利，而悉是铸铁，不能复铸铜矣。考之于史，自汉以后，铜器绝少，惟魏明帝铜人二，号曰翁仲。又铸黄龙、凤凰各一。而武后铸铜为九州鼎，用铜五十六万七百一十二斤。原注：唐韩滉为镇海军节度，以佛寺铜钟铸弩牙兵器。自此以外，寂尔无闻，止有铜马、铜驼、铜匜之属。昭烈入蜀，仅铸铁钱。而见存于今者，如真定之佛、蒲州之牛、沧州之狮，无非黑金者矣。"亭林论铜之渐少甚精，然谓铜所以少，由于攻争纷乱，铜不充用，则非也。果如所言，秦、汉而后，天下统一，兵争旷绝，民亦不挟兵器以自卫，往往历一二百年，即战争亦不以铜为兵器，何以铜不见多乎？盖铜之少，非真少也，乃以散在民间而见其少耳。铜之所以散在民间，则因人民生计渐裕，所以资生者降而愈厚，用为器者多也。无论如何巨富之家，一人之藏，断不敌千万人之积。秦始皇帝收天下之兵，铸以为金人十二，重各二十四万斤。此数尚未必实。散诸民则家得一斤，有铜者亦仅二百八十八万家耳，不见其多也。推此论之，则古代黄金之多，亦以其聚觉其然耳，非值与后世相去悬绝也。今日中国人口号四万万，女子半之，姑以十分之一有黄金一钱计，已得二百万两，当汉八百万两，五十万斤矣。

贾生说文帝"收铜勿令布"。武帝时，钱法大乱，卒之"悉禁郡国无铸钱，专令上林三官铸。钱既多，而令天下非三官钱不得行，诸郡国前所铸钱皆废销之，输入其铜三官"。钱法乃理，所行实即贾生之策也。汉世钱重，宣帝时粟石四钱，汉权量当今四之一，则得今粟六升余矣。其时之民，所以资生者尚菲，所用之钱盖无几，故可悉收而改铸。若在今日，虽黄金岂可得而悉收，虽银圆亦岂易尽改铸邪？汉世黄金一斤值钱万，以宣帝时谷价除之，得粟二千五百石，岂人民所能有邪？

金之渐见其少，始于南北朝时。以《陔余丛考》考金银以两计始于梁，而《书》《疏》谓汉、魏赎罪皆用黄金。后魏以金难得，令金一两收绢十匹也。案《齐书·东昏侯纪》："后宫服御，极选珍奇，府库旧物，不复周用，贵市民间，金银宝物，价皆数倍京邑，酒租皆折使输金，以为金涂，犹不能足。"此虽用之侈，亦府库金渐少，民间金渐多之证。盖三代以前,贵族平民阶级甚著,秦、汉而后,天下一统,封建废绝,官吏虽或贵富,较诸向者传世之君、卿大夫,则不可以道里计,其数之多少,亦相悬绝矣。昔之富有者既以世变之剧烈,人事之推移,其财日趋于散。新兴者之数不足与之相偿。平民之财产,则以铢积寸累,而日有所增,财货之下流,夫固不足为怪。然因此故,而钱币之措置,乃较古倍难,何者?钱法大乱时,必尽举所有改铸之,然数少收之易,数多则收之难,贾生"收铜勿令布"之说,惟汉武几于行之,后世卒莫能行,以此也。后世尽收旧钱而铸新钱者有两次,一隋一明也。隋已无以善其后,明则以销铸有利,旧钱逐渐消磨以尽耳,非国家能悉收而改铸之也。详见《日知录·钱法之变》条。铜禁金世最烈,铜器不可缺者,皆造于官。其后官不胜烦,民不胜弊,乃听民冶造,而官为立价以售。然其铸钱,资铜于销钱如故也。明初,置局鼓铸,有司责民输铜,民毁器皿以进,深以为苦,乃改而行钞。凡此皆铜散而不可复收之证也。北齐以私铸多,令市长铜价。隋时,铸钱须和锡蜡,锡蜡既贱,私铸不可禁约,乃禁出锡蜡处不得私采。此二者,一禁之于售卖之处,一禁之于开采之乡,亦非今日矿产遍地,冶肆遍于穷乡僻壤者之所能行矣。清雍正间,李绂疏言:钱文入炉,即化为铜,不可得而捕,惟禁断打造铜器之铺,则销毁亦无所用,其弊不禁自除。此仍"收铜勿令布"之意也。然其事岂可行乎?晚近康有为又欲令金肆之金,先尽国家收买,积之以行金币。一时之积或可致,然如是金价必贵,私销之弊必起,非尽积之银行,而以纸代之不可。然民信实币既久,金不可见,而纯以纸代,信亦不易立也。若谓钱币之用,只在市买;市买必须,虽不见金,民亦不得不用;不得不用则信立矣,则又何必用金乎?谓金价贵,利轻赍,纸币不益轻乎?故行金币,究劳扰而无益,尚不如就见已流通之银,而权之以纸也。

欲齐币制,所难者不在私铸,而尤在私销。私铸但能行不爱铜、不惜工之论即可防,政治苟清明,虽持法令,亦足齐其末也。私销则钱一入炉,即化为金,无形迹可求。其事不待技艺,人人可以为之,又不必集众置器,可各为之隐屏。此直防无可防,非特防不胜防矣。

以银为器,贵不如金,用不如铜,私销初无所利,但使名值与实值相符,即为能行不爱铜之论矣。以纸为币,制必极精,务使奸人不能仿为,所以行不惜工之论也。纸质无值,不虑私销。辅币以合金为之,故无此物,众所不贵,使用之数不待限而自有限。以无此物,则莫以为器,自亦不利私销。或谓可以为币之物,不能使人不以为器,则造此物,专以为币,可定法令,不许以造他器。苟见此物所造之器,即为奸,法禁之自易,非如金银铜等为法为奸,卒不可辨也。然则私铸私销,两无可虑,不劳而币制可理矣。

《日知录·以钱为赋》一条,引《白氏长庆集策》曰:"夫赋敛之本者,量桑地以出租,计夫家以出庸。租庸者,谷帛而已。今则谷帛之外,又责之以钱。钱者,桑地不生铜,私家不敢铸,业于农者,何从得之?至乃吏胥追征,官限迫蹙,则易其所有,以赴公程。当丰岁,则贱粜半价,不足以充缗钱;遇凶年,则息利倍称,不足以偿逋债。丰凶既若此,为农者何所望焉!是以商贾大族,乘时射利者日以富豪,田垄罢人,望岁勤力者,日以贫困。"《李翱集·疏改税法》一篇言:"钱者,官司所铸。粟帛者,农之所出。今乃使农人贱卖粟帛,易钱入官,由是豪家大商,皆多积钱,以逐轻重,故农人日困,末业日增。"宋绍熙元年,臣僚言:"古者赋出于民之所有,不强其所无。今之为绢者,一倍折而为钱,再倍折而为银。银愈贵,钱愈难得,谷愈不可售。使民贱粜而贵折,则大熟之岁,反为民害。愿诏州郡,凡多取而多折者,重置于罚。民有粜不售者,令常平就籴,异时岁歉,平价以粜,庶于民无伤,于国有补。"从之。顾氏《钱粮论》曰:"往在山东,见登、莱并海之人,多言谷贱,处山僻不得银以输官。今来关中,自鄠以西,至于岐下,则岁甚登,谷甚多,而民且相率卖其妻子。至征粮之日,则村民毕出,谓之人市。问其长吏,则曰一县之鬻于军营而请印者,岁近千人,其逃亡或自尽者又不知凡几也。何以故?则有谷而无银也。"其与蓟门当事书,谓"目见凤翔之民,举债于权要,每银一两,偿米四石。""请举秦民之夏麦秋米及豆草,一切征其本色,贮之官仓,至来年青黄不接之时而卖之,则司农之金固在也,而民间省倍蓰之出。"清任源祥《赋役议》亦谓"征愈急则银愈贵,银愈贵则谷愈贱,谷愈贱则农愈困,农愈困则田愈轻。"昔人之非折色而欲征本色者,其论大率如此。予谓此固由民贫,平时略无余畜,欲完税即不得不急卖其新谷;亦由乡间资生,皆属实物,即有余畜,亦非银钱也。近代之民如此,况于古昔。予谓古者金铜之多,特以其聚而见其然,审矣。《钱粮论》又曰:"今若于通都大邑行商麕集之地,虽尽征以银,而民不告病。至于遐陬僻壤舟车不至之处,即以什之三征之,而犹不可得。"可见银钱特乏于乡间。或谓如此则近世之民,其乏泉币与秦汉等耳。予谓金铜散之民间,岂尽在城市间乎?曰金大略在城市间,钱则近世乡民亦皆有之。然征税又不以钱而以银,此其所以觉其难得也。读顾氏论火耗之说可知。

# 〔二七〕行钞奇谈,伪钞奇技

楮币尺寸可考,始于有明。陆容《菽园杂记》云:"金、元钞皆不详其尺寸之制。今之钞,竖长一官尺,横八寸。"此说也,少时见之尝疑之。逮民国初年,南京掘得明代钞版,尺寸一一相符,然后知前人记载之不虚。以此推之,宋、金、元之楮币,其尺寸亦必不小也。不独以前,清咸丰时行钞,亦仍系如此。故许梿论钞法有云:"洋钱乃外夷之制,谓非中国所应行使则可,谓钞便于洋钱则不可。洋钱不过寸余,身带二寸之囊,贮洋钱十枚有余,倘贮小钞十贯,每贯长必尺许,阔必五六寸,纸又极厚,就令折叠如洋钱之大,囊腹皤然矣。或谓十贯自有总钞,无须零析,此又不通之论。寻常日用,岂可从十贯起乎?"案昔时楮币,所以不得不大,盖缘欲防伪造,则花文字迹,镂刻不得不多,而欲求花文字迹之多,则昔时镂刻之技,必不能如今日印刷术所成之微细,盖亦有所不得已也。然咸、同间士子应试所怀之书籍,字迹之细,亦仅累黍,与后来石印所成相差无几。特其成之大难,所费工力太巨,与石印相较,自不合算,故自石印兴而其业遂渐替耳。咸丰欲行钞时,虽尚无石印之术,即用此等工人为之,钞之大,亦必不至长尺许阔五、六寸也。梿又述当时难者之辞,谓"民间用钱票,长不过四寸,阔不过三寸,纸又极薄"。纸薄或虑其易敝,长四寸阔三寸之制,何以官家必不可仿行邪? 此亦可见办事者不肯用心，不察实在情形之弊也。

楮币既已通行，自可以法律定其所值。当其推行之始，民信未立，则必与实物相附丽，所附丽者，自以向来通行之钱币为便。故行钞之初，必须兑换，而所与相兑换者，实莫便于现钱。斯时钱钞，断宜并行，况钞制巨大，不宜零用邪？咸丰时千钱之钞，其不便，尚有如许楣所云，况明世宝钞，起自百文；元世中统钞起自十文，至元钞起自五文，其间尝造厘钞，则起自一文；至大时造银钞亦起于二厘者乎？然宋世称提，即用香药、宝货，元则杂用金、银与丝为钞本；议铸钱与钞并行，借铜钱以实钞法者，宋、金、元、明四朝，仅脱脱一人而已，而当时驳难者蜂起，即修元史者之意，亦甚不以其说为然。昧于钱币之理如此，尚何以善其事乎？

楮币本无所值，欲行钞，自不得不注意于防伪。然昔人所言防伪之法，有极可笑者。许楣弟楣，作《造钞条论》，述当时主行钞者之议曰："特造佳纸，禁民间不得行用。多为印记，篆法精工，使人难于摹仿。"案包慎伯有答王亮臣书云："世臣前书云：取高丽及贡、宣两纸之匠与料，领于中官，和合两法为纸，即使中习其法，而两匠则终身不出，其纸既可垂久远，而外间不得其法，无可作伪，固已得其大端。然钞有大小，则纸亦随之，虽至小之钞，皆令四面毛边；更考宋纸宽帘之法，使帘纹宽一寸以上；又用高丽发笺之法，先制数大字于夹层之中，正反皆见；此为尤要。"即特造佳纸，禁民间不得行用之说也。王茂荫条议钞法，请"饬于制钞局特派一二有心计之员，另处密室，于每钞上暗设标识数处。所设标识，惟此一二人知之。仍立一标识簿，载明每年之钞，标识几处，如何辨认，封藏以便后来检对。其标识按年更换，以杜窥测。"许楣述议者之说，又有谓"大钞用善书者书之，使笔迹可验。其余则监造大臣，皆自书名，作伪者必不能以一人而摹众字"。王茂荫又欲"令各州县解藩库之钞，均令于正面之旁,注明某年月日某州县恭解。民间辗转流通,均许背面记明年月,收自何人。或加图记花字。遇有伪钞,不罪用钞之人,惟究钞所由来,逐层追溯,得造伪之人而止"。此即多为印记,篆法精工,使人难以模仿之见也。其说诚亦煞费苦心,然繁难迂曲如此,其事尚安可行? 即造钞者能行之,世尚有乐于用钞者乎?

作伪之技,亦有迥出意外者。许楣《造钞条论》,许梿曾加识语云:"乙巳夏,在苏州谳局,会审常熟民入京控该县重征一案。据粘呈串票数纸。将常熟印信比对符合,而漕书俱云实无此重串。逮后审明系原告人描画印信。适有皂札在堂,令其当堂描画。伊将笔管撕一篾片,随醮印泥,点触纸上,印文粗细缺蚀,丝毫不差。"又云:"昔年在山左谳局,有吕姓粘庄票控告一案。票注二百千。钱庄只认二十千。检查庄簿,实止二十千。细验票上百字,一无补缀痕迹,图记、花板、字迹,分毫不爽。竟不能断为伪票。初疑庄伙舞弊,虚出二百千之票,而书二十千于簿,研鞫至再,原告吐露真情。云以水洗去十字,改为百字。始犹不信,令其当堂洗改。次日,持一白笔来,不知笔内有无药水。即将原票千字,用清水一滴,以笔扫洗,上下衬纸按吸。随洗随吸,至白乃止。世有巧夺天工如此者。"此等奇技,纵有至密之法,又何从而防之? 然恃此等奇技而作伪,所能伪者几何? 行钞者又岂以是为虑? 故知政令之行,自有其康庄大道,筹国事者,正不必用心于无益之地也。

# 〔二八〕禁　奢

奢侈之风，虽历代皆有，然在古代，固为道德所不许，抑亦法律所不许也。至汉世，此谊犹明。《后汉书·明帝纪》：永平十二年，诏"有司申明科禁，宜于今者，宣下郡国"。《章帝纪》：建初二年，诏"科条制度，所宜施行，在事者备为之禁"。《和帝纪》：永元十一年，诏：旧令节之制度，"在位犯者，当先举正。市道小民，但且申明宪纲，勿因科令，加虐羸弱。"《安帝纪》：永初元年，诏三公明申旧令。元初五年，诏"旧令制度，各有科品"，"设张法禁，恳恻分明，而有司惰任，讫不奉行。秋节既立，鸷鸟将用，且复重申，以观后效"。《桓帝纪》：永兴二年，诏"申明旧令，如永平故事"。皆欲以法齐其民。此等法令，后世匪曰无之；禁奢之时，亦未尝不援以为言；实明知其不能行，视为官样文章而已。汉世则事虽已不能行，人犹以为可行，而冀行之也。故其议论亦然。晁错言："法律贱商人，商人已富贵矣；尊农夫，农夫已贫贱矣。故俗之所贵，主之所贱也；吏之所卑，法之所尊也。上下相反，好恶乖迕，而欲国富法立，不可得也。"其言可谓深切著明。故其时之人，所讥切者，皆在法令之不定。《汉书·货殖传》论贫富之不均，"繇法度之无限。"而夏侯玄讥"汉文虽身衣弋绨，而不革正法度，似指立在身之名，非笃齐治制之意。"案《后汉书·荀爽传》：爽于延熹元年对策陈便宜，言宜"略依古礼尊卑之差，及董仲舒制度之别，严督有司，必行其命"；而玄亦以当时之科制为未足，欲大理其本，"准度古法文质之宜，取其中则，以为礼度"；皆所谓革正法度者。彼皆信法度之必可行，故欲有事于革正也。

善夫严安之言之也。曰："今天下人民，用财侈靡。车马、衣裘、宫室，皆竞修饰。调五声使有节族，杂五色使有文章，重五味方丈于前，以观欲天下。彼民之情，见美则愿之，是教民以侈也。侈而无节，则不可澹。民离本而徼末矣。末不可徒得，故搢绅者不惮为诈，带剑者夸杀人以矫夺，而世不知愧。故奸轨浸长。臣愿为民制度，以防其淫。使贫富不相耀，以和其心。心既和平，其性恬安。恬安不营，则盗贼销。盗贼销则刑罚少。刑罚少则阴阳和。四时正，风雨时，草木畅茂，五谷蕃熟，六畜遂字，民不夭厉，和之至也。"《老子》曰"民之轻死，以其奉生之厚"，末不可徒得故也。《管子》曰："地之生财有时，民之用力有倦，而人君之欲无穷。以有时与有倦，养无穷之君，而度量不生于其间，则上下相疾也。是以臣有弑其君，子有弑其父者矣。"<sub>权修。</sub>《易》曰："臣弑其君，子弑其父，非一朝一夕之故，其所由来者渐矣，由辨之不早辨也。"度量之有无，则有国家者所当谨也。

禁奢之举，非不顺于民心也。虽或违之，固不如顺悦之者之众也。何也？"失节之嗟，民所自患，正耻不及群，故勉强而为之"，故"厘其风而正其失，易于反掌"也。<sub>贺琛之言。见《梁书》本传。</sub>张鲁依月令，春夏禁杀，又禁酒，流移寄在其地者，不敢不奉，<sub>《三国志·鲁传注》引《典略》。</sub>况威权大于鲁者乎？然惟鲁能行之，何也？曰：惟米贼，乃与纵欲败度者异其党类也。董和为成都令，防遏逾僭，为之轨制。县界豪强，惮和严法，遂说刘璋，转和为巴东属国都尉。<sub>《三国·蜀志·和传》。</sub>盖法度之难行如此。岂无江充、阳球之伦，然此曹意实不在行法；毁法而有利于身，即遇坏法之事，熟视若无睹矣。陈思王妻衣绣，魏武帝怒其违制，杀之。见《三国·魏志·崔琰传注》引《世语》。其事不可常行，亦不能常行也。《宋史·谢绛传》言：仁宗初，"诏罢织密花透背，禁人服用，且云自掖庭始。既而内人赐衣，复取于有司。又后苑作制玳瑁器，索龟筒于市。龟筒，禁物也，民间不得有，而索不已。"此等法令，则直同儿戏矣。《后汉书·张酺传》："酺病临危，敕其子曰：显节陵扫地露祭，欲率天下以俭。吾为三公，既不能宣扬王化，令吏人从制，岂可不务节约乎？其无起祠堂，可作稿盖庑，施祭其下而已。"不能正人，而徒自责，犹为贤者。至于俗吏，则有纵释势豪，加虐羸弱者矣。汉宣帝五凤二年诏，谓"今郡国二千石，或擅为苛禁，禁民嫁娶不得具酒食相贺召"是也。岂徒科禁，即劝人治生者，如黄霸治颍川，"为条教，置父老、师帅、伍长，班行之于民间"；仇览长蒲亭，"为制科令，至于果菜为限，鸡豕有数"，亦只以扰民而已。何也？指立在身之名者，必不免于为伪，为伪则未有能善其后者也。观张敞讥黄霸之语可知。

《晋书·李重传》，述泰始八年己巳诏书申明律令："诸士卒、百工已上，所服乘皆不得违制。若一县一岁之中，有违犯者三家，洛阳县十家已上，官长免。"盖明知官吏之不奉行，而以是督之也。此其终为具文，亦无待再计矣。东渡后谢石奢侈，及死，博士范弘之议谥之曰襄墨。朝议不从，单谥曰襄。其议曰："汉文袭弋绨之服，诸侯犹侈；武帝焚雉头之裘，靡丽不息。良由俭德虽彰，而威禁不肃；道自我建，而刑不及物。若存罚其违，亡贬其恶，则四维必张，礼义行矣。"《晋书·儒林·范弘之传》。此尚是汉人议论，然亦止于议论而已。

《旧唐书·文宗纪》：大和三年，九月，敕两军、诸司、内官不得著纱縠绫罗等衣服。十一月，南郊礼毕大赦节文，禁止奇贡，云"四方不得以新样织成非常之物为献，机杼纤丽若花丝布、缭绫之类，并宜禁断。敕到一月，机杼一切焚弃。"四年，四月，诏内外班列职位之士,各务素朴。有僭差尤甚者,御史纠上。六年,六月,右仆射王涯奉敕,准令式条疏士庶衣服、车马、第舍之制度。敕下后,浮议沸腾。杜悰于敕内条件易施行者宽其限,事竟不行,公议惜之。《新唐书·车服志》:文宗即位,以四方车服僭奢,下诏准仪制令品秩勋劳为等级。诏下,人多怨者。京兆尹杜悰条易行者为宽限,而事遂不行。惟淮南观察使李德裕令管内妇人衣袖四尺者阔一尺五寸,裙曳地四五寸者减三寸。《王涯传》:文宗恶俗侈靡,诏涯惩革,涯条上其制。凡衣服、室宇,使略如古。贵戚皆不便,谤讪嚣然,议遂格。七年,八月,甲申朔,御宣政殿册皇太子永。是日,降诏云:"比年所颁制度,皆约国家令式,去其甚者,稍谓得中。而士大夫苟自便身,安于习俗,因循未革,以至于今。百官士族,起今年十月,其衣服、舆马,并宜准大和六年十月七日敕。如有固违,重加黜责。"六年十月七日敕,盖即杜悰所条也。文宗禁奢之意,最锐最坚,然亦徒托空言而已。

　　汉世贤者,尚有不待禁制,自守轨范者。《汉书·王吉传》言:"自吉至崇,世名清廉,然材器名称稍不能及父,而禄位弥隆。皆好车马衣服,其自奉养,极为鲜明,而亡金银锦绣之物。及迁徙去处,所载不过囊衣,不畜积余财。去位家居,亦布衣疏食。天下服其廉而怪其奢,故俗传王阳能作黄金。"案汉世官禄较厚,居位者不事居积,自奉自可较丰,无足怪也。《三国·蜀志·费祎传注》引《祎别传》,言祎"雅性俭素,家不积财。儿子皆令布衣素食,出入不从车骑,无异凡人。"所守亦与吉同。古之制礼,奉养依贵贱而异。故古者富与贵一,贫与贱一。后世则不然矣。富与贵、贫与贱何以一?小儒必曰:才德之大小为之也。盖亦思富与贵者,果因其才德而居之欤?抑亦既富且贵,乃为是说以自文也。持此说者,以荀卿为最力。宜乎康南海斥为小康之言,未闻大同之教也。

　　王吉、费祎,能守法而已,尚未足以为俭也。然能守法而不越,亦不故为矫激,在当时已为贤者矣。真可云有俭德者,盖莫如公孙弘。论世者多讥其曲学阿世,此诬也。阿世者必有所求,彼也见举则谢不肯行,晚达而无所畜聚,阿世果何为哉? 王吉、贡禹,志同道合。禹乞骸骨,自言禄赐愈多,家日益富,惟俭者为能知足,则禹有俭德可知。禹有俭德,而吉亦可知矣。其自奉养之鲜明,盖以为法当如是,非有所溺于物欲,故去位家居,即能复其布衣疏食之旧也。《后汉书·袁安传》,言其孙彭,"行至清,为吏粗袍粝食。终于议郎。胡广等追表其有清絜之美,比前朝贡禹、第五伦。"广等去禹等近,所言必有灼见也。公孙弘、王吉、贡禹、第五伦,位皆不为不显,然绝未有闻风兴起者,至毛玠、崔琰,因选权在手,乃稍收激扬之效。汉世之言禁奢者,皆欲乞灵于法律,岂无由哉? 毛玠、崔琰所取,和洽讥其隐伪,是也,然国奢示俭,玠等亦或出于不得已。盖尝论之:军兴则万事堕废,纲纪坠地。曹爽,有为之才也,然司马氏讥其奢侈,恐不尽诬。奢侈之风,果何自来哉? 窃疑魏武时已然,毛玠、崔琰不得已,乃矫枉而过其直。不然,彼岂不知其所取者之足容矫伪哉? 和洽言:"太祖建立洪业,奉师徒之费,供军赏之用,吏士丰于资食,仓府衍于谷帛,由不饰无用之宫,绝浮华之费。"夫君独俭于上,而臣奢侈于下,何益? 然则毛玠、崔琰之所为,确有益于太祖也,然至曹爽等卒以贿败。然则汉末奢侈之风,魏武虽一抑塞之而未能绝也。司马氏以此罪曹爽,而身亦未能革,为之徒者,纵恣尤甚于爽等,而神州陆沈矣。

《魏略》以常林、吉茂、沐并、时苗四人为《清介传》,《三国·魏志·常林传注》引。皆和洽所谓隐伪之徒也。苗为寿春令。"始之官,乘薄犊车,黄牸牛;布被囊。居官岁余,牛生一犊。及其去,留其犊,谓主簿曰:令来时本无此犊,犊是淮南所生有也。群吏曰:六畜不识父,自当随母。苗不听。时人皆以为激,然由此名闻天下。"观"由此名闻天下"六字,而其所为为之可知。时人皆以为激,岂不如见其肺肝然哉?然隐伪者曾不以是为愧也。此一时风气所趋,能为隐伪者之所以多也。然究尚愈于并不能为隐伪之徒。《吴志·是仪传》言:吕壹历白将相大臣,或一人以罪闻者数四,独无以白仪。则有清德者究易自全也。或曰:世遂无有清德而获祸者欤?曰:有之矣,然非以其清也。时苗往谒蒋济。济素嗜酒,适会其醉,不能见苗。苗恚恨,还,刻木为人,署曰酒徒蒋济,置之墙下,且夕射之。其忿戾如此。诗曰:"不忮不求,何用不臧?"有清德者之获祸,以其忮,非以其清也。晏子岂无清德?何以卒全于乱国哉?

《徐邈传》:卢钦言:"往者毛孝先、崔季珪等用事,贵清素之士,于时皆变易车服,以求名高,而徐公不改其常。比来天下奢靡,转相仿效,而徐公雅尚自若。"不改常度,自最可贵。所以如此,盖由无求。隐伪者之远利,实以求名也。《姜维传》:却正著论论维曰:"据上将之重,处群臣之右,宅舍弊薄,资财无余;侧室无妾媵之亵,后庭无声乐之娱。衣服取供,舆马取备,饮食节制,不奢不约,官给费用,随手消尽。察其所以然者,非以激贪厉浊,抑情自割也,直谓如是为足,不在多求。"此几于性之矣。盖其所务者大,于小者自有所不暇及也。故曰:"士志于道,而耻恶衣恶食者,未足与议也。"《论语·里仁》。彼实未志于道也。

王吉言:"古者衣服车马,贵贱有章。今上下僭差,人人自制,是以贪财诛利,不畏死亡。周之所以能致治,刑措而不用者,以其禁邪于冥冥,绝恶于未萌也。"言之亦可谓深切著明,彼其所以谨守小康之世之法度而不敢逾也。《潜书·尚朴》曰:"荆人炫服。有为太仆者,好墨布,乡人皆效之,帛不入境,染工远徙。荆之尚墨布也,则太仆为之也。陈友谅之父好衣褐,破薪,不杀衣褐者。有洛之贾在蕲,以褐得免,归而终身衣褐,乡人皆效之。帛不入境,染工远徙;洛之尚褐也,则贾为之也。"铸万生直丧乱之时,侈固非民所欲,故有反之者,民从之如流水。《晋书·王导传》言:苏峻乱后,帑藏空竭,库中惟有练数千端,粥之不雠,而国用不给。导患之,乃与朝贤俱制练布单衣,士人翕然服之,练遂踊贵。乃令主者出卖,端至一金。与此可以参观。此等皆不能有大效,故汉人必欲以法驭之也。

《旧唐书·郑覃传》:"文宗谓宰臣曰:朕闻前时内库惟二锦袍,饰以金鸟。一袍玄宗幸温汤御之,一即与贵妃。当时贵重如此。如今奢靡,岂复贵之?料今富家,往往皆有。"然则世愈乱愈奢也。所以然者,法度废而纲纪隳也。《新唐书·汉阳公主传》:顺宗女。"文宗尤恶世流侈。因主入,问曰:姑所服何年法也?今之弊何代而然?对曰:妾自贞元时辞宫,所服皆当时赐,未尝敢变。元和后数用兵,悉出禁藏纤丽物赏战士,由是散于人间,狃以成风。"可为一证。

顾亭林《菰中随笔》云:"人富则难使也。夫人之轻于生,必自轻于货也始。是故人富而重其生。绝吭伏剑,不出素封千户之家;感慨自裁,多在婢妾贱人之辈。"又曰:"古之偷生蒙耻,幸免而归,为乡里所不齿者有矣,未若今之甚也。非特不齿也,破其庐,劫其资,燔其室,而后厌于人心。何哉?古不富而今富也。富然后树怨深,富然后人思夺之。"斯言也,可为制富贵者之法,亦可为乘乱攘窃者之炯戒也。景延广处危幕之上,乃大治第宅,置妓乐,卒以此顾虑其家,不能引决,为虏所絷。此可谓绝吭伏剑,不出素封千户之家者矣。

《史记·春申君列传》云:"平原君使人于春申君,春申君舍之于上舍。赵使欲夸楚,为瑇瑁簪,刀剑室以珠玉饰之,请命春申君客。春申君客三千余人,其上客皆蹑珠履,以见赵使,赵使大惭。"此等夸饰之辞,原不足信。然太史公曰:"吾适楚,观春申君故城,宫室盛矣哉!"则必非虚语矣。哀哉,以是时之楚,而犹为是城郭宫室也!至昌平君、项燕之死,不终为他人奉矣乎?然岂徒一春申君哉?

## 〔二九〕毁奢侈之物

《晋书·武帝纪》：咸宁四年，十一月，太医司马程据献雉头裘。帝以奇技异服，典礼所禁，焚之于殿前。敕内外敢有犯者罪之。此事最为读史者所艳称，其实类此者非一事也。《陆云传》：云拜吴王晏郎中。"晏于西园大营第室。云上书，言清河王昔起墓宅时，手诏追述先帝节俭之教，恳切之旨，形于四海。清河王毁坏成宅以奉诏命。"则当武帝时，实有奉教而毁已成之物者，雉头裘之焚，不能谓其无益于观听也。《齐书·高帝纪》："即位后，敕中书舍人桓景真曰：主衣中似有玉介导。此制始自大明末，后泰始尤增其丽。留此置主衣，政是兴长疾源，可即时打碎。凡复有可异物，皆宜随例也。"《文惠太子传》：薨后，"世祖履行东宫，见太子服玩过制，大怒，敕有司随事毁除。"《梁书·武帝纪》："受相国、梁公之命。是日，焚东昏淫奢异服六十二种于都街。"《陈书·宣帝纪》：太建七年，四月，监豫州陈桃根于所部得青牛，献之，诏遣还民。桃根又表上织成罗文锦被裘各二，诏于云龙门外焚之。凡此皆弃其物。《南史·梁武帝纪》：天监四年，正月，有司奏吴令唐佣铸盘龙火炉，翔凤砚盖。诏禁锢终身。则虽未毁其物而绝其人。《宋书·周朗传》：朗上书论革侈俗曰："自今以去，宜为节目。若工人复造奇技淫器，皆焚之而重其罪。"则并欲绝其制造之源，其所及弥深广矣。《魏书·韩秀传》：子务，为郢州刺史，献七宝床、象牙席。诏曰："晋武帝焚雉头裘，朕常嘉之。今务所献，亦此之类矣。可付其家人。"此诏当出宣武。《长孙道生传》：道生廉约，第宅卑陋。出镇后，其子弟颇更修缮，起堂庑。道生还，切责之，令毁宅。则北朝君臣，亦有知此义者。宇文氏仰慕华风，故其行之尤力。《周书·武帝纪》：建德元年，十二月，幸道会苑，以上善殿壮丽，焚之。六年，正月，入邺。诏："东山、南园及三台，可并毁撤。瓦木诸物，凡入用者，尽赐下民。山园之田，各还本主。"五月，诏曰："往者冢臣专任，制度有违，正殿别寝，事穷壮丽。非直雕墙峻宇，深戒前王，而缔构宏敞，有逾清庙。不轨不物，何以示后？兼东夏初平，民未见德，率先海内，宜自朕始。其露寝会义、崇信、含仁、云和、思齐诸殿等，农隙之时，悉可毁撤。雕斫之物，并赐贫民。缮造之宜，务从卑朴。"又诏曰："京师宫殿，已从撤毁。并、邺二所，华侈过度，诚复作之非我，岂容因而弗革？诸堂殿壮丽，并宜除荡，甍宇杂物，分赐穷民。三农之隙，别渐营构，正蔽风雨，务在卑狭。"其雷厉风行，并非南朝所及矣。隋文俭德，冠绝古今。《本纪》：开皇十五年，六月，相州刺史豆卢通贡绫文布，命焚之于朝堂，绝与晋武帝焚雉头裘类。《秦王俊传》：甍后"所为侈丽之物，悉命焚之"，亦犹齐武帝之于文惠也。《旧唐书·张玄素传》：贞观四年，诏发卒修洛阳宫乾阳殿，以备巡幸。玄素上书谏，有曰："陛下初平东都，层楼广殿，皆令撤毁。"其后面对，又言："陛下初平东都，太上皇敕大殿高门并宜焚毁。陛下以瓦木可用，不宜焚灼，请赐与贫人。事虽不行，天下翕然，讴歌至德。"《窦璡传》："为将作大匠，修葺洛阳宫。于宫中凿池起山，崇饰雕丽。太宗怒，遽令毁之。"亦周武帝之志也。《玄宗纪》：开元二年，六月，"内出珠玉、锦绣等服玩，又令于正殿前焚之。"《新唐书》：七月，乙未，"焚锦绣、珠玉于前殿"。《通鉴》：开元二十五年，"命将作大匠康訾素之东都毁明堂。訾素上言：毁之劳人。请去上层,卑于旧九十五尺,仍旧为乾元殿。从之。"玄宗后虽奢侈,其初政,亦尚能式遵旧典也。中叶以后,武人跋扈,然《旧唐书·德宗纪》:大历十四年,七月,"毁元载、马璘、刘忠翼之第,以其雄侈逾制也。"则亦不能任意妄作。《文宗纪》:大和元年,四月,"毁昇阳殿东放鸭亭,望仙门侧看楼十间,并敬宗所造也。"则前王之所为,亦自正之矣。三年南郊赦文云:"四方机杼纤丽,若花丝布、缭绫之类,并宜禁断。赦到一月,机杼并即焚弃。"是欲举周朗之所言者而行之也。《田弘正传》:"魏州自承嗣已来,馆宇、服玩,有逾常制者,悉命彻毁之。"《旧五代史·周太祖纪》:广顺元年,二月,"内出宝玉器及金银结缕宝装床几饮食之具数十,碎之于殿廷。仍诏所司:凡珍华悦目之物,不得入宫。"则武人之贤者,亦知此义矣。《宋史·太宗纪》:淳化元年,八月,毁左藏库金银器皿,亦与周太祖所为同。《范雍传》:"玉清昭应宫灾。章献太后泣对大臣曰:先帝竭力成此宫,一夕延燎几尽,惟一二小殿存耳。雍抗言曰:不若悉燔之也。先朝以此竭天下之力,遽为灰烬,非出人意。如因其所存,又将葺之,则民不堪命,非所以畏天戒也。时王曾亦止之,遂诏勿葺。"此真侃侃直节矣。《高宗纪》:绍兴二年,五月,"两浙转运副使徐康国献销金屏障。诏有司毁之,夺康国二官。"二十七年,三月,"诏焚交阯所贡翠羽于通衢,仍禁宫人服用销金翠羽。"《王十朋传》:秦桧死,上亲政,策士,擢为第一。用其言,严销金铺翠之令,取交阯所贡翠物焚之。《宁宗纪》:嘉泰元年,四月,"诏以风俗侈靡,灾后官军营造,务遵法制。三月临安大火。内出销金铺翠,焚之通衢。禁民无或服用。"《明史·陈友谅传》:"友谅豪侈,尝造镂金床甚工。宫中器物类是。既亡,江西行省以床进。太祖叹曰:此与孟昶七宝溺器何异?命有司毁之。"皆能守前世之遗规者也。《彭泽传》:"出为徽州知府。将遣女,治漆器数十,使吏送其家。泽父大怒,趣焚之,徒步诣徽。泽惊,出迓，目吏负其装。父怒曰：吾负此数千里，汝不能负数步耶？入，杖泽堂下。杖已，持装径去。"古人之清正如此，此其所以毁既成之物而弗怍也。自恒人之情言之，必曰：弗之用，斯可矣，毁之宁不可惜？然自毁之者言之，则其物并无可用之处。夫无可用之处，则是无用之物也，毁之又何足惜？夫毁之则重劳者，莫如宫室。然翼奉说汉元帝，言其时宫室、苑囿，奢泰难供，以故民困国虚，亡累年之畜。不改其本，难以末正。汉德隆盛，在于孝文，躬行节俭，如令处于当今，因此制度，必不能成功名。故愿迁都正本。众制皆定，亡复缮治宫馆不急之费，岁可余一年之畜。夫亡复缮治，宁不渐坏？与撤毁亦何以异？撤毁固不能无劳民，然缮治则将劳民无已，与夫撤毁之止于一次者为何如哉？且留之将何为乎？将以观欲天下乎？民生而日抒矣，虽用今所谓奢侈之物而不为侈矣，至其时，岂不能更造哉？而留此不轨之物，以塞其革正之路乎？

《南史·宋武帝纪》："帝素有热病，并患金创，末年尤剧，坐卧常须冷物。后有人献石床，寝之极以为佳。乃叹曰：木床且费，而况石耶？即令毁之。"以疾而须石床，实不可谓之侈。况于帝之金创，殆以定内御外所致，而犹毁之，然则不必圣贤，即英雄亦不易为也。

# 〔三〇〕后世惠民之政多西京所已有

清汤文正斌尝言：岁祲免租，特少苏民困而已，必屡举于丰年，富乃可藏于民。又凡免当年田租，皆中饱于官吏，故每遇国有大庆，或水旱形见，不肖者转急征以待赐除。必豫免次年田租，然后民不可欺，吏难巧法。圣祖深然之，遂定为经法，凡免地丁编折银，必于前一年颁谕。康熙三十年，特谕户部：自今以往，海内农田正赋编折，通三年轮免一年，周而复始，直省均以编，不问岁之丰凶。其后虽以西边事起中辍，然世宗、高宗屡蠲天下田租，皆先一年降旨，以次轮免，犹循行其意也。

此事论者皆称文正之贤。然余读《宋史·食货志》：嘉熙二年臣僚言：陛下自登大宝以来，蠲赋之诏，无岁无之，而百姓未沾实惠，盖民输率先期归于吏胥、揽户，及遇诏下，则所放者吏胥之物，所倚阁者揽户之钱，是以宽恤之诏虽颁，愁叹之声如故。尝观汉史，恤民之诏多减明年田租。今宜仿汉故事，如遇朝廷行大惠，则以今年下诏，明年减租，示民先知减数，则吏难为欺，民拜实赐矣。从之。然则免租之先一年降旨，特宋代已行之法，而宋又沿之于汉者也。至轮免天下田租，论者多称为有清仁政；然汉文帝时，除民之田租至于十有三年，则又非三年轮免一次之比矣。则信乎后世惠民之政，皆西京所已行者也。

原刊一九二〇年《武进商报》

# 〔三一〕宝　物

　　孟子曰：“诸侯之宝三：土地、人民、政事。实珠玉者，殃必及身。”《尽心》下。乍观之，其言似甚可怪。以一国之大，何至不知宝而宝珠玉？然观古以觊重器而伐国、出重器而媾和者之多，而知孟子之言，非有过矣。楚灵王，雄主也，而其谓子革曰：“昔我先王熊绎，与吕伋、王孙牟、燮父、禽父并事康王，四国皆有分，我独无有。”《左氏》昭公十二年。蒯聩，亦久历艰难之主也，而其谓浑良夫曰：“吾继先君而不得其器，若之何？”《左氏》哀公十六年。皆若不胜其怏怏之情焉。即乐毅报燕惠王，侈陈前王之功绩，亦曰：“珠玉、财宝、车甲、珍器，尽收入于燕。齐器设于宁台，大吕陈于元英，故鼎返于历室。”其重之也如是。无怪子常以裘佩与马，止唐、蔡之君，而酿滔天之祸矣。“虞叔有玉，虞公求旃。弗献。既而悔之，曰：匹夫无罪，怀璧其罪。吾焉用此？其以贾害也？乃献之。又求其宝剑。叔曰：是无厌也。无厌，将及我。遂伐虞公。故虞公出奔共池。”《左氏》桓公十年。知怀璧之将以贾害而献之，可谓难矣。而虞公犹以无厌之求致败；叔亦以惧将及而出其君。处好宝物之世，而求自全，难矣哉！

　　《晋书·桓玄传》，言其“尤爱宝物，珠玉不离于手。人士有法书、好画及佳园宅者，悉欲归己。犹难逼夺之，皆蒱博而取。遣臣佐四出，掘果移竹，不远数千里。百姓佳果、美竹，无复遗余”。此似痴绝,惟纨袴少年为之,然历代皇室,谁不多藏珠玉、法书、好画邪？宋徽宗之花石纲,非即玄之遣人四出掘果移竹乎？《传》又言其请平姚兴,"初欲饰装,无他处分,先使作轻舸,载服玩及书画等物。或谏之,玄曰：书画服玩,既宜恒在左右；且兵凶战危,脱有不意,当使轻而易运。众咸笑之。"然古来有国有家者,至于亡灭之际,孰不犹有所藏乎？《宋史·刘重进传》,言其以显德三年克泰州。"初,杨行密子孙居海陵,号永宁宫。周师渡淮,尽为李景所杀。重进入其家,得玉砚、玉杯盘、水晶盏、码磁碗、翡翠瓶以献。"是杨氏亡时,其宝物初未尽亡也。又《贾黄中传》,言其以太平兴国二年知昇州,"一日,案行府署中,见一室,扃钥甚固。命发视之,得金宝数十匮,计直数百万,乃李氏宫中遗物也,即表上之。"是李氏亡时,其宝物亦未尽亡也。然宝之果何益哉？《张洎传》言：李煜既归朝,贫甚,洎犹丐索之。煜以白金颒面器与洎,洎尚未满意。然则不徒敌国,虽旧臣,犹以怀璧而肆诛求矣。宝之则其罪矣,果何为哉？亦岂可终宝哉？

《宋史·贾似道传》,言其"酷嗜宝玩,建多宝阁,日一登玩",此即桓玄见人有宝,尽欲归己之心。又云："闻余玠有玉带,已殉葬矣,发其冢取之。"居宰相之位,而为椎埋之行,此古人所以因求宝物而致动干戈也。《徐鹿卿传》："丞相史弥远之弟,通判温州,利韩世忠家宝玩,籍之。鹿卿奏削其官。"世忠家不以宝玩,是时亦岂见籍哉？高宗幸医王继先,怙宠干法,富浮公室,数十年无敢摇之者。闻边警,辇重宝归吴兴,为避敌计。杜莘老疏其十罪。高宗乃籍其赀,鬻钱入御前激赏库,以赏将士。事见《莘老传》。亦以爱宝物促其败也。

《明史·孟一脉传》：一脉于万历时上疏有曰"浮梁之磁,南海之珠,玩好之奇,器用之巧,锱铢取之,泥沙用之,于是民间皆为丽侈。穷耳目之好,竭工艺之新,不知纪极,中人得十金,即足供一岁之用,今一物常兼中人数家之产"云云。夫工艺之新,今人所誉为文明者也。然人之因此而陷于饥寒者众矣,而其物亦卒随兵燹而尽,哀哉!

# 〔三二〕疏食上

茹毛饮血，此皆以为形容野蛮人之词耳，其实不然，此四字见《礼记·礼运》。《正义》云："虽食鸟兽之肉，若不能饱者，则茹食其毛以助饱，若汉时苏武以雪杂羊毛而食之，是其类也。"古人恒苦饥荒，苏武之穷乏，于古必数见不鲜，足见其非形容之词。《诗·豳风》："九月筑场圃。"《笺》云："耕治之以种菜茹。"《正义》云："茹者咀嚼之名，以为菜之别称，故书传谓菜为茹。"案毛言茹，菜亦言茹，则古人之食菜，与茹毛同。肉不能饱而茹毛，草木之实不能饱而茹菜，其致一也。然茹植物之始，非必皆后世老圃之所植也，盖草根树皮，无弗食焉，其去后世饥荒时之所食，亦无几耳。《礼记·月令》：仲冬之月，山林薮泽，有能取蔬食，田猎禽兽者，野虞教道之；其有相侵夺者，罪之不赦。《周官》大宰九职："八曰臣妾，聚敛疏材。"委人："掌敛野之赋，凡疏材、木材、凡畜聚之物。"《管子·七臣七主》曰：果蓏素食当十石。《八观》曰：万家以下，则就山泽；万家以上，则去山泽。皆可见其养人之广。若后世，则惟饥荒之时食之，见诸救荒本草中耳。

《淮南·主术》曰：夏取果蓏，秋畜疏食。则果蓏与疏食不同；果蓏者草木之实也，疏食其根茎也。《礼记》郑《注》曰：草木之实为疏食。《周官》郑《注》曰：疏材，根实可食者。混二者为一，恐非。

疏食较谷食为粗，谷之粗者，亦较其精者为粗，故后亦称谷之粗者为疏食。《礼记·杂记》："吾祭，作而辞曰：疏食不足祭也。吾餐，作而辞曰：疏食也，不足以伤吾子。"《正义》曰："疏粗之食，不可强饱，以致伤害。"是也。今者谷之精者，不足养人，人人知之矣。予谓更推之，则专食粗谷，或者不如兼食各种植物。古《本草》有所谓久服轻身延年者，今人试之，或无其效，则以古说为不可信。然古人所谓久服者，恐非如今人以之为药物，乃以之为饔飧也。国民军围武昌，某药肆学徒，为其肆送何首乌，中涂炮火大作，流弹纷至，不能至肆，姑归家止焉，已而其肆闭。此学徒家惟老父一人，久瘫痪卧床弗能动矣。父子二人，闭门坐守。粮绝，遂以何首乌当饭。一月许，其父竟愈。此事见上海某报，予曾录存之，今亦在游击区中，弗能道其详，然其大致固犹能记忆也。此人瘫痪之获愈，不知果由以何首乌代饭否？然《本草》中所云常服之品，若以之代饭，必有效验可见，则理有可信也。神农为古农业之称，本非指人，如《月令》云：毋发令而待，以妨神农之事是也。所谓《神农本草经》者，非谓炎帝神农氏所作之本草经，乃谓农家原本草木性味之书耳。古农家所以能知百草之性者，亦以其所食不专于谷物也。

原刊一九四一年《大美晚报》副刊"午刊"第一期

# 〔三三〕疏食下

　　疏食足济民食，汉世犹知之。《后汉书·和帝纪》：永元五年九月壬午，令郡县劝民蓄疏食，以助五谷。其官有陂池，令得采取，勿收假税二岁。十一年二月，遣使循行郡国，禀贷被灾害不能自存者，令得渔采山林池泽，不收假税。十二年二月，诏贷被灾诸郡民种粮，赐下贫鳏寡孤独不能自存者及郡国流民，听入陂池渔采，以助疏食。十五年六月，诏令百姓鳏寡渔采陂池，勿收假税二岁。《安帝纪》：永初三年七月庚子，诏长吏案行在所，皆令种宿麦疏食，务尽地力。其贫者给种饷。案《刘玄传》言：王莽末，南方饥馑，人庶群入野泽，掘凫茈而食之，此即所谓疏食也。《汉书·王莽传》：天凤五年，以大司马司允费兴为荆州牧。见，问到部方略。兴对曰：荆扬之民，率依阻山泽，以渔采为业。间者国张六管，税山泽，妨夺民之利；连年久旱，百姓饥穷，故为盗贼。莽怒，免兴官。然至地皇三年，卒开山泽之防，诸能采取山泽之物而顺月令者恣听之，勿令出税，可见疏食关系之大。《刘玄传》言：入野泽掘凫茈者，更相侵夺，王匡王凤为平理净讼，遂推为渠帅。此所谓饮食必有讼，而能平理净讼者，为众所推，亦即所谓争而不已，必就其能断曲直者而听命焉者也。元魏尝罢河东盐池之税矣，富强者专擅其用，贫弱者不得资益。延兴初，复立监司，量其贵贱，节其赋入，公私兼利。世宗即位，复罢其禁。豪贵之家，复乘势占夺。近池之民，又辄障吝。强弱相陵，闻于远近。神龟初，卒复置监官。然则设官管理，本非徒计利入，亦所以抑豪强而公美利也。而惜乎主管榷者，贤者徒知利国，不肖者且躬肆侵渔也。

《汉书·地理志》言：江南以渔猎山伐为业，果蓏蠃蛤，食物常足，故呰窳偷生而亡积聚。饮食还给，不忧冻饿，亦无千金之家。夫其无积聚而不忧冻饿，正以山泽之利，不与五谷俱荒故也。莽以峻切之政齐之，其致乱宜矣。然龚遂为渤海太守，秋冬课收敛，益畜果实菱芡，劳来循行，郡中皆有畜积，则北方亦未尝无疏食之利也。《后汉书·江革传》云：负母逃难，常采拾以为养。《独行传》：范冉遭党人禁锢，遂推鹿车，载妻子，捃拾自资。《注》引《袁山松书》曰：冉去官，尝使儿捃拾麦，得五斛，此即收敛所余，龚遂所以欲课民收敛也。《诗》曰：彼有遗秉，此有不敛穧，龙子言乐岁粒米狼戾，小民无远虑，固不得不有贤长官教督之。或曰：一举而尽敛之，寡妇之利安在？曰：礼义生于富足，孟子曰：民非水火不生活，昏暮叩人之门户，求水火，无弗与者，至足矣。圣人治天下，使有菽粟如水火，而民焉有不仁者乎？岂尚虑寡妇之无以为养耶？

昧于义者，率言人生而自私，故行私产之制，则地无遗利，其实行私产之制，则遗利多而狼戾亦愈甚。何者？力非为己，则不出于身，货不藏于己，即任其弃于地也。《汉书·货殖传》言贫者含粟饮水，富者犬马余肉粟。犬马而余肉粟，岂非狼戾之甚者邪？

《后汉书·桓帝纪》：永兴二年六月，诏司隶校尉部刺史曰：蝗灾为害，水变仍至，五谷不登，人无宿储。其令所伤郡国种芜菁，以助人食。此亦疏食助谷食，惟仍有待于种耳。古之种谷者不得种一谷，以防灾害也。见《公羊》宣公十五年《解诂》。然灾害有凡谷者皆不能种，而疏食犹可种者。又有地本不宜于谷，而犹可种疏食者。夫谷食较之疏食,谷食则美矣。然既知谷食,而遂尽废疏食,则亦无是理。种谷者徒知种谷,谷不可种,遂束手待毙,亦未尽重民食之道也。

王莽末,天下旱蝗,黄金一斤,易粟一斛。建武之初,野谷旅生,麻未尤盛,人收其利。《后汉书·光武纪》建武二年。此遭大乱之后,田亩荒废,悉变为平时之山泽也。冯异之入关,黄金一斤,易豆五升,道路断隔,委输不至,军士悉以果实为粮。《后汉书》本传。献帝之幸安邑,亦以枣栗为粮。《后汉书·伏皇后纪》。《三国志·魏武帝纪注》引《魏书》,言自遭荒乱,率乏粮谷。袁绍之在河北,军人仰食桑椹,袁术在江淮,取给蒲蠃建安元年。果实而足食三军之师,虽曰不得饱;其利之厚,则可见矣。讲求农业者,安得不推广之于谷食之外邪?

《史记·陈丞相世家》曰:平为人长,美色。人或谓曰:贫,何食而肥若是? 其嫂嫉平之不视家生产,曰:亦食糠核耳。其实糠核之养人,未必遽逊于谷物也。《汉书·食货志》言王莽分遣大夫谒者教民煮木为酪,酪不可食,重为烦扰。《莽传》云:分教民煮草木为酪,酪不可食,重为烦费。夫至于遣使设教,则必固有其法审矣。大夫谒者教或不善;木可为酪,则必不诬也。

原刊一九四一年《宇宙风半月刊》

百年纪念一九四〇年六月出版

# 〔三四〕 肉食与素食

古惟贵者、老者乃得食肉，庶人之食，鱼鳖而已。汉世犹有其风。《汉书·王吉传》云：自吉至崇，世名清廉，禄位弥隆，皆好车马衣服，其自奉养，极为鲜明，而无金银锦绣之物，及迁徙去处，所载不过囊衣，不畜积余财，去位家居，亦布衣疏食，天下服其廉而怪其奢。故俗传王氏能作黄金。盖汉世居官者，多好畜积余财，藏金银锦绣，王氏一不事此，而惟以之自奉养，则固可使人怪其奢，何待能作黄金，彼岂不能预为他日计，而必一去位即布衣疏食，盖以为制度宜然也。《后汉书·崔骃传》云：子瑗，爱士好宾客，盛修肴膳，单极滋味，居常疏食菜羹而已，亦非力不能自奉，以为礼则然也。《三国·蜀志·费祎传注》引《祎别传》曰：祎雅性俭素，家不积财，儿子皆令布衣素食，出入不从车骑，无异凡人。可见凡人皆布衣素食。其居官而仍素食者，则为俭德。《后汉书·孔奋传》：守姑臧长，时天下扰乱，惟河西独安，而姑臧称为富邑，通货羌胡，市日四合，每居县者，不盈数月，辄至丰积，奋在职四年，财产无所增，事母孝谨，虽为俭约，奉养极求珍膳，躬率妻子，同甘菜茹。《杨震传》：举茂才，四迁荆州刺史，东莱太守，后转涿郡太守，性公廉，不受私谒，子孙常蔬食步行。《党锢传》：羊陟拜河南尹，计日受奉，常食乾饭茹菜。《三国·吴志·是仪传》：孙权幸仪舍，求视蔬饭，亲尝之，对之叹息，即增奉赐，益田宅。及费祎皆其选也。

孔奋躬率妻子，同甘菜茹，而事母极求珍膳，所以养老也。闵仲叔客居安邑，老病，家贫不能得肉，日买猪肝一片，屠者或不肯与，安邑令闻，敕吏常给焉。仲叔怪而问之，知，乃叹曰：闵仲叔岂以口腹累安邑邪？遂去。《后汉书·周燮等传》。其未去时，岂不能素食，亦以为养老之礼则然也。《郭泰传》：茅容年四十余，耕于野，时与等辈避雨树下，众皆夷踞相对，容独危坐愈恭，林宗行见之，而奇其异，遂与共言，因请寓宿。旦日，容杀鸡为馔，林宗谓为己设，既而以共其母，自以草蔬与客同饭。林宗起拜之曰：卿贤乎哉！因劝令学，率以成德，亦养老之礼，犹存于野者也。

茅容以草蔬与客同饭，盖田家待客，本不过尔。故丈人为子路杀鸡为黍，《论语》亦特记之矣。然即贵人待客，于礼亦不甚奢。张禹成就弟子尤著者，彭宣、戴崇。宣为人恭俭有法度，而崇恺弟多知，禹心亲爱崇，敬宣而疏之，崇每候禹，常责师宜置酒设乐，与弟子相娱，禹将崇入后堂饮食，妇女相对，优人管弦铿锵，极乐，昏夜乃罢。而宣之来也，禹见之于便坐，讲论经义，日宴赐食，不过一肉，卮酒相对，宣未尝得至后堂，及两人皆闻知，各自得也。《汉书》本传。禹之待戴崇，特奢淫之为，其待彭宣则礼也。《三国·吴志·步骘传》：世乱，避难江东，单身穷困，与广陵卫旌，同年相善，俱以种瓜自给。会稽焦征羌，郡之豪族，人客放纵，骘与旌求食其地，惧为所侵，乃共修刺奉瓜以献，征羌作食，身享大案，殽膳重沓，以小盘饭与骘、旌，惟菜茹而已。旌不能食，骘极饭致饱，乃辞出。旌怒骘曰：何能忍此？骘曰：吾等贫贱，是以主人以贫贱遇之，固其宜也，当何所耻。以贫贱遇人，食以菜茹，则知贫贱者食人，亦不过如是也。征羌之失，在其身享大案，殽膳重沓。若以一肉卮酒，与客相对，或如茅容，以草蔬与客同饭，亦不为失。何则？汉和熹邓后，朝夕一肉饭，而张禹亦以一肉赐彭宣,知食不重肉,贵人常奉则然,所以待客者,亦不过身所常御,征羌以是待客,又孰得而非之哉?《三国·魏志·武宣卞皇后传注》引《魏书》曰:帝为太后弟秉起第,第成,太后幸第,请诸家外亲设,厨无异膳,太后左右,菜食、粟饭,无鱼肉。此亦以常礼待客,又可见在平时,虽贵人左右,亦不肉食也。

《汉书·货殖传》:任公家约,非田畜所生不衣食,公事不毕,则不得饮酒食肉,此古田家礼本如是。任氏特家富而不改其故耳。《盐铁论·散不足篇》曰:古者燔黍食稗,而捭豚以相飨,其后乡人饮酒,老者重豆,少者立食,一酱一肉,旅饮而已。及其后宾婚相召,则豆羹白饭,綦脍熟肉,今民间酒食,殽旅重叠,燔炙满案。又曰:古者庶人粝食藜藿,非乡饮酒、腊腊、祭祀无酒肉。故诸侯无故不杀牛羊,士大夫无故不杀犬豕。今闾巷县佰,阡陌屠沽,无故烹杀,相聚野外,负粟而往,挈肉而归。又曰:古者不粥饪,不市食。及其后则有屠沽沽酒,市脯鱼盐而已。今熟食编列,殽施成市。似乎汉人之食,奢侈异常矣。然《论衡》,谓海内屠肆,六畜死者,日数千头,不过今日一大市耳。二十八年五月十三日《申报》云:战前上海猪肉,日销五千至八九千头,大伏重阳,为清淡之期,日仅四五百头,通计日二千三四百头。案此牛羊肉犹不在内也。知《盐铁论》之言,有过其实也。闵仲叔日买猪肝一片,屠者或不肯与,夫以仲叔之廉,岂其赊贷不还,所以不肯与者,盖以宰杀无多,欲留以待他人之求也。浊氏以胃脯而连骑,《汉书·货殖传》。则凡小业皆可致富。亦不能以是而言汉世粥饪之盛也。要而言之,汉世之饮食,犹远较今世为俭。

无屠沽则食必特杀,因家常畜,惟有鸡豚,《盐铁论》言:一豕之肉,得中年之收。亦见《散不足篇》。故多杀鸡。《三国·魏志·典韦传》:襄邑刘氏,与睢阳李永为仇,韦为报之,永故富春长,备卫甚谨,韦乘车载鸡酒,伪为候者,门开,怀匕首入,杀永,并杀其妻。可见相问遗者亦如是,使是处皆有屠肆,适市求之,岂不较杀鸡更便,此亦可见汉世屠肆之不甚多也。

原刊一九四一年十月二日《大美晚报》副刊"午刊"

# 〔三五〕 蔗　饧

蔗饧,《唐书》谓其法得自摩揭陀。然《三国·吴志·孙亮传注》引《吴历》,谓亮出西苑,食生梅,使黄门至中藏取蜜渍梅。《江表传》则谓:亮使黄门以银碗并盖,就中藏吏取交州所献甘蔗饧。裴松之谓:《吴历》之言,不如《江表传》为实。案古人多食饴蜜,蔗饧在此时为难得之物,记者讹蔗饧为蜜,事所可有,讹蜜为蔗饧,则无是理,裴氏之言是也。交州是时亦中国地,使知造蔗饧之法,唐初必无待取之摩揭陀矣。盖有其物而非自造也。然中国之有蔗饧则旧矣。

# 〔三六〕车与骑

车战之易而为骑也,自战争之日烈始也。骑兵利驰逐,则战场虽广,而兵士不觉其劳,且可出敌后而断其援,又旁钞其两侧,间遇山陵,亦不为所阻,较之兵车仅限于平原之地数十百里之间,利于持重而不宜于逐利者大异矣。故国土愈广,战事波及之地愈远,则骑兵愈盛,车战遂日以式微也。

南北朝分裂,垂三百年,南恒为北弱,其机,实决于元嘉二十七年虏马饮江之役。此役也,索虏初未能占中国之地,然六州残破,元气大伤,恢复之图,自此遂不易言矣。其所由然,实缘虏于是役,不事攻取,并不求战胜,而专事残毁故也。元太祖之攻金,不求下燕京,而四出残毁,河北遂不可守,与此役颇相似。居国之民,行军不如行国之便捷,其所残破之地,即不得如行国之远。春秋以前,与中原错处之戎狄,可谓皆在腹心之地,而不能为深患者,以彼徒我车,扰乱仅及边鄙也。卫懿公之灭于狄,盖奇变,不恒有。虽大邑如长葛,亦非戎狄所能入矣,况于蹂躏数千里之地乎?自秦、赵、燕诸国越北山、逾太行而与匈奴邻,则中国始与骑寇相遇;冒顿盛强,北边之侵扰愈亟,然亦缘边之地耳,非深入腹里也。此五胡之所以为大患,晋初诸臣所以欲徙戎也。然则佛狸之南侵,实为前此未有之局,此中国之所以不能豫与?佛狸寡谋,岂知以此为制胜之策,不过肆其残暴而已。然无意中却为战事创一新局。此世变之所以可畏也。

孟子曰："国家闲暇，及是时，明其政刑，虽大国必畏之矣。"《公孙丑》上。南北朝之世，北扰攘而南安谧者，莫如梁武帝之时，此国家闲暇时也。欲恢复北方，终不能不决胜于中原平旷之地，则非有骑兵不可。周朗之言曰："今人知不以羊追狼，蟹捕鼠，而令重车弱卒与肥马悍胡相逐，其不能济固宜矣。汉之中年，能事胡者，以马多也。胡之后服汉者，亦以马少也。既兵不可去，车骑应蓄。"《宋书》本传。其言可谓深切著明矣。乃梁武未尝无恢复之图，而终不闻有马复之令，疆场之上，惟恃水军以资扞御，间欲攻取，亦惟恃决堰为上策。然则寒山之败，岂徒渊明之无能哉？观其徒恃此以取彭城，而知其恢复之无望矣。

中原之地，可以为牧场与？曰：不可。然当戎马生郊之日，暂设监牧以拟戎备，夫固无所不可也。《隋书·贺娄子干传》：讨吐谷浑还，"高祖以陇西频被寇掠，甚患之。彼俗不设村坞，敕子干勒民为堡，营田积谷，以备不虞。子干上书曰：陇西河右，土旷民希，边境未宁，不可广为田种。比见屯田之所，获少费多，虚役人功，卒逢践暴。屯田疏远者，请皆废省。但陇右之民，以畜牧为事，若更屯聚，弥不获安。只可严谨斥候，岂容集人聚畜？请要路之所，加其防守。但使镇戍连接，烽候相望，民虽散居，必谓无虑。高祖从之。"营田积谷，实为进取之基，然散野之民，卒逢践暴，殆为势所必不能免。虽有堡坞，亦不易守。从来偏安之世，北方之不易复，淮南北之彫敝实为之。其所由然，实以邻敌，不易谋生聚也。若画其地为内外二重，内事田种，外营牧畜，则我之长技，皆与彼同，而生聚之谋易立矣。此从来用长淮者未之及。然予深信其计之可用，抑岂徒南北分争之世，用诸长淮，国境与敌邻接而畏其蹂躏者，皆可以此为外卫也。

　　魏戎马之由来,《魏书·太宗纪》:永兴五年正月,"诏诸州六十户出戎马一匹。"泰常六年二月,"调民二十户输戎马一匹,大牛一头。三月,制六部民羊满百口输戎马一匹。"此诸诏令,虽遍及其境内,然能出戎马者,必以北边之地为多。《尔朱荣传》言其"家世豪擅,财货丰赢。牛羊驼马,色别为群,谷量而已。"荣父新兴,太和中继为酋长。"朝廷每有征讨,辄献私马,兼备资粮,助裨军用。"及荣正光中,"四方兵起,遂散畜牧,招合义勇,给其衣马"焉。尔朱氏之所以兴,正拓跋氏之所以兴也。《铁弗传》言卫辰之亡,魏获其马牛羊四百余万头。铁弗氏之久与拓跋为强对,亦以是也。

　　《通鉴》:晋孝武帝太元十六年,拓跋珪追柔然,诸将请还,珪问:"若杀副马为三日食,足乎?"胡三省《注》曰:"凡北人用骑,兵各乘一马,又有一马为副马。"宋文帝元嘉六年,"魏主至漠南,舍辎重,帅轻骑兼马袭击柔然。"《注》曰:"兼马者,每一骑兼有副马也。"副马之制,蒙古犹然。故胡氏言凡北人以通今古,非专指鲜卑言也。《尔朱荣传》:"葛荣将向京师,众号百万,荣启求讨之。九月,乃率精骑七千,马皆有副,倍道兼行,东出滏口。"荣之破葛荣,克以寡制众,驰逐之利,亦有助焉。

　　《皮豹子传》:豹子为仇池镇将。兴安二年,表曰:"臣所领之众,本自不多,惟仰民兵,专恃防固。其统万、安定二镇之众,从戎以来,经三四岁,长安之兵,役过期月,未有代期,衣粮俱尽,形颜枯槁,窘切恋家,逃亡不已,既临寇难,不任攻战。士民奸通,知臣兵弱,南引文德,共为唇齿。计文德去年八月,与义隆梁州刺史刘秀之同征长安,闻台遣大军,势援云集,长安地平,用马为便,畏国骑军,不敢北出。"以魏人当时兵势之弱,而宋犹畏之,此骑步不敌之明证也。《宋书·刘敬宣传》:"孙恩为乱,东土骚扰,牢之自表东讨,军次虎眺,贼皆死战。敬宣请以骑傍南山趣其后。吴贼畏马,又惧首尾受敌,遂大败。"亦南人不习骑战之征。

兵车自秦、汉以来,非遂不用也。然特以防冲突,供载运,不恃以逐利矣。《史记·陈涉世家》言:涉起蕲,"行收兵,至陈,车六七百乘,骑千余,卒数万人。"又云:周文西击秦,"行收兵,至关,车千乘,卒数十万。"似其时行军,用车仍不为少。然卫青与匈奴遇,令武刚车自环为营,李陵之击匈奴,"至浚稽山,与单于相直。军居两山间,以大车为营,且战且引南行,数日抵山谷中,连战,士卒中矢伤,三创者载辇,两创者将车,一创者持兵战。陵曰:吾士气少衰而鼓不起者,何也? 军中岂有女子乎? 始军出时,关东群盗妻子徙边者,随军为卒妻妇,大匿车中。陵搜得,皆剑斩之。"《汉书》本传。及管敢亡降匈奴,教单于遮道急攻陵,陵乃弃车去,士徒斩车辐而持之。史言骠骑将军车重与大将军等;又《赵充国传》言:"义渠安国以骑都尉将骑三千屯备羌,至浩亹,为虏所击,失亡车重兵器甚众。"皆车以防冲突供运载之证。《后汉书·南匈奴传》言:光武"造战车,可驾数牛,上作楼橹,置于塞上,以拒匈奴",亦用以拒守,非以之攻战也。言秦、汉兵制者,多以车骑为骑兵,材官为步兵,楼船为水兵,其实不然。《汉书·刑法志》云:"天下既定,蹑秦而置材官于郡国,京师有南北军之屯。至武帝平百越,内增七校,外有楼船,皆岁时讲肄修武备云。"言材官不言车骑。《鼂错传》:"材官驺发。"《注》引臣瓒曰:"材官,骑射之官也。"则材官与车骑是一。《惠帝纪》:七年,"发车骑材官诣荥阳。"师古曰:"车,常拟军兴者,若近代之戍车也;骑,常所养马,并其人使行充骑,若今武马及所养者主也。"则车与骑又有别。车盖即所谓车士,《冯唐传》:唐"拜为车骑都尉,主中尉及郡国车士"是也。骑士之名,则诸书习见,不待征引矣。《高帝纪》二年《注》引《汉仪注》曰:"民年二十三为正,一岁为卫士,一岁为材官骑士,习射御骑驰战陈。"又曰:"年五十六,衰老,乃得免为庶民,就田里。"习射御者习为车兵,习骑驰者习为骑兵,习战陈者习为步兵。即材官,不言车士者,骑之为用尤要,故以骑士该之。抑步兵或不闲车骑之术,车骑则不可不闲步兵之技;故材官为兵之大名,言材官又可以统车骑也。灌婴、傅宽、靳歙等皆以骑将立功,而其传中有车司马、候骑、将骑、千人将、骑长等名,知将吏之间,所职亦自有别。《张敞传》言其"以正违忤大将军霍光,而使主兵车",则主车之职,固下于主骑矣。战车虽可以防冲突,然必以骑兵为之翼卫,而其势乃张。何承天撰《安边论》,其第三策曰:"纂耦车牛,以饰戎械。计千家之资,不下五百耦牛,为车五百两,其第二策言浚复城隍,以一城千室计。参合钩连,以卫其众。设使城不可固,平行趋险,贼所不能干。"《宋书》本传。此徒为自免计而已。檀道济之救青州,刁雍策之曰:"贼畏官军突骑,以锁连车为函陈。大岘已南,处处狭隘,不得方轨。雍求将义兵五千,要险破之。"《魏书·刁雍传》。此徒用车不能制胜之证。宋武帝伐南燕,分车四千两为二翼,方轨徐行,而以骑为游军,则声势较壮而敌弗能拒。拓跋焘之寇彭城,沈庆之议以车营为函箱,陈精兵为外翼,奉二王走历城。说虽未行,然庆之画策素谨慎,其为是议,必度其可以自达也。吕梁之役,萧摩诃劝吴明彻"率步卒乘马矗徐行,摩诃领铁骑数千,驱驰前后,必当使公安达京邑",犹此意矣。宋武之伐后秦,魏使数千骑缘河随大军进止。帝使丁旿率七百人及车百乘于河北岸上,而使朱超石继之,卒大破虏。兵车之建功,至于是而止矣。然其用,亦仍在拒守自固也。

《宋书·蒯恩传》:"高祖征孙恩,县差为征民,充乙士,使伐马刍。恩常负大束,兼倍余人,每舍刍于地,叹曰:大丈夫弯弓三石,奈何充马士!高祖闻之,即给器杖。恩大喜。"此马士则徒主刍牧而已,并不与战斗,故并器杖而无之也。

# 〔三七〕铁　面

《唐书·吐蕃传》:"其铠胄精良,衣之周身,窍两目,劲弓利刃,不能甚伤。"《宋史·西夏传》述其制亦如是,盖即受诸吐蕃者也。人之最不可伤者为面,胄虽深,亦不能尽蔽之。此吐蕃所制之所以为良。《晋书·朱伺传》:"夏口之战,伺用铁面自卫。"盖所以补胄之不足。《宋书·殷孝祖传》:太宗初即位,"遣向虎槛,拒对南贼。御杖先有诸葛亮筩袖铠帽,二十五石弩射之不能入,上悉以赐孝祖。"兼护手面,盖亦铠胄之良者矣。

# 〔三八〕胡　考

匈奴为东方人种，昔之人无异辞也，夏穗卿撰《古代史》，始据《晋书·石季龙载记》，冉闵之诛胡羯，高鼻多须滥死者半，而疑其形貌有类西方人，然未能言其故也。其后王静安撰《西胡考》、《西胡续考》，博征故籍，断言：先汉之世，匈奴、西域，业已兼被胡称；后汉以降，匈奴寝微，西域遂专胡号；其见卓矣。顾又引冉闵诛胡羯，暨《季龙载记》崔约狎孙珍事，谓羯为匈奴别部，而其形貌为高鼻多须，则匈奴形貌可想。盖匈奴之亡，鲜卑起而代之，自是迄于蠕蠕，主北垂者皆鲜卑同族。后魏之末，高车代兴，亦与匈奴异种。独西域人形貌与匈奴相似，故匈奴失国，遂专胡名，则非也。今请得而辩之。

胡之名，初本专指匈奴，后乃扯为北族通称，更后，则凡深目高鼻多须，形貌与东方人异者，举以是称焉。其初扯以称北族也，以其形貌相同，不可无以为别，故以方位冠之。乌丸、鲜卑之先，称为东胡是也。其后循是例，施诸西北，则曰西胡，曰西域胡。其但曰胡者，略称也。陈汤之诛郅支，纪云发西域胡兵，传但称胡兵。居地可以屡迁，俗尚亦易融合，惟形貌之异，卒不可泯，故匈奴、乌丸、鲜卑等，入中国后，胡名遂隐，惟西域人则始终蒙是称焉。浸假凡貌类西域人者，皆以是称之，而胡之名，遂自方位之殊，易为种族之别矣。然则胡为匈奴本名，后转移于西域者，正以匈奴形貌与中国同，西域则殊异故。乃转以西域形貌之异，而疑匈奴形貌本不与中国同，则慎矣。近人何君震亚、卫君聚贤撰《匈奴与匈牙利考》，谓匈奴肤色本白，高鼻多须，其后鼻低额阔，头员肤黄，由与汉族相杂，亦亿度而未得其实。匈奴之入居中国者，固可因昏姻相通，变其形貌，其西迁者，则与中国人昏媾甚鲜；即有一二骰杂，断不能遽变其形貌也。《吕纂载记》："纂尝与鸠摩罗什棋。杀罗什子，曰斫胡奴头。"盖时俗以胡形相诟病，故以此相斮，此石宣所以一怒而诛崔约。然必羯貌本不同胡，乃有是怒，否则讳之不可得，转不以为忌矣。《三国·吴志·士燮传》，谓燮出入，胡人夹毂焚香者数十，此胡人必天竺之流。《南史·邓琬传》，谓刘胡本以面坳黑似胡，故名坳胡，可证南人而亦称为胡。可见胡名主于形貌，与方位无关矣。然自后汉至唐，胡固犹西方人种与匈奴之公称也；昔人但知匈奴称胡，王氏又谓后汉以降，胡名为西域所专，两失之矣。

王氏《西胡考》曰："魏晋以来，凡草木之名冠以胡字者，其实皆西域物也。"其说是也，顾犹不止此。西域诸国，文明程度本高，故其器物之流传中国者亦伙，北族则无是也。《续汉书·五行志》曰："灵帝好胡服、胡帐、胡床、胡坐、胡饭、胡箜篌、胡笛、胡舞，京都贵戚，皆竞为之。此服妖也。其后董卓多拥胡兵，填塞街衢，虏掠宫掖，发掘园陵。"灵帝所好诸物，来自西域，不言可喻。董卓所拥兵，其中容有西域胡，然必不能皆是。《三国·蜀志》：延熙十年，凉州胡王白虎文等率众降，姜维迎逆安抚，居之于繁县。白为西域姓，然白虎文所率，亦必不能尽为西域人也。

《晋书·匈奴传》，谓其入居塞内者十九种，而屠各最豪贵，故得为单于，统领诸种。屠各事迹，见于史者颇多，盖其部落本大也。然颇与羌及汉人杂。《石勒载记》：勒讨靳准，准使卜泰送乘舆服御请和。勒送泰于刘曜。曜潜与泰结盟，使还平阳，宣慰诸屠各。《苻坚

载记》：屠各张罔聚众数千，自称大单于，寇掠郡县。坚使邓羌讨平
之。《苻登载记》：登僭位后，屠各董成、张龙世等应之。姚苌死，登
尽众而东，攻克屠各姚奴、帛蒲二堡。《姚苌载记》：僭位后如秦州，
与苻坚刺史王统相持。天水屠各、略阳羌胡应苌者二万余户。统
惧，乃降。《秃发傉檀载记》：与赫连勃勃战阳武，为所败。虑东西
寇至，徙三百里内百姓，入于姑臧，国中骇怨。屠各成七儿，率其属
三百人，叛傉檀于北城，推梁贵为盟主。此中惟卜氏为匈奴四姓之
一，余皆汉姓，盖二族相殽久矣。《宋书·傅弘之传》，高祖北伐，弘
之与沈田子等自武关入，进据蓝田，招怀戎、晋。晋人庞斌之、胡人
康横等，各率部落归化。弘之素善骑乘，高祖至长安，弘之于姚泓驰
道内，缓服戏马，或驰或骤，往反二十里中，甚有姿制。羌胡观者数
千人，并惊惋叹息。《柳元景传》云：庞法起据潼关，关中义徒，处处
蜂起。四山羌胡，咸皆请奋。此与《姚苌载记》之羌胡同，皆羌与匈
奴部落；康虽西域姓，特为之首领而已，未必其部落中多有深目高
鼻之徒。何也？此等羌胡多山居，西胡则未必入山也。见后。

　　匈奴部落遁居山中者曰稽胡，亦曰山胡，《周书》有传，云："刘元
海五部之苗裔也。或曰山戎、赤狄之后。"二说以前为是。若如后
说，两汉史籍，不得一言不及也。《周书》所记者：刘蠡升、见后。刘
平伏、见《周书·文帝纪》魏大统七年。亦见于谨、豆卢宁、库狄昌、梁椿、梁
台、侯莫陈崇诸传。郝阿保、与刘桑德并见《豆卢宁传》。郝狼皮、刘桑德、
郝三郎、白郁久、乔是罗、乔三勿用、乔白郎、乔素勿用、刘没铎、见《周
武帝纪》建德六年。亦见齐炀王宪、赵王招、谯孝王俭、滕开王友、李迁哲、刘雄
各传。刘受罗干、见《周书·宣帝纪》宣政元年，及《越野王盛》、《宇文神举》、
《宇文孝伯传》。○《隋书·王谊传》云：汾州稽胡叛，越王、谯王虽为总管，并受
谊节度。然实远不止此，今请得而备征之。《魏书》：太祖登国六年，
山胡酋大幡颓、业易于等降附。天兴元年，离石胡帅呼延铁、西河胡

帅张崇等叛,使庾岳讨平之。亦见《岳传》。廲城屠各董羌、杏城卢水
郝奴各率其众内附。二年,西河胡帅护诺于内附。太宗永兴二年,
诏将军周观率众诣西河离石镇抚山胡。亦见《观传》。三年,诏安同等
持节循行并、定二州及诸山居杂胡、丁零,问其疾苦。亦见《同传》。是
岁,西河胡张贤等率营部内附。五年,赦天下。西河张外、建兴王
绍,自以所犯罪重,不敢解散。遣元屈镇并州,刘洁、魏勤等镇西河。
濩泽刘逸自号征东将军、三巴王,王绍为署置官属,攻逼建兴郡。屈
等讨平之。河西胡曹龙、张大头等入蒲子,逼胁张外。外推龙为大
单于。龙降魏,执送张外,斩之。是岁,吐京叛胡招引赫连屈丐。元
屈督刘洁、魏勤讨之。兵败,勤死,洁被执,送屈丐。屈,文安公泥子,
见《神元平文诸子孙传》,又见《刘洁》及《公孙表传》。神瑞元年,并州刺史
楼伏连诱西河胡曹成、吐京胡刘初原,攻杀屈子所置吐京护军,并禽
叛胡阿度支等。亦见《伏连传》。屠各帅张文兴等率流民七千余家,河
西胡酋刘遮、刘退孤等率部落万余家,渡河内属。二年,河西胡刘云
率数万户内附。河西饥胡屯聚上党,推白亚栗斯为盟主,自号单于,
建元建平,命公孙表等五将讨之。众废栗斯而立刘虎,号率善王。
表兵败,用崔玄伯计,使叔孙建摄表军讨平之。时泰常元年矣。亦见
《天象志》、《灵征志》、公孙表、崔玄伯、叔孙建、邱惟诸传。三年,河东胡、蜀
五千余家相率内属。五年,河西屠各帅黄大虎遣使内附。世祖始光
四年,西讨赫连昌,济君子津。三城胡酋鹊子相率内附。神廲元年,
并州胡酋卜田谋反伏诛,余众不安。诏王倍斤镇虑虒抚慰之。王建
子。见《建传》。上郡休屠胡酋金崖率部、屠各隗诘归率万余家内属。
延和二年,崖与安定镇将延普、泾州刺史狄子玉子玉系羌,见《陆俟传》。
构隙,攻普,不克,退往胡空谷,驱掠平民,据险自固。转陆俟为安定
镇将,追讨崖等,皆获之。亦见《俟传》。陇西休屠王弘祖率众内属。
金崖既死,部人立其从弟当川。三年,常山王素讨获之,斩于长安以

徇。是岁，命诸军讨山胡白龙于西河，克之，斩白龙及其将帅，屠其城。亦见《娥清奚眷传》。大破其余党于五原。太延三年，讨其余党于西河，灭之。世祖攻白龙，以轻出为所窘，赖陈建以免。见《建传》。又《宋书·薛安都传》：索虏使助秦州刺史北贺汨击反胡白龙子，灭之。太平真君六年，二月，西至吐京，讨徙叛胡，出配郡县。三月，酒泉公郝温反于杏城，杀守将王幡。县吏盖鲜率宗族讨温，温弃城走，自杀。九月，卢水胡盖吴复反于杏城。遣其部落帅白广平西掠新平、安定，分兵略临晋、长安。河东蜀薛永宗永宗，汾阴人，见《裴骏传》。又案汾阴薛氏，为蜀中大姓，见《薛辩传》。当时胡、蜀关系甚密。入汾曲，受其位号。魏兵屡败，世祖亲征经年，仅乃克之。吴未平时，金城边冏、天水梁会反，据上邽东城。休官屠各及诸杂户二万余人，为之形援。秦州刺史封敕文击斩冏。众复推会为帅。安定屠各路那罗亦与之合。安丰公闾根与敕文并讨，会走汉中。盖吴之亡，并禽路那罗，而略阳王元达，复因梁会之反，聚众攻城，招引休官、屠各，推天水休官王宦兴为秦地王。复为敕文所破。以上兼据《敕文传》。八年，吐京胡阻险为盗，武昌王提、淮南王他讨之，不下。山胡曹仆浑等渡河西，保山以自固，招引朔方诸胡。提等引军讨仆浑。高凉王那自安定讨平朔方胡，与提等共攻仆浑，斩之。亦见《神元平文诸子孙》及《道武七王传》。高宗兴安元年，陇西屠各王景文叛。诏统万镇将、南阳王惠寿讨平之。亦见《于栗䃅传》。和平元年，遣乐安王良、皮豹子两道讨河西叛胡。高祖太和二十年，右将军元隆大破汾州叛胡。二十一年，南巡，次离石。叛胡归罪，宥之。世宗永平四年，汾州刘龙驹反，薛和讨破之。亦见《辛绍光传》，云胡贼，又云作逆华州。肃宗正光五年，汾州山胡薛羽等为寇，正平、平阳二郡，尤被其害。裴良为西北道行台，被围于汾州。裴延儁、章武王融等讨之。延儁以疾还，融等与五城郡山胡冯宜都、贺悦回成等战，败绩。宜都等乘胜围城。良出战，于陈斩回成，复诱诸胡斩送宜都首。然刘蠡升众复振，良卒与城人奔西河。见《融》及《延儁传》。孝昌元年，蠡升遂自称天子。二年，绛蜀陈双炽亦自号建始王。遣长孙稚讨平之。其群胡北连蠡升，南通绛蜀者，裴庆孙自轵关入讨，至阳胡城，于其地立邵郡。见《延儁传》。而蠡升居云阳谷，西土岁被其患，谓之胡荒。至孝静帝天平二年，北齐神武帝乃讨平之。亦见《北齐书·神武纪》。又《崔挺传》：从父弟元珍，正光末，山胡作逆，除平阳太守，频破胡贼，郡内以安。其明年，汾州胡王迢触、曹貳龙反。立百官，建年号。神武复讨平之。此条见《北齐书·神武纪》及《皮景和传》。武定二年，神武复与文襄讨山胡，俘获万余户，分配诸州。此条见《魏书·孝静帝纪》。石楼之险，自魏世不能至，北齐文宣帝天保四年，山胡围离石，帝讨之，未至，胡已逃窜。亦见《薛循义传》。明年，乃与斛律金、常山王演犄角，攻破石楼。以上皆见本纪。其见列传者：则魏世有秦州屠各王法智，推州主簿吕苟儿为主，建年号，置百官，攻逼州郡。泾州屠各陈瞻亦聚众反。以济阴王之子丽为秦州刺史，率杨椿讨平之。见《景穆十二王》及《杨播传》。高祖初，吐京胡反，自号辛支王。南安惠王第二子彬行汾州事，讨平之，因除汾州刺史。胡民去居等六百余人谋反，又率州兵讨破之。本传及《奚康生传》。山胡刘什婆寇掠郡县，穆崇玄孙罴为吐京镇将，讨灭之。本传。陆真为长安镇将，胡贼帅贺略孙叛于石楼，真击破之。泰常初，郡县斩叛胡翟猛雀于林虑山，遗种窜行唐、襄国，周几追讨，尽诛之。上邽休官吕丰、屠各王飞廉等八千余家据险为逆，吕罗汉讨禽之。以上皆见本传。此外《魏书》来大千、尉拨、封轨、《封懿传》。李洪之、王椿、《王叡传》。《北齐书》皮景和、鲜于世荣、綦连猛、元景安、《周书》李檦、《李弼传》。达奚武、杨忠、韩果、辛威、宇文深、《宇文测传》。窦炽、韦孝宽、杨檦、王子直、《北史》魏城阳王徽、韩均、《韩茂传》。房豹、《房法寿传》。房谟、《隋书》虞庆则、宇文庆、侯莫陈颖、慕容三藏诸传，亦咸有征抚山胡之事。诸胡中惟刘、卜、盖、《魏书·官氏志》：盖楼氏，后改为盖氏。呼延、贺悦为北族姓，白为西域姓，白亚栗斯究复姓，抑但姓白，颇难定。史虽称为栗斯，然昔时于外国人名，固恒截取其末两字为称也。余皆汉姓矣。迹其所为，则据山险，《魏书·景穆十二王传》：安定靖王次子燮，世宗初，除华州刺史，表言"州治李润堡，胡夷内附，遂为戎落。居冈饮涧，井谷秽杂，升降劬劳，往还数里。"《北齐书·皮景和传》：征步落稽，将五六骑深入一谷中，值贼百余人，便共格战。《周书·韩果传》：从大军破稽胡于北山，"胡地险阻，人迹罕至，果进兵穷讨，散其种落。稽胡惮果劲健，号为著翅人。"均可见其所居之深阻。事劫掠，《北史·城阳王长寿传》：孙徽，明帝时为并州刺史。汾州山胡旧多劫掠，自徽为郡，群胡自相戒，勿得侵扰。《韩茂传》：子均，除广阿镇大将。赵郡屠各、西山丁零聚党山泽，以劫害为业，均皆诱慰追捕，远近震局。《周书·韦孝宽传》：移镇玉壁，兼摄南汾州事。先是山胡负险，屡为劫盗，孝宽示以威信，州境肃然。汾州之北，离石之南，悉是生胡，钞掠居人，阻断河路。孝宽深患之。而地入于齐，无方诛翦。孝宽当其要处，置一大城，遣开府姚岳监筑之。《隋书·郭荣传》：宇文护以稽胡数为寇，使绥集之。荣于上郡、延安筑五城，以遏其要路，稽胡由是不能为寇。漏籍而不供租税，《魏书·景穆十二王传》：京兆王子推子遥，肃宗初，迁冀州刺史。以诸胡先无籍贯，奸良莫辨，悉令造籍。又以诸胡设籍，欲税之以充军用。胡人不愿，乃共构遥。《周几传》：白涧、行唐民数千家，负险不供租税，几与长孙道生宣示祸福，逃民遂还。征讨俘获，动至千万。其最多者，曹仆浑之平，赴险死者以万数。刘虎之败，斩首万余级，余众奔走，投沁而死，水为不流，虏其男女十余万口。刘蠡升之亡，《魏书》云获逋逃二万余户，《北史》云胡、魏五万户，则逋逃与胡人数略相等也。文宣之破石楼，斩首数万级，获杂畜十余万。招以仁政，亦有不待兵而服者。《魏书·穆崇传》：玄孙黑。改吐京镇为汾州，以黑为刺史。前吐京太守刘升，居郡甚有威惠，限满还都，胡民八百人诣黑请之。黑为表请，高祖从焉。《尉拨传》：出为杏城镇将，在任九年，大收民和，山民一千余家，上郡屠各、卢水胡八百余落，尽附为民。《王叡传》：子椿，孝昌中尒朱荣表慰劳汾胡。汾胡与椿比州，服其声望，所在降下。《周书·杨檦传》：稽胡恃险不宾，屡行钞窃，檦往慰抚。檦颇有权略，能得边情，诱化酋渠，多来款附，乃有随檦入朝者。《隋书·虞庆则传》：越王盛讨平稽胡，将班师。高颎与盛谋，须文武干略者镇遏之。表请庆则，于是拜石州总管，甚有威惠，稽胡慕义归者八千余户。○当时山民，实多苦赋役逃死者，然上之人遇之殊酷，征讨斩杀无论矣，即平时亦然。《魏书·李彪传》，谓彪慰喻汾胡，得其凶渠，皆鞭面杀之，其一事也。哀哀生民，复何所逃死邪？○齐文宣之平石楼，《北史》云男子十二以上皆斩，女子及幼弱以赏军士，其酷如此。或谓积重之势，不得不然，然《魏书·李洪之传》云：河西羌胡反，显祖亲征，诏洪之为河西都将讨山胡。皆保险拒战。洪之开以大信，听其复业，胡人遂降。则拒战者亦不过求免死耳，初不必妄肆杀戮，而后可服也。**且其人本亦服征役**，《魏书·尉元传》：上表言彭城戍兵多是胡人，欲换取南豫州徙民之兵，又以中州鲜卑增其兵数。《刘洁传》：与建宁王崇于三城胡部中简兵六千，将以戍姑臧。胡不从命，千余人叛走。洁与崇击诛之，虏其男女数千人。《周书·韦孝宽传》：陈平齐之策，欲使北山稽胡绝汾晋之路。建德五年，赵王招自华谷攻汾州，果发稽胡，与大军犄角。《隋书·豆卢勣传》：子毓，为汉王谅主簿。谅反，毓闭城拒之，遣稽胡守堞。皆稽胡从戍事之证。《隋书·高祖纪》：开皇元年四月，发稽胡修筑长城，二旬而罢。是役也，胡亡者千余人，命韦冲绥怀，月余，并赴长城，见《韦世康传》。又唐隐太子刘仚成，扬言增置州县，须有城邑，悉课群胡执版筑，而阴勒兵执杀之。新旧《唐书》本传皆同。皆稽胡服力役之证也。**输军资**，《周书·杨忠传》：保定四年，大军东伐，晋公护出洛阳，命忠出沃野以应突厥。时军粮少，诸将忧之，而计无所出。忠曰：当权以济事耳。乃招稽胡诸首领，咸令在坐，使王杰盛军容鸣鼓而至。忠阳怪而问之，杰曰：大冢宰已平洛阳，天子闻银、夏之间，生胡扰动，使杰就公讨之。又令突厥使者驰至告曰：可汗更入并州，留兵马十余万在长城下，故遣问公，若有稽胡不服，欲来共公破之。坐者皆惧，忠慰喻而遣之，于是诸胡相率归命，馈输填积。是胡人亦能供军也。齐文宣九锡之命曰："胡人别种，延蔓山谷，酋渠万族，广袤千里，冯险不恭，恣其桀黠，有乐淳风，相携叩款，粟帛之调，王府充积。"虽有溢美之辞，必非尽子虚矣。

得之则可配郡县，太平真君六年、武定二年之役见前。又呼延铁、张崇之叛，史言由于不乐内徙。讨白龙余党时，诏山胡为白龙所逼及归降者，听为平民。王景文之平，徙其党三千余家于赵、魏。纯与三国时之山越、南北朝时之群蛮同。知杂居其间者，实以汉人为多。又其人与蜀甚亲，蜀即賨，亦久与汉人相杂。其举事者或称单于，或称天子，非袭匈奴旧名，即用汉族尊号，亦可见其与西域无干。山胡与索虏相抗者甚多，惟盖吴为有雄略。其将白广平，实可疑为西域种。又吴之死，《魏书·陆俟传》云其为二叔所杀，《宋书·索虏传》则云屠各反叛，吴自讨之，为流矢所中死，疑《宋书》之言为实。二叔盖会逢其适，借以要功耳。然则吴本客族，故屠各叛之邪？非也。内相乖携，何国蔑有？观吴上宋室表，堂堂之陈，正正之旗，声讨索虏，辞严义正，俨然以神明之胄自居。盖北族久居中原，深渐汉化者。白固非必胡姓，即谓为胡姓，亦为吴效奔走者耳，不得以此，并疑吴为西胡也。《隋书·侯莫陈颍传》：周武帝时，从滕王迫击龙泉文城叛胡，与柱国豆卢勣分路而进。先是稽胡叛乱，辄略边人为奴婢；至是，诏胡有压匿良人者诛，籍没其妻子。有人言为胡村所隐匿者，勣将诛之，以颍言而止。则知汉人除逋逃入胡者外，又有为其所略者。胡中汉人之多可知。虽以故为夷落，仍称为胡，实则十之八九，未尝非神明之胄也。十九种盖以微矣，而况于深目高鼻之徒欤？

隋有天下后，胡患颇息，然及大业十年，复有刘苗王之叛。见《隋书·本纪》。其子季真、六儿继之，至唐初始平。见《新唐书·本纪》武德二、三年。新旧《唐书》有《季真传》。又见《北史·隋宗室诸王·离石太守子崇》，《唐书·宗室·襄武王琛传》。唐兵之起也，稽胡五万略宜春，窦轨讨破之。《旧唐书·窦威传》。其时又有刘迦论者据雕阴，稽胡刘鹞子，与相影响。《旧唐书·屈突通传》。至太宗进取泾阳，乃击破之。《新唐书·本纪》。马三宝从平京师，亦别击破叛胡刘拔真于北山，《新唐书》本传。稽胡大帅刘𠵸成部落数万,为边害,隐太子讨之,破之鄜州,诈诛六千余人。事在武德三、四年。见《新唐书·本纪》。𠵸成降师都,师都信谗杀之。其下乃多叛,来降。新旧《唐书·师都传》。高宗永淳二年,绥州城平县人白铁余率部落稽以叛。此据《旧唐书·程务挺传》。《新唐书》则云:绥州部落稽白铁余据平城叛。程务挺讨禽之。至中叶后,仆固怀恩上书自陈,尚有鄜坊稽胡草扰之语。《旧唐书》本传。又据《旧唐书·吐蕃传》:大历九年四月,以吐蕃侵扰,豫为边备,降敕,令郭子仪以上郡、北地、四塞、五原、义渠、稽胡、鲜卑杂种步马五万,严会枸邑。则至安史乱后,其部落犹有存者。其同化亦可谓难矣。然此特其种姓可稽,其俗尚当无以异于华人也。

匈奴人入中原者,其境遇可分三等:上焉者,颇渐染中原之文教,如刘元海、刘聪、刘曜、刘宣、卜珝之徒是也。卜珝见《晋书·艺术传》,元海等均见《载记》。虽或有溢美之词,亦必不能尽诬也。又有离石胡人刘萨阿,出家名慧达,见《梁书·诸夷传》。次之者则从戎事,冉闵所诛及魏时戍彭城者,盖即其伦。魏太武与臧质书曰:"吾今所遣斗兵,尽非我国人,城东北是丁零与胡,南是三秦氐羌。设使丁零死者,正可减常山赵郡贼;胡死,减并州贼;氐羌死,减关中贼。卿若杀丁零与胡,无不利。"《宋书·质传》。知冉闵屠戮后,其众之在行间者尚多也。然其从事田作者实尤多。此等能汉语者,盖多已与汉人无别,其不能者,则入山而为山胡矣。《周书·稽胡传》曰:"其丈夫衣服及死亡殡葬,与中夏略同。其渠帅颇识文字,然语类夷狄,因译乃通。"

《晋书·北狄传》云:"呼韩邪单于失其国,携率部落,入臣于汉,汉嘉其意,割并州北界以安之。于是匈奴五千余落,入居朔方诸郡,与汉人杂处。其部落随所居郡县,使宰牧之,与编户大同,而不输贡赋。"此特招怀宽典,不责之以输将,非其人不习农事也。其众既至千万落,沿边虽云土满,不得尽为牧场,非力耕何以自存乎?《传》又云："武帝践阼后，塞外匈奴大水，塞泥、黑难等二万余落归化，帝复纳之，使居河西故宜阳城下，复与晋人杂居。"《石勒载记》言其"年十四，随邑人行贩洛阳"，又言"邬人郭敬、阳曲宁驱，并加资赡。勒亦感其恩，为之力耕。又言勒与李阳邻居，岁尝争麻地，互相殴击。太安中，并州饥乱，勒与诸小胡亡散，乃自雁门还依宁驱。北泽都尉刘监欲缚卖之，驱匿之获免。勒于是潜诣纳降都尉李川。路逢郭敬，谓敬曰：今日大饿，不可守穷。诸明饥甚，宜诱将冀州就谷，因执卖之，可以两济。敬深然之。会建威将军阎粹说并州刺史东嬴公腾，执诸胡于山东卖充军实。勒亦在其中，卖与茌平人师欢为奴。"《晋书·王恂传》，言太原诸郡，以匈奴人为田客，动有百数，观勒事而知其不诬矣。《苻坚载记》云："匈奴左贤王卫辰遣使降于坚，遂请田内地。坚许之。"《宋书·索虏传》亦云："朔方以西，西至上郡，东西千余里。汉世徙谪民居之。土地良沃。苻坚时，卫臣入塞寄田，春来秋去。坚云中护军贾雍掠其田者，获生口马牛羊，坚悉以还之，卫臣感恩，遂称臣入居塞内。"知匈奴之居缘边者，亦皆能勤事耕牧，况于内地？当风尘澒洞之日，不避之山深林密之地而安归哉？冉闵所诛，《载记》不言其数。《晋书·天文志》：月奄犯五纬下云"十万余人"，月五星犯列舍妖星客星下云"十余万人"。<sub>疑亦当作十万余。</sub>《宋书·天文志》同。《韦谀传》言闵"以降胡一千处麾下"，又载谀谏闵之辞，则云"降胡数千"。降者之数如此，不降者度亦不过倍蓰。邺中之数如此，益以四方屯戍，辜较不过十万。二志所云，当非虚语。此于匈奴之众，盖不过十一耳，宜其从征戍者犹多，入山林者逾众也。夫争名者必于朝，争利者必于市，未有退居田野者也。西胡之入中国，大抵以朝贡或行贾，其文明程度素高，未必甘为胼手胝足之事，故山胡虽种落繁炽，绝不闻其中有深目高鼻之徒。白广平等庸或西域种，不过平时为之大长，战时为之支将而已矣。此犹太伯之居吴，无余之处越，以君之资章甫,而谓其民悉袭冠裳,可乎? 冉闵之诛胡羯,高鼻多须,滥死者半,则以杀机既动,见异类即诛锄之,而不暇别择耳。正惟胡羯非高鼻多须,故高鼻多须之死为滥,安得以此转疑胡羯之貌为高鼻多须乎?

《北齐书·杨愔传》云:"太保、平原王隆之与愔邻宅。愔尝见其门外有富胡数人,谓左右曰:我门前幸无此物。"《北史·柳虬传》,谓雍州有胡家被劫,广陵王欣家奴与焉。必其家故富厚,乃为盗贼所觊觎,此盖皆贾胡之流。又《元谐传》:谐与王谊往来,胡僧告其谋反。此胡僧必与朝士相交通,故能诬陷勋旧也。《齐幼主本纪》云:幼主时,"诸宫奴婢、阉人、商人、胡户、杂户、歌舞人、见鬼人,滥得富贵者,将以万数。"而《恩幸传》云:"史丑多之徒胡小儿等数十,眼鼻深险,一无可用。"眼鼻深险,即深目高鼻之谓。史为昭武九姓之国,当时西胡,固多以国名为姓也。此皆南北朝之世西胡事迹可征者,与匈奴、羯固迥不侔矣。

《宋书·天文志》:咸和六年,正月,"胡贼杀掠娄、武进二县民。于是遣戍中州。明年,胡贼又略南沙、海虞民。"此胡贼当是航海来之贾胡。《恩幸传》有于天宝,其先胡人,亦当是西胡,惟不知其何时来,航海抑遵陆耳。《州郡志》:"华山太守胡人流寓,孝武大明元年立。"此则稽胡之类,来自并、雍者也。故知以一"胡"字通称西北二族,当时南北皆然。

《晋书·石勒载记》云:"其先匈奴别部羌渠之胄。祖邪奕于,父周曷朱,一字乞翼加,并为部落小率。"《魏书·羯胡传》无"羌渠之胄"四字,而多"分散居于上党武乡羯室,因号羯胡"十四字。羌渠二字,可有二解;匈奴单于之名,一也。《晋书·北狄传》,述匈奴入居塞内者十九种,中有羌渠,二也。外夷有名不讳,或即以先世之名为种号,则二名仍系一实矣。然窃疑非也。羌渠卒于中平五年。石勒卒于咸和七年,年六十,当生于泰始九年。上距中平五年八十五岁。勒果羌渠之胄,非其曾孙,即其玄孙,安得不详其世数,泛言胄裔乎?匈奴单于入居中国者,於扶罗、呼厨泉,皆羌渠子。刘元海者,於扶罗之孙,而羌渠之曾孙也。勒果亦羌渠后,则于单于为近属,安得父祖已微为小率,勒且为人耕作,随人商贩,至于为人缚卖乎?於扶罗之众留汉者,左部居太原、泫氏,右部居祁,南部居蒲子,北部居新兴,中部居大陵。刘氏皆家居晋阳、汾涧之滨,曷尝有散居武乡者?且勒果先单于后,安得云别部乎?故知此羌渠二字,必非单于之名。抑予并疑其非十九种中之羌渠种。何也?勒之称赵王也,号胡为国人。下令禁国人不得报嫂,及在丧昏取,其烧葬令如本俗。报嫂固匈奴旧俗,在丧昏取,或亦非所禁,烧葬则匈奴不闻有是也,惟氐羌有之。然则羌渠之胄,犹言羌酋之裔耳。《载记》言勒之讨靳准也,据襄陵北原,羌羯降者四万余落。及攻准于平阳,巴帅及羌羯降者十余万落。皆以羌羯连言,其情若甚亲者,岂无因哉?《晋书·张实传》:愍帝将降刘曜,下诏于实曰:“羯胡刘载僭称大号,祸加先帝,肆杀藩王。”实叔父肃,请为先锋击曜。实不许。肃曰:“羯逆滔天,朝廷倾覆。肃晏安方裔,难至不奋,何以为人臣?”径皆称匈奴为羯,则以羯与匈奴,杂居既久耳。其流合,其原未必同也。

《旧唐书·唐休璟传》:“调露中,单于突厥背叛,诱扇奚、契丹侵略州县。后奚、羯胡又与桑乾突厥同反,(营州)都督周道务遣休璟将兵击破之。”则羯种至唐,尚有存于东北者。杜陵《咏怀古迹》诗称安禄山为羯胡,疑亦必有所据也。

西胡诸张于北族之中,盖自柔然时始。前乎此者,匈奴、鲜卑,皆东方种;柔然虽鲜卑别部,所用实多铁勒之众,铁勒固自北海蔓延于两海之间者也。柔然之败而复振也,虽曰乘魏之衰,然其社句可汗名婆罗门,实为胡语。其姊妹三人,皆妻哄哒,又自豆仑以后,与铁勒副伏至罗部争，多在西域之地。副伏至罗与哌哒，亦关系甚深。然则柔然当衰敝之时，实与西域诸国颇密。其蹶而复起，安知不有西域人为之主谋？特史于四裔事多荒略，弗能道耳。至于突厥，则有资于西胡殊显。裴矩言突厥淳陋，易离间，但内多群胡教道之。因以计诛史蜀胡悉。《新唐书》本传。始毕时事。张公谨策突厥可取曰："颉利疏突厥，亲诸胡，胡性反覆，大军临之，内必生变。"《新唐书》本传。是突厥以诸胡强，亦以诸胡亡也。《唐书·突厥传》，言突厥再亡，后或朝贡，皆旧部九姓。九姓者，曰药罗葛、曰胡咄葛、曰啒罗勿、曰貊歌息讫、曰阿勿嘀、曰葛萨、曰斛嗢素、曰药勿葛、曰奚邪勿，见《回纥传》，盖皆铁勒。史言其处碛北，然实近西域。九姓部落，蔓衍甚广。颉利之败于白道也，屯营碛口，遣使请和。诏唐俭往赦之。李靖、李勣相与谋曰：颉利虽败，人众尚多，若走度碛，保于九姓，追则难及。今诏使至，彼必弛备，随后袭之，不战而平贼矣。又陈子昂上疏，言国家能制十姓者，繇九姓强大，臣伏中国。今九姓叛亡，碛北诸姓，已非国有。欲犄角亡叛，惟金山诸蕃，共为形势。《新唐书·突厥传》言默啜讨九姓，战碛北，九姓溃，轻归不设备，为拔野固残卒所杀。此皆以九姓在碛北者也。《新唐书·方镇表》，言河西节度使治凉州，副使治甘州，景云元年置，督察九姓部落。而陈子昂亦言甘州北当九姓，则地接河西矣。薛仁贵之定天山也，九姓有众十余万，令骁健数千人来拒，仁贵并坑杀之。新旧《书》皆言九姓自此遂衰，则天山又其荟萃之区也。盖自伊列河以往，乃十姓地，其东皆九姓也。○《张说传》：王晙诛河曲降虏，并州大同、横野军有九姓同罗、拔曳固等部落，皆怀震惧。说率轻骑二十人，持旌节直诣其部落，宿于帐下，召酋帅慰抚之。九姓感其义，乃安。此九姓，乃开元时内附，散居太原以北，置天兵军领之者。见《张嘉贞传》。《回纥传》：始回纥至中国，常参以九姓胡，往往留京师，居资殖产甚厚。苏定方之征贺鲁也，至怛笃城，有胡降附，定方尽杀之，而取其资财。新旧《唐书》本传同。盖其人皆贾胡之流。回纥居中国者，多以放债为事，盖非回纥，实九姓胡为之也。张光晟言回纥非素强，助之者九胡

尔。《新唐书·回纥传》。是回纥亦以西胡强也。史朝义平后，回纥留其
将安恪、石常庭于河阳，以守护所掠财物。见新旧《唐书·马燧》、《李忠臣传》。
又张光晟杀突董后，回纥使康赤心来。安、石、康皆胡姓，知回纥中西胡多矣。
不特此也，北族丧败之余，往往得西胡而复振。河曲六州，虽屡反
侧，迄无能为，及康待宾用之，则六州皆陷，卒空其地而祸始已。与
待宾俱叛者，曰安慕容，曰何黑奴，曰石神奴，曰康铁头，继待宾而叛
者曰康愿子，皆胡姓也。《张孝忠传》，言禄山使破九姓突厥，新旧《唐
书》同。则九姓蔓衍，已及东方。而贾胡亦即随之而至，《旧唐书·地
理志》言燕、威、慎、玄、崇、夷宾、师、鲜、带、黎、沃、昌、归义、瑞、信、
青山、凛十七州，皆东北蕃降胡散处。皆在幽州、营州境内。其中瑞州
以处突厥、凛州以处降胡，《新唐书》亦以凛州为降胡州。余为靺鞨、奚、
契丹、室韦、海外新罗等。此诸种落，盖皆有交关，而胡人仍操贸迁
之业。故两书《宋庆礼传》，皆言其复立营州，招集贾胡，为立邸肆
也。两书皆言安禄山、史思明通六蕃语，为互市郎，盖亦贾胡中之佼
佼者矣。《旧书》言禄山为柳城杂种胡，本无姓氏。《新唐书》谓其本
姓康。胡未闻无姓氏，《新唐书》之言是也。史思明，《新唐书》言为
突厥种，《旧唐书》谓为突厥杂种胡人。思明貌欐目侧鼻，盖犹类胡，
《旧唐书》之言是也。然则二人非特躬操驵侩之业，其种姓固亦出西
胡矣。王氏引《侯鲭录》，言后唐庄宗像，两眼外皆髭，此即所谓多须
髯者。《五代史·氏叔琮传》，言晋人攻临汾，叔琮选壮士二人，深目
而胡须者，《旧史》作深目虬须，貌如沙陀。牧马襄陵道旁，晋人以为晋
兵。杂行道中，伺其怠，禽晋二人以归。此所谓晋人，实即沙陀。沙
陀之状貌，断可识矣。五代诸臣，出代北者多胡姓，如康福、蔚州人、
世为军校。庄宗尝曰：吾家以羊马为生。福状貌类胡人，而丰厚。胡宜羊马，
乃令福牧马于相州。福善诸戎语，明帝尝召入便殿，访以外事，辄为蕃语以对。
康思立、本山阴诸部人。康义诚、代北三部落人。康延孝、塞北部落人。

安叔千、沙陀三部落人。安重荣、朔州人。安从进、振武索葛部人。李存孝、代州飞狐人，本姓安。存信、本姓张氏。其父君政，回鹘李思忠部人。案存信能四夷语，通六蕃书。子从训，《旧唐书》亦言其善蕃字，通佛理，亦必与西胡关系甚深者也。安审琦、其先沙陀部人。白奉进，云州清塞军人，父曰达子，世居朔野，以弋猎为事。皆是也。然则沙陀虽云突厥，其与西胡相殽，亦云甚矣。《五代史·杂传》，马重绩，其先出于北狄，而世事军中。重绩明数术，通历法，疑亦西域种也。盖北族虽劲悍，然文明程度不高，故非有旷世之才，如冒顿、阿保机、帖木真者以用之，即不能以自振，西胡则不然也。安史之乱，实可谓西胡驱北族以成之者。康待宾亦其流，沙陀特其祸之尤烈者耳。然则西胡虽不能以独力扰乱中原，固亦不能谓其不足为患矣。

文明人入野蛮部落中，往往为所尊奉。《五代史·康福传》云："福世本夷狄，而夷狄贵沙陀，故尝自言沙陀种也。福常有疾，卧阁中，寮佐入问疾，见其锦衾，相顾窃戏曰：锦衾烂兮。福闻之，怒曰：我沙陀种也，安得谓我为奚？"沙陀之见尊可想。此李克用父子所由能收率北族，横行中原欤？

唐世于四夷，凡貌类白种者，仍称之为胡。《旧唐书·杨元琰传》：元琰奏请出家，"中宗不许。敬晖闻而笑曰：向不知奏请出家，合赞成其事，剃却胡头，岂不妙也？元琰多须类胡，晖以此言戏之。"又《五代史·慕容彦超传》，谓其"黑色胡髯，号阎昆仑"，皆可为证。《新唐书·高宗纪》，显庆元年，"禁胡人为幻戏者"。此胡人，亦必来自西域之白种也。

原刊《国学论衡》第六期，一九三五年十二月三十一日出版

# 〔三九〕胡服考书后①

　　古服上衣下裳,连衣裳而一之则曰深衣,无以袴为外服者。此篇因谓袴褶之制,始于赵武灵王,其原出于胡服,似未必然也。康成说韨之缘起曰:"古者田渔而食,因衣其皮,先知蔽前,后知蔽后。后王易之以布帛,而独存其蔽前者,不忘本也。"夫但知蔽前为韨,兼知蔽后,则为裳矣。朝祭之必裳,犹其存韨,皆不轻变古之意也。谓古人凡事因仍,不知改变,亦可。至就劳役,则有裈而不袴者,《淮南子·原道》:"短绻不袴,以便涉游",司马相如著犊鼻裈,与庸保杂作是也。有袴而不裳者,《礼记》"童子不衣裘裳"是也。劳役有之,戎事亦宜。然王氏谓《周礼·司服》郑《注》云:"今伍伯缇衣。崔豹《古今注》云:今户伯绛帻缲衣。伍伯者,车前导引之卒,见《释名》、《续汉志》、《古今注》。今传世汉画像车前之卒,皆短衣著裤,由伍佰之绛帻缲衣为裤褶之服,知光武之绛衣赤帻,及赤帻大冠,不独冠胡服之冠,亦服胡服之服矣。"又曰:"《汉书·匈奴传》:中行说曰:其得汉絮缯,以驰草棘中,衣袴皆裂弊,以视不如旃裘坚善也。中国古服如端衣深衣,袴皆在内,驰草棘中不得裂弊。袴而裂弊,是匈奴之服,袴外无表,即同于蹹褶服也。"案:《司服》郑《注》兼引《左氏》成公十

---

　　① 原题《书观堂集林胡服考后》

六年"有靺韦之跗注"，杜《注》曰："跗注，戎服，若袴而属于跗。"郑引此，盖仅证其衣裳之同色。《疏》谓郑以跗当为幅者，非若袴而属于跗，则与衣不连，其制盖亦有跨。杜云：若袴而不径云袴者，以袴不皆属于跗也。此古戎服著袴之征，不待胡也。《曲礼》："童子不衣裘裳。"《玉藻》："童子不裘不帛。"《内则》："十年，衣不帛，襦袴。""衣不帛"句，即《曲礼》所谓"童子不裘"，《玉藻》所谓"不裘不帛"也。不言裘者，与下文"二十而冠，可以衣裘帛"互相备也。"襦袴"，则《曲礼》所谓"童子不裳"也。所以不裳者，《曲礼》郑《注》曰："裘太温，消阴气，使不堪，《正义》：使不堪苦者，热消阴气，则不堪苦使。不衣裘裳便易。"《疏》曰："给役，则著裳不便，故童子并缁布襦袴。"初说不误。《内则》《注》云："不用帛为襦袴，为太温，伤阴气。"正以"不用帛"句，恐人不知古人言语互相足之例，故备言之。《疏》云："衣不帛襦袴者，谓不以帛为襦袴"，则误矣。童子之不裘不帛，固以太温，亦以不堪苦使，不裳则专为便易，可见服劳者之必去裳矣。戴德丧服变除："童子当室，谓十五至十九，为父后，持宗庙之重者，其服深衣不裳。"《玉藻》："童子无缌服，听事不麻。"《注》："虽不服缌，犹免，深衣，无麻，往给事也。"盖丧祭不可以襦袴，故加之深衣。《曲礼》《疏》曰："童子不衣裘裳，二十则可。故《内则》云：二十可以衣裘帛。"二十而后裘帛，则亦二十而后裳，不言者，与上文互相备故。《大戴》言：童子不裳，以十九为限。然则裳，冠者之服也，冠而不裳者，将责成人之礼焉。然则裳，礼服也，服劳役者，非童子则贱者，礼不下庶人，其不必裳明矣。故庶人但以深衣为吉服，同于襦袴之童子也。《左氏》昭公二十五年：师已称童谣曰："鸜鹆跦跦，公在乾侯，征褰与襦。"《说文》："褰，袴也。"《方言》："袴，齐鲁之间谓之襱。"褰之言"祛也"，《曲礼》："暑无褰裳"见《注》。举也。褰裳，则利趋举也。故《诗》曰："子惠思我，褰裳涉溱。"然则欲远行者，亦必袴而不裳矣。《说文》："襦，短

衣也。"《方言》:"复襦,江、湘之间谓之裈。"裈从竖,竖者,童竖。《广
雅》:"儒,短也。"故短人称侏儒。古有恒言:"寒者利短褐。"短褐者,
襦之以褐为之者也。然则古之贱贫人,殆无袴而不裳也。《玉藻》
曰:"纩为茧,缊为袍,禅为绚,帛为襏。"《诗》:"岂曰无衣,与子同袍。"
《传》:"袍,襺也,《释言》文。《玉藻》云:纩为襺,缊为袍。《注》云:衣有著之异
名也。缊谓今纩及旧絮也。然则纯著新绵名为襺,杂用旧絮名为袍,虽著有异
名,其制度是一;故云袍襺也。"《释名》:"袍,丈夫著下至跗者也。袍,苞
也,苞内衣也。"《周官·内司服》《注》谓王后六服,皆袍制,然则古惟
贱贫人但有短褐,贵人衣裳之内,固有长袍,特外必加以衣裳,若深
衣耳。去之则贵者长袍,贱者短褐,与今同矣,岂待胡服哉?《丧大
纪》:"袍必有表。"《士丧礼》《疏》:"褖衣,连衣裳者,用以表袍。"王静庵此《胡
服考》篇,考索之功深,而于事理未尝深思也。

原刊《小雅》第五期,一九三一年出版

# 〔四〇〕突厥与蒙古同祖

　　突厥原起,《北史》所载,凡有三说。一曰:"其先居西海之右,独为部落,盖匈奴之别种也。姓阿史那氏。后为邻国所破,尽灭其族。有一儿,年且十岁,兵人见其小,不忍杀之,乃刖其足,断其臂,弃草泽中。有牝狼以肉饵之。及长,与狼交合,遂有孕焉。彼王闻此儿尚在,重遣杀之。使者见在狼侧,并欲杀狼。于时若有神物,投狼于西海之东,落高昌国西北山。山有洞穴,内有平壤茂草,周回数百里,《隋书》作地方二百余里。四面俱山,狼匿其中,遂生十男。十男长,外托妻孕。其后各为一姓,阿史那即其一也,最贤,遂为君长。故牙门建狼头纛,示不忘本也。渐至数百家。经数世,有阿贤设者,率部落出于穴中,臣于蠕蠕。"二曰:"突厥本平凉杂胡,姓阿史那氏。魏太武皇帝灭沮渠氏,阿史那以五百家奔蠕蠕。世居金山之阳,为蠕蠕铁工。金山形似兜鍪,俗号兜鍪为突厥。因以为号。"三曰:"突厥之先,出于索国,在匈奴之北。其部落大人曰阿谤步,兄弟七十人,其一曰伊质泥师都,狼所生也。阿谤步等性并愚痴,国遂被灭。泥师都既别感异气,能征召风雨。娶二妻,云是夏神、冬神之女。一孕而生四男:其一变为白鸿;其一国于阿辅水、剑水之间,号为契骨;其一国于处折水;其一居跋斯处折施山,即其大儿也。山上仍有阿谤步种类,并多寒露。大儿为出火温养之,咸得全济。遂共奉大儿为主,号为突厥,即纳都六设也。都六有十妻,所生子皆以母族姓,阿史那是其小妻之子也。都六死,十母子内欲择立一人。乃相率于大树下,共为约曰:向树跳跃,能最高者,即推立之。阿史那年幼,而跳最高,诸子遂奉以为主,号阿贤设。"又《元史译文证补》译拉施特《蒙古全史》,述蒙古缘起曰:"相传古时蒙兀与他族战,全军覆没。仅遗男女各二人,遁入一山,斗绝险巇,惟一径通出入。而山中壤地宽平,水草茂美,乃携牲畜辎重往居,名其山曰阿儿格乃衮。二男:一名脑古,一名乞颜。乞颜,义为奔瀑急流。以其膂力迈众,一往无前,故以称名。乞颜后裔繁盛,称之曰乞要特。乞颜变音为乞要,曰特者,统类之词也。后世地狭人稠,乃谋出山,而旧径芜塞,且苦艰险。继得铁矿,洞穴深邃,爰伐木炽炭,篝火穴中。宰七十牛,剖革为簄,鼓风助火,铁石尽镕,衢路遂辟。后裔于元旦锻铁于炉,君与宗亲,次第捶之,著为典礼。"与《北史》第一说绝相类。而锻铁之说,又足与第二说之世为铁工相印证。以风马牛不相及之两族,而其传说之相似,至于如是,实可异也。<sup>土门求婚柔然,阿那瑰晋之曰:尔是我铁奴,何敢发是言也。</sup>

　　民族缪悠之传说,虽若为情理所必无。然其中必有事实存焉。披沙拣金,往往见宝,正不容以言不雅驯,一笔抹杀也。今试先即《北史》所载三说观之。案此三说虽相乖异,然其中仍有相同之处。突厥姓阿史那氏,一也;突厥有十姓,阿史那其一,二也;首出之主曰阿贤设,三也;突厥先世,尝为他族所破灭,四也。狼生十子,说极荒唐,然突厥后世,牙门实建有狼头纛。又有所谓九姓部落者,于突厥为最亲。九姓之名:曰药罗葛,曰胡咄葛,曰啰罗勿,曰貃歌息讫,曰阿勿嘀,曰葛萨,曰斛嗢素,曰药勿葛,曰奚邪勿。见《唐书·回纥传》。《突厥传》述突厥之亡,谓后或朝贡,皆旧部九姓云。此谓阿史那氏既亡,其余九姓,犹或来朝贡也。又《回纥传》载九姓胡劝牟羽可汗入寇,宰相顿莫贺达干谏,不听,怒,遂弑可汗。屠其支党及九姓胡几二千人。九姓胡先随回纥入中国者闻之,因不敢归。此为九姓胡与回纥有别之证。九姓胡既与回纥较疏,则突厥之于九姓,必较回纥为亲。故《唐书》称为旧部。盖回纥等皆后来服于突厥者,惟九姓则为阿史那同族也。又突厥可汗,尝岁率重臣,祭其先窟。而西突厥亦岁遣使臣,向其先世所居之窟致祭。则缪悠之传说,实为数典所不忘,断不容指为虚诬矣。据《元史译文证补》,突厥最西之可萨部,实在里海、黑海之滨。然则突厥先世,殆本居西海之右,迫为他族所破,乃辗转遁入阿尔泰之南山中,其地在高昌西北,其名则跌斯处折施邪?锻铁之业,发明颇难。鲜卑、契丹皆与汉人相习久而后能之。女真初起时,汉人有携甲至其部者,尚率其下出重赀以市。突厥僻陋,未必有此。或沮渠亡后,败遁北走者之所教与?

　　蒙古传说,与突厥相类,洪氏疑蒙人袭突厥唾余以叙先德。夫突厥之在当日,则亦败亡奔北之余耳,引为同族,岂足为荣?若谓传述者语涉不经,载笔者意存毁谤,则拉施特身仕宗藩之朝,亲见捶铁典礼;又乞要特即奇渥温,为有元帝室得氏之由,亦断不容指为虚构。拉施特之修史也,其主尽出先时卷牍,以资考核;又命蒙古大臣,谙习掌故者,襄理其事;安得作此谓他人父之言?拉施特亦安敢亿造异说,作为谤书邪?然此说与《北史》第一说,相类太甚。又《蒙古秘史》,蒙古始祖名孛儿帖赤那,译言苍狼。帖赤那与阿史那、泥师都,似皆同音异译;虽欲不谓为一说而不得也。此又何故邪?予反复思之,然后知蒙古为鞑靼、室韦杂种,鞑靼为靺鞨及沙陀突厥杂种,拉施特《蒙古全史》之说,确与《北史》第一说,同出一原也。

　　蒙古先世,《元史》不载。洪氏谓即《唐书》大室韦之蒙兀部,其说甚确。然蒙人实自称鞑靼。《秘史》即然。《秘史》作达达,即鞑靼异译也。顺帝北迁,五传而大汗统绝。其后裔仍自号鞑靼可汗。此何说邪?《五代史》云:"鞑靼,靺鞨之遗种。本在奚、契丹之东北。后为契丹所攻,而部族分散。或属契丹,或属渤海。别部散居阴山者,自号鞑靼。后从克用入关,破黄巢。由是居云、代之间。"据《唐书》、《五代史》、《辽史》,渤海盛时,靺鞨悉役属之。契丹太祖以前,并无攻破靺鞨之事。《满洲源流考》引《册府元龟》:谓"黑水帅突地稽,隋时率部落千余家内属,处之营州。唐武德中,以其部落置燕州。《五代史》所谓为契丹攻破者,实即此族。"其说是也。然此族实与室韦之蒙兀部风马牛不相及,何缘以之自号乎?案彭大雅《黑鞑事略》曰:"黑鞑之国,号大蒙古。沙漠之地,有蒙古山。鞑语谓银曰蒙古。女真名其国曰大金,故鞑名其国曰银。"黄震《古今纪要逸编》云:"鞑靼与女真同种,皆靺鞨之后。其在混同江者曰女真。在阴山北者曰鞑靼。鞑靼之近汉者曰熟鞑靼,远汉者曰生鞑靼。鞑靼有二:曰黑,曰白,皆事女真。黑鞑靼至忒没真叛之,自称成吉思皇帝。又有蒙古国,在女真东北。我嘉定四年,鞑靼始并其名号,称大蒙古国。"孟珙《蒙鞑备录》曰:"鞑靼始起,地处契丹西北。族出于沙陀别种,故历代无闻。其种有三:曰黑,曰白,曰生。案生、熟自以距汉远近言,不得与黑白并列为种别,此说盖误。所谓白鞑靼者,颜貌稍细。所谓生鞑靼者,甚贫,且拙,且无能为,惟知乘马随众而已。今成吉思皇帝及将相大臣,皆黑鞑靼也。"据此三说,则鞑靼及蒙古,自系二族。而鞑靼之中,又有黑、白之别。族出于沙陀别种,盖缘李克用败亡,曾居其部,遗种与靺鞨相杂,遂生黑白之别,其无足怪。惟所谓蒙古国者,除室韦之蒙兀部,无可当之。二者相距甚远,何由并合,为可疑耳。案《蒙鞑备录》又云:"鞑人在本国时,金虏大定间,燕京及契丹地有谣言云:鞑靼去,赶得官家没处去。虏酋雍宛转闻之,惊曰:必是鞑人,为我国患。乃下令:极于穷荒,出兵剿之。每三岁,遣兵向北剿杀,谓之减丁。迄今中原尽能记之。鞑人遁逃沙漠,怨入骨髓。至伪章宗明昌年间,不令杀戮。以是鞑人稍稍还本国,添丁长育。"

因童谣而出兵剿杀,语涉不经。然世宗初年,北边曾有移剌窝斡之乱,牵动甚众,仍岁兴师,说非无据。鞑靼之北走而与蒙兀合,盖在此时也。然此以鞑靼之部落言也。至于有元帝室,则其与蒙兀部落之胖合,尚别有一重因缘。《蒙古秘史》云:"自天而生之孛儿帖赤那,与其妻豁阿马阑勒,同渡腾吉思水,东至斡难沐涟之源不儿罕哈勒敦。"孛儿帖赤那,译言苍狼。豁阿,女子美称。马阑勒,译言惨白牝鹿。乃人以狼鹿名。《大典》本之译述,意在考证蒙古语言,非以求其史实。故但旁注其为狼鹿,而不复释为人名。辑《大典》本《秘史》者,但就其旁解之文钞之,遂有狼鹿生人之讹也。此为奇渥温氏徙居漠北之始。孛儿帖赤那生巴塔赤罕。巴塔赤罕生塔马察。塔马察生豁里察儿蔑儿干。豁里察儿蔑儿干生阿兀站孛罗温。阿兀站孛罗温生撒里合察兀。撒里合察兀生也客你敦。也客你敦生挦锁赤。挦锁赤生合儿出。合儿出生孛儿只吉歹蔑儿干。孛儿只吉歹蔑儿干之妻曰忙豁勒真豁阿。忙豁勒真,犹言蒙古部人。盖孛儿帖赤那之后,至此娶蒙古部女,遂以蒙古为部名。犹金始祖函普,娶完颜部女,子孙遂以完颜为氏也。说本屠氏寄《蒙兀儿史记》。○又案《蒙古源流考》云:"土伯特智固木赞博汗,为奸臣隆纳木所弑。三子皆出亡。季子布尔特齐诺,渡腾吉思海,东行,至拜噶所属之布尔干哈勒图纳山下必塔地方,人众尊为君长。"布尔特齐诺即《秘史》之孛儿帖赤那也。或据此,谓有元先世,出自吐蕃王室。然《源流考》之作,意在阐扬喇嘛教,故援蒙古以入吐蕃。其说殊不足信。即如此处,以智固木赞博汗为色哩特赞博汗之子。色哩特赞博汗者,尼雅特赞博汗之八世孙也。而下文又云:尼雅特赞博汗七世孙色哩特赞博汗,为其臣隆纳木所弑。又此处述智固木赞博汗,远在名哩勒丹苏隆赞之前。名哩勒丹苏隆赞即《唐书》之弃宗弄赞,与太宗同时者也。其言尚可信乎? 为金守长城之部曰汪古。成吉思汗之侵金,汪古实假以牧地,为之乡导,故金人先失外险,猝不及防。乃蛮之伐蒙古,约汪古与俱。汪古以告成吉思,成吉思乃得先发制人。盖汪古之于蒙古,论部酋,论部族,皆有同族之亲;而减丁剿杀之举,汪古虽力不能救,未尝不心焉痛之;故于元为特厚,而于金乃独酷邪?纳都六三字,与脑古音极相近。"设"为突厥别部典兵者之称。岂突厥先世,为他族所破坏后,分为二派:一为脑古,即纳都六设;一为乞颜,即奇渥温氏之祖与?果然,则阿儿格乃衮之名,且足补突厥先窟称名之阙矣。

写于一九三四年四月前

# 〔四一〕突厥渠帅凡五

隋文帝讨沙钵略之诏曰："且彼渠帅,其数凡五。"五者,盖谓沙钵略一、庵罗二、阿波三、处罗侯四、贪汗五也。突厥之大,肇基叶护,《隋书》但云"当后魏之末,有伊利可汗,以兵击铁勒,大败之,……遂求婚于茹茹"俱见《隋书·突厥传》。而已。不言其与叶护世系也。《新唐书·西突厥传》则云:"西突厥,其先讷都陆之孙吐务,号大叶护,长子曰土门伊利可汗,次子曰室点蜜,亦曰瑟帝米。即室点蜜异译耳。《隋书·突厥传》云:摄图号伊利俱卢设莫何始波罗可汗,一号沙钵略。下文沙钵略致书隋文帝,自称伊利俱卢设莫何始波罗可汗,而文帝报书称为伊利俱卢设莫何沙钵略可汗,明沙钵略即始波罗异译也。瑟帝米之子曰达头可汗……始与东突厥分乌孙故地有之。"则似当大叶护时,已有二子东西分治之制矣。《周书·突厥传》云:"土门死,子科罗立。科罗号乙息记可汗。科罗死,弟俟斤立,号木汗可汗。"《隋书·突厥传》云:"伊利可汗卒,弟逸可汗立。病且卒,舍其子摄图,立其弟俟斤,当作俟斤,字之误。称为木杆可汗。"《北史·突厥传》云:"乙息记可汗且死,舍其子摄图,立其弟俟斤,是为木杆可汗。"明乙息记与逸可汗为一人。后来摄图舍其子雍虞闾,而立其弟处罗侯。雍虞闾使迎之,处罗侯曰:"我突厥自木杆可汗以来,多以弟代兄,以庶夺嫡,失先祖之法,不相敬畏。汝当嗣位,我不惮拜汝也。"《北史》、《隋书·

突厥传》。可见突厥弟兄相及,实始木杆矣。《周书·杨忠传》:忠以保定三年与突厥伐齐,木汗可汗、控也头可汗、步离可汗等以十万骑来会。又《杨荐传》:"孝闵帝践阼,使突厥结婚。突厥可汗弟地头可汗阿史那库头居东面,与齐通和,说其兄欲背先约。"地头疑即也头字之误。木杆复舍其子大逻便,而立其弟,是为佗钵可汗。佗钵以摄图为尔伏可汗,统其东面;又以其弟褥但可汗子为步离可汗,居西方。见《北史》、《隋书·突厥传》。然则步离殆为居西方者之称号,木杆时,也头或地头亦当统东面也。佗钵且卒,谓其子庵罗避大逻便,而庵罗竟立。旋又让于摄图,是为沙钵略可汗、居都斤山,庵罗降居独洛水,称第二可汗。大逻便谓沙钵略曰:"我与尔俱可汗子。尔今极尊,我独无位,何也?"沙钵略患之,以为阿波可汗,还领所部。见《北史》、《隋书·突厥传》。隋文帝讨沙钵略之役,沙钵略率阿波、贪汗二可汗来拒战。长孙晟使说阿波,阿波留塞上,使人随晟入朝。摄图闻其贰,乃掩北牙,尽获其众,而杀其母。事见《隋书·长孙晟传》。云北牙,盖对摄图所迁为南牙言之。然则《突厥传》云阿波还领所部者,即谓还居木杆故地;还领所部者为北,乃对摄图所处为南而言之也。晟之说文帝曰:"通使玷厥,说合阿波,则摄图回兵,自防右地。又引处罗,遣连奚霫,则摄图分众,还备左方。"《长孙晟传》。明阿波在西,处罗在东。然阿波之为右,特对处罗之在左言之。以言木杆分国之旧,则右方实当为贪汗。故阿波、摄图之衅既启,摄图以贪汗素睦于阿波,夺其众而废之,而贪汗亦亡奔达头也。处罗侯之子启民,染干。初号突利可汗,《突厥传》以为沙钵略子,误。长孙晟曾与相见,必不误也。其后始毕之子什钵,亦号突利可汗,居东方。然则居东方者,又尝号突利。要之大可汗外,以一人分主东方,一人分主西方,殆为突厥之定制。至沙钵略时,既有一废可汗之子,称为第二可汗,又有更前可汗之子,还据旧都,而与己相伴,以致与己而为五,已足启分崩之渐。

又案王孝杰在西域取四镇后,尚有冷泉之捷,事在延载元年,见《新唐书·本纪》,其详则见于《西突厥传》。云:"西突厥部立阿史那俀子为可汗,与吐蕃寇武威道。大总管王孝杰与战冷泉、大领谷,破之。碎叶镇守使韩思忠又破泥熟俟斤及突厥施质汗、胡禄等,因拔吐蕃泥熟没斯城。"《通鉴》则云:"武威道总管王孝杰破吐蕃勃论赞及突厥可汗俀子等于冷泉及大岭,各三万余人。碎叶镇守使韩思忠破泥熟俟斤等万余人。"《考异》曰:"此事诸书皆无,惟《统纪》有之。《统纪》又破吐蕃万泥勋没驮城,此语不可晓,今删去。"案《新唐书》之文,与《统纪》大同小异,云惟《统纪》有之,盖温公之偶疏。所删《统纪》之语,虽不甚可晓,要为当时与蕃战又一克捷。"泥熟没斯城",盖即泥熟俟斤所居,俟斤乃突厥官号。而云"吐蕃泥熟没斯城者",盖时泥熟俟斤服属于吐蕃也。此役盖吐蕃、突厥连兵而来,然卒为孝杰等所破,可见吐蕃在西域兵力有限,此钦陵所由但以笔舌求之而终不能以兵力取之也。天宝后,河陇虽陷,而安西、北庭仍久之而后亡,窃疑其亦由于此。

# 〔四二〕突厥之兵

《北史·高车传》云："为性粗猛，党类同心，至于寇难，翕然相依。斗无行陈，头别冲突，乍出乍入，不能坚战。"《铁勒传》曰："人性凶忍，善于骑射。贪婪尤甚，以寇抄为生。"是其事也。社仑始立军法：以千人为军，军置将；百人为幢，幢置帅。先登者赐以卤获，退懦者，以石击首杀之，或临时捶挞，见《北史·蠕蠕传》。然收效盖寡。杨忠与突厥伐齐，还，言于周武帝曰："突厥甲兵恶，赏罚轻，首领多而无法令，何谓难制驭？"《北史·突厥传》。颉利入寇，唐太宗谓突厥"众而不整，君臣惟利是视。可汗在水西，而酋帅皆来谒我，我醉而缚之，其势易甚"。《唐书·突厥传》。可见自南北朝至隋、唐，其散漫情形，迄未尝改。此其所以地虽广，兵虽多，而终不竞于中国欤？《北史·突厥传》："候月将满，转为寇抄。"与匈奴同，盖所以利夜行也。

# 〔四三〕 賨、叟、骆、蜀

《后汉书·刘表传》：“初平元年，长沙太守孙坚杀荆州刺史王叡，诏书以表为荆州刺史。时江南宗贼大盛。”亦见《三国志·刘表传注》引司马彪《战略》，盖《后汉书》所本。《注》云：“宗党共为贼。”何义门云：“宗恐与巴賨之賨同义，南蛮号也。”案何说是也。賨人，即《后汉书》所谓巴郡南郡蛮。《后汉书》云：“秦昭襄王时，有一白虎，尝从群虎数游秦、蜀、巴、汉之境，伤害千余人。昭王乃重募国中有能杀虎者，赏邑万家，金百镒。时有巴郡阆中夷人，能作白竹之弩，乃登楼射杀白虎。昭王嘉之，而以其夷人，不欲加封，乃刻石盟要，复夷人顷田不租，十妻不算，伤人者论，杀人者得以倓钱赎死。至高祖为汉王，发夷人还伐三秦。秦地既定，乃遣还巴中，复其渠帅罗、朴、督、鄂、度、夕、龚七姓不输租赋，余户乃岁入賨钱，口四十。”《南蛮传》。《晋书·李特载记》云：“秦并天下，以为黔中郡，薄赋敛之，口岁出钱四十，巴人呼赋为賨，因谓之賨人焉。”此说亦误。《三国·蜀志·季汉辅臣赞》云：程季然，“刘璋时为汉昌长。县有賨人，种类刚猛，昔从高祖以定关中。”盖因其人名賨，乃称其所出之钱为賨钱，非呼赋为賨，而谓其人为賨人也。

賨人当后汉末，蔓衍颇广。《三国·吴志·孙策传》曰：时，豫章上缭宗民万余家在江东，策劝庐江太守刘勋攻取之。《注》引《江表传》曰：勋"乃遣从弟偕告粜于豫章太守华歆。歆郡素少谷，遣吏将偕就海昏上缭，使诸宗帅共出三万斛米以与偕。偕往历月，才得数千斛。偕乃报勋，具说形状，使勋来袭取之。勋得偕书，便潜军到海昏邑下。宗帅知之，空壁逃匿，勋了无所得"。又《太史慈传注》引《江表传》曰："慈见策曰：鄱阳民帅别立宗部，阻兵守界，不受子鱼所遣长吏。海昏有上缭壁，有五六千家相结聚作宗伍，惟输租布于郡耳，发召一人遂不可得。"又《孙辅传注》引《江表传》曰："策既平定江东，逐袁胤。袁术深怨策，乃阴遣间使赍印绶与丹阳宗帅陵阳祖郎等，使激动山越，大合众，图共攻策。"则今江西、安徽均宗人所蔓衍矣。《后汉书·巴郡南郡蛮传》云："建武二十三年，南郡潳山蛮雷迁等始反叛。遣武威将军刘尚讨破之，徙其种人七千余口，置江夏界中，今沔中蛮是也。和帝永元十三年，巫蛮许圣等以郡收税不均，怀怨恨，遂屯聚反叛。明年夏，遣使者督荆州诸郡兵讨破之。圣等乞降，复悉徙置江夏。"末年蔓衍今皖赣之境者，盖即当时所徙也。然屯聚者，仍当以汉人为多，特与赉相依附耳。参看《山越》条。

　　近人游记云："暹罗人民，旧分暹与猺二种。暹之故国，实在缅甸北境，与云南邻。分南北二区，各有土王。予游仰光，尝至上缅甸，入其王居。猺亦有土王。最尊者在暹北青梅。"又云："暹人实来自云南大理一带。旅暹萧君佛成，谓云南土人言数与暹罗同。予听之，惟五读如海，六读如霍，称十二曰十双，余皆与华同。云君竹亭有友，能操暹语。而不能操华语。至广西，遇土人，语竟相通云。"予案暹即赉也。《三国·吴志·士燮传》：燮卒，孙权以交阯县远，乃分合浦以北为广州，吕岱为刺史；交阯以南为交州；戴良为刺史。又遣陈时代燮为交阯太守。岱留南海，良与时俱前。行到合浦，而燮子徽，自署交阯太守，发宗兵拒良，交阯桓邻，燮举吏也，叩头谏徽。徽怒，笞杀邻。邻兄治子发，又合宗兵击徽。此即宗人之在后印度者也。

又賨、叟亦系同音。《蜀志·诸葛亮传注》引《汉晋春秋》载亮上言曰:"自臣到汉中,中间期年耳,然丧赵云、阳群、马玉、阎芝、丁立、白寿、刘郃、邓铜等及曲长屯将七十余人,突将无前。賨、叟、青羌散骑、武骑一千余人,此皆数十年之内所纠合四方之精锐,非一州之所有。"此特以大体言之,賨、叟未必不取自蜀。《后汉书·刘焉传》:"马腾与范 刘焉第四子 谋诛李傕,焉遣叟兵五千助之。"《三国·蜀志·二牧传》:"刘璋闻曹公征荆州,遣别驾从事蜀郡张肃送叟兵三百人。"则叟兵正出于蜀。《后汉书》《注》曰:"汉世谓蜀为叟。孔安国注《尚书》云:蜀,叟也。"又《董卓传》:"吕布军有叟兵内反。"《注》亦曰:"叟兵,谓蜀兵也。"窃疑蜀与賨、叟仍系一语。古称蜀,汉世则或称賨或称叟耳。孔明以賨、叟连称,盖所谓复语。或自巴以东称賨,蜀称叟,孔明之兵二者兼有,故并举之邪?《后汉书·光武纪》:建武十九年,西南夷寇益州郡。《注》引《华阳国志》曰:"武帝元封二年,叟夷反。将军郭昌讨平之,因开为益州郡。"《西南夷邛都夷传》:越嶲太守"巴郡张翕,政化清平,得夷人和。在郡十七年卒,夷人爱慕如丧父母。苏祈叟二百余人,赍牛羊送丧至翕本县安汉,起坟祭祀"。《三国·蜀志·李恢传》:"遂以恢为庲降都督,使持节领交州刺史,住平夷县。先主薨,高定恣睢于越嶲,雍闿跋扈于建宁,朱褒反叛于牂牁。丞相亮南征,先由越嶲,而恢案道向建宁。诸县大相纠合,围恢军于昆明。恢出击,大破之。追奔逐北,南至槃江,东接牂牁,与亮声势相连。南土平定,恢军功居多。后军还,南夷复叛,杀害守将。恢身往扑讨,锄尽恶类,徙其豪帅于成都,赋出叟、濮耕牛战马金银犀革,充继军资,于时费用不乏。"《张嶷传》:"越嶲郡自丞相亮讨高定之后,叟夷数反,杀太守龚禄、焦璜。"并今川、滇境夷人称叟之证。

　　至于僚,《晋书·李势载记》:"李奕自晋寿举兵反之。初,蜀土无僚,至此始从山而出,北至犍为、梓潼,布在山谷十余万落,不可禁制,大为百姓之患。势既骄奢,而性爱财色,荒淫不恤国事。夷僚叛乱,军守离缺,境宇日蹙。"《苻坚载记》:坚遣王统、朱肜寇蜀,晋梁州刺史杨亮率巴僚万余拒之。益州陷后,蜀人张育、杨光等起兵与巴僚相应,以叛于坚。育自号蜀王,与巴僚酋帅张重、尹万等进围成都。《殷仲堪传》:仲堪奏言:"巴、宕二郡,为群僚所覆,城邑空虚,士庶流亡,要害膏腴,皆为僚有。"此所谓僚,并在巴、氐之地。《三国·蜀志·张嶷传注》引《益部耆旧传》,谓"牂牁、兴古僚种复反"。《晋书·武帝纪》:太康四年,"牂牁僚二千余落内属。"则汉世夜郎之地,亦有僚矣。僚之名,汉世不见,非不见也,汉所谓瓯骆者,即僚也。《史记·南越列传》曰:"以兵威边,财物赂遗闽越、西瓯骆,役属焉。"其谢文帝书云:"其西瓯骆裸国亦称王。"《传》又云:"越桂林监居翁谕瓯骆属汉。""其西瓯骆",《汉书》作"西有西瓯"。而《史记·东越列传》:惠帝三年,"立摇为东海王,都东瓯,世俗号为东瓯王。"《南越传》《索隐》:"姚氏案:《广州记》云:交趾有骆田,仰潮水上下,人食其田,名为骆人,有骆王、骆侯。诸县自名为骆将,铜印青绶,即今之令长也。后蜀王子将兵讨骆侯,自称为安阳王,治封溪县。后南越王尉佗攻破安阳王,令二使典主交趾、九真二郡。"即骆越也。盖单呼曰瓯,曰骆,累呼则兼言瓯骆,二字本双声。晋以后所谓僚,后汉时所谓哀牢,《三国志·霍峻传》:"时永昌郡夷僚特险不宾,数为寇害。"此僚即哀牢之证。今日所谓仡佬,皆同音异字。而《广州记》所谓蜀王子,亦即叟人,以蜀伐骆,即是以叟伐僚。以今日之语言之,则以猡伐佬耳。《广州记》所载骆、蜀相争之事,《水经·叶榆水注》引《交州外域记》,言之尤详。其言曰:"交趾昔未有郡县之时,土地有雒田,其田从潮水上下。民垦食其田,因名为雒民。设雒王、雒侯,主诸郡县。县多为雒将,雒将铜印青

绥。后蜀王子将兵三万来讨雒王、雒侯，服诸雒将，蜀王子因称为安阳王。后
南越王尉佗举众攻安阳王。安阳王有神人，名皋通，下辅佐，为安阳王治神弩
一张，一发杀三百人。南越王知不可战，却军住武宁县；越遣太子名始，降服安
阳王，称臣事之。安阳王不知通神人，遇之无道。通便去，语王曰：能持此弩王
天下，不能持此弩者亡天下。通去。安阳王有女名曰媚珠，见始端正，珠与始
交通。始问珠，令取父弩视之。始见弩，便盗以锯截弩，讫，便逃归，报南越王。
南越进兵攻之。安阳王发弩，弩折，遂败。安阳王下船，径出于海，越遂服诸雒
将。"又曰："越王令二使者典主交阯、九真二郡民。后汉遣伏波将军路博德讨
越王。路将军到合浦，越王令二使者赍牛百头酒千钟及二郡民户口簿诣路将
军，乃拜二使者为交阯、九真太守。诸雒将主民如故。后朱戴雒将子名诗，索
羑泠雒将女名征侧为妻。侧为人有胆勇，将诗起贼，攻破州郡，服诸雒将，皆
属。征侧为王，治羑泠县，复交阯、九真二郡民二岁调赋。后汉遣伏波将军马
援将兵讨侧，诗走入金溪究，三岁乃得。尔时西蜀并遣兵共讨侧等，悉定郡县，
为令长也。"《旧唐书·地理志》引《南越志》云："交阯之地，最为膏腴，旧有君长
曰雄王，其佐曰雄侯。后蜀王将兵三万讨雄王，灭之。蜀以其子为安阳王，治
交阯。尉佗在番禺，遣兵攻之。王有神弩，一发杀越军万人，赵佗乃与之和，以
其子始为质。安阳王以媚珠妻之。子始得弩，毁之。越兵至，乃杀安阳王，兼
其地。"此所谓曰雄王、曰雄侯乃"曰雒王、曰雒侯"之误。下文雄王，亦雒王之
误。《后汉书·臧宫传》："建武十一年，将兵至中卢，屯骆越。"《注》：
"中卢，县名，属南郡。盖骆越人徙于此，因以为名。"此骆越其本必
在巴、氐之地，尤显而易见也。

　　叟之所居，与氐密迩，故二字亦连称。《李特载记》曰：辛冉"遣
人分榜通逵，购募特兄弟，许以重赏。特见，大惧，悉取以归，与骧改
其购云：能送六郡之豪李、任、阎、赵、杨、上官及氐叟侯王一首，赏
百匹。"此氐叟二字，亦复语耳。其北出者多称氐，亦或称叟。《怀帝
纪》：永嘉三年七月，"平阳人刘芒荡自称汉后，诳诱羌戎，僭帝号于
马兰山。支胡五斗叟郝索聚众数千为乱，屯新丰，与芒荡合党。"《高

密孝王略传》："京兆流人王迢与叟人郝洛聚众数千,屯于冠军。"此
所谓叟,即北朝时所谓"蜀与汾胡结不解缘"者也,在晋世亦或称蜀。
《孝武帝纪》:太元十八年九月,"杨佺期击氐帅杨佛嵩于潼谷,败
之。"《姚苌载记》云:"杨佛嵩帅胡蜀三千余户降于苌,晋将杨佺期、
赵睦追之。"《载记》之蜀,即《本纪》之氐也。

　　南北朝之世,賨、叟之名罕见,皆称为蜀。《宋书·孔觊传》:"阮
佃夫募得蜀人数百,多壮勇便战,皆著犀皮铠,执短兵。本应就佃夫
向晋陵,未发,会农夫须人,分以配之。及战,每先登,东人并畏惮。
又怪其形饰殊异,旧传狐獠食人,每见之辄奔走。"《五行志》:"晋元
帝永昌元年,宁州刺史王逊遣子澄入质,将渝、濮杂夷数百入京邑。
民忽讹言宁州人大食人家小儿。亲有见其蒸煮满釜甑中者。又云
失儿皆有主名,妇人寻道,拊心而哭。于是百姓各禁录小儿,不得出
门。寻又言已得食人之主,官当大航头大杖考竟。而日有四五百人
晨聚航头,以待观行刑。朝廷之士相问者,皆曰信然。或言郡县文
书已上。王澄大惧,检测之,事了无形,民家亦未尝有失小儿者;然
后知其讹言也。"此事盖即所谓旧传狐獠食人者,蜀之即僚可知矣。
其在北者,以河东为大宗;在河东者,又以薛氏为大。《魏书·太祖
纪》:天兴元年,河东蜀薛榆、氐帅符兴各率其种内附。二年,蜀帅
韩砻内附。《太宗纪》:永兴三年河东蜀民黄思、郭综等率营部七百
余家内属。泰常三年,河东胡、蜀五千余家相率内属。八年,河东蜀
薛定、薛辅率五千余家内属。《世祖纪》:太平真君六年,河东蜀薛
永宗举兵与盖吴相应。明年为魏所破,永宗男女无少长皆赴汾水
死。《薛辩传》曰:"其先自蜀徙于河东之汾阴,因家焉。祖陶《北史》
作涛。与薛祖、薛落等分统部众,世号三薛。父彊《北史》作强。复代
领部落,而祖、落子孙微劣,彊遂总摄三营。历石虎、苻坚,常冯河自
固。仕姚兴为镇东将军,入为尚书。彊卒,辩复袭统其营。刘裕平

姚泓,辩举营降裕。及裕失长安,辩来归国。子谨随裕渡江。辩将
归国,密使报谨,遂自彭城来奔。"其后世仕魏。盖吴、薛永宗举兵
时,谨子洪祚世祖赐名初古拔。受诏纠合宗乡,壁于河际,以断其往来
之路。盖其党类犹在也。《北史·辩传》云:强字威明,与王猛友
善。"桓温入关中,猛以巾褐谒之。温曰:江东无卿比也。秦国定
多奇士,如生辈尚有几人? 吾欲与之俱南。猛曰:公求可与拨乱济
时者,友人薛威明其人也。温曰:闻之久矣。方致朝命。强闻之,
自商山来谒。与猛皆署军谋祭酒。强察温有大志而无成功,乃劝猛
止。俄而温败。乃苻坚立,猛见委任。其平阳公融为书,将以车马
聘强,猛以为不可屈,乃止。及坚如河东伐张平,自与数百骑驰至强
垒下,求与相见。强使主簿责之。因慷慨宣言曰:此城终无生降之
臣,但有死节之将耳。坚诸将请攻之。坚曰:须吾平晋,自当面缚。
舍之以劝事君者。后坚伐晋,军败,强遂总宗室强兵,威振河辅。强
卒,辩袭统其营。"盖诸薛之在汾阴,根柢深固,不肯舍之而去。其不
屈于苻坚,与其不肯随桓温而南,用意正同,非果能豫烛温之丧败
也。诸薛虽仕于魏,而河东之蜀,党类迄未尝涣,延及秦、陇,亦多声
气相通,迄周、齐之世犹然。《魏书·文成五王传》:河间王琛以讨
汾晋胡、蜀,卒于军。长孙道生曾孙稚,正平郡蜀反,假镇西将军、讨
蜀都督讨之。《魏书·长孙道生传》。时则建兴蜀亦反,源贺孙子恭与
稚合势进讨,大破之。《魏书·源贺传》。孝昌二年,绛蜀反,费于之孙
穆讨平之。《魏书·费于传》。《傅竖眼传》:为益州刺史。及高肇伐
蜀,假竖眼征虏将军、持节,领步兵三万先讨北巴。萧衍遣宁州刺史
任太洪从阴平入益州北境,欲扰动氐蜀,以绝运道。氐蜀翕然从之。
太洪率氐蜀数千围逼关城,竖眼遣宁朔将军成兴孙讨之。太洪遣军
主边昭等率氐蜀三千攻逼兴孙栅。《尔朱兆传》:兆将入洛阳,招齐
献武王,献武辞以山蜀未平,今方攻讨。《北齐书·神武纪》云:辞以绛

蜀、汾胡数反。《尔朱天光传》：天光为雍州刺史，以讨万俟丑奴，赤水蜀贼断路，天光击破之。此事亦见《周书》贺拔岳寇洛，《李弼》、《侯莫陈悦传》皆云讨赤水蜀。《自序》云：子建除东益州刺史。"正光五年，南、北二秦城人莫折念生、韩祖香、张长命相继构逆，金以州城之人莫不劲勇，同类悉反，宜先收其器械。子建以为城人数当行陈，尽皆骁果，安之足以为用，急之腹背为忧，乃悉召居城老壮晓示之。并上言：诸城人本非罪坐而来者，悉求听免。肃宗优诏从之。子建渐分其父兄子弟外居郡戍，内外相顾，终获保全。及唐永代之，群氏慕恋，相率断道。慰譬旬日，方得前行。东益氏、蜀寻反，攻逼唐永，永弃城而走。"《北齐书·封隆之传》：子子绘，为平阳太守，"大军讨复东雍，平柴壁及乔山、紫谷绛蜀等，子绘恒以太守前驱慰劳。"此所谓蜀，并即巴氏。《魏书·董绍传》云："萧宝夤反长安也，绍上书求击之，云：臣当出瞎巴三千，生噉蜀子。肃宗谓黄门徐纥曰：此巴真瞎也？纥曰：此是绍之壮辞，云巴人劲勇，见敌无所畏惧，非实瞎也。"其明证也。《周书·异域传》云："世宗时，兴州人段吒及下辩、柏树二县民反，氐酋姜多复率厨中氐、蜀攻陷落丛郡以应之。"姜为羌姓，而姜多复为氐帅，则氐、羌族类相近耳。

《魏书·自序》谓东益州城人莫不劲勇；徐纥亦谓巴人劲勇，见敌无所畏惧；则巴氏北迁之后，剽悍之性，初未失坠。《北史》载：魏孝文与朝臣论海内姓地人物，"戏谓薛谨孙聪曰：世人谓卿诸薛是蜀人，定是蜀人不？聪对曰：臣远祖广德，世仕汉朝，时人呼为汉臣。九世祖永随刘备入蜀，时人呼为蜀臣。今事陛下，是虏，非蜀也。帝抚掌笑曰：卿幸可自明非蜀，何乃遂复苦朕？"孝文虽虏，颇即华风，非苦人如唐太宗者；以蜀戏聪，明聪非蜀。然洪祚族叔安都实劲勇有气力，不下于杨大眼，久与之居，故当习而自化耳。

《后汉书·板楯蛮传》云："阆中有渝水，其人多居水左右。俗喜歌舞,高祖观之,曰：此武王伐纣之歌也。乃命乐人习之,所谓《巴渝舞》也。"汉初雅乐,实未沦亡,高帝之言,必有所据。乃晋以后所谓僚者,几于一无所知,何哉？夫巴在春秋时,久与楚有交涉,非固陋之国也。秦灭巴、蜀,疑尚有待于战国之时,岂有武王伐纣,乃能用剑阁以南之众？窃疑《牧誓》所谓庸蜀等,并不在后世之地。巴氏亦然,其与僚实同类而异种。氏处水滨,僚居山谷,氏人北徙,僚乃乘虚出居平地,寖至蔓延,尽由李势之失政也。率賨人从汉高定三秦者,名范因。秦中既定,封为阆中侯,前后《汉书》皆不载,见《晋书·乐志》。

原刊《云南旅沪学会会刊》第二期,
一九三五年四月三十日出版

# 〔四四〕丁　令

　　洪氏钧《元史译文证补》，谓：今日葱岭西北西南诸部，我国统称之曰回，西人则称为突厥。回纥之盛，威令未行于咸海、里海之间；其衰，播迁未越于葱岭、金山以外。突厥盛时，东自辽海以西至西海，万里；南自沙漠以北至北海，五六千里。极西之部可萨，亦曰曷萨。西国古籍，载此部名哈萨克，即曷萨转音；亦曰喀萨克，即可萨转音。里海、黑海之北，皆其种落屯集。又东罗马古书，载与突厥通使。东罗马即《唐书》之拂菻国也。种落繁多，幅员辽阔，匈奴而后，实惟突厥。而散居西土，亦惟突厥旧部为多。回纥、突厥之称，诚不敢谓己是而人非。予案洪氏此言，乃知二五而不知一十也。若举强部以概其余，则西人与突厥之交涉多，而在东土，则回纥为后亡，彼我所称，均未为失。若原其朔，则此族当正称曰丁令。突厥、回纥皆其分部之后起者耳。我之称回纥固非，彼之称突厥，亦未是也。

　　丁令之名，昉见于汉。《山海经·海内经》："有钉灵之国，其民从膝以下有毛，马蹏，善走。"《山海经》伪书，此条乃据后世史志所造。其来历见《三国志》注引《魏略》。又黄佐《六艺流别》卷十七《五行篇》引《尚书大传》："北方之极，自丁令北至积雪之野，帝颛顼神玄冥司之。"陈氏寿祺《尚书大传辑校》采之。亦作丁零，丁灵。异译作敕勒，又作铁勒。中夏称为高车。《北史》分高车、铁勒为二传，乃就其服于魏与未服于魏者分之，似无所据。《唐书》以回纥初与铁勒诸部并属突厥，仍列为铁勒十五部之一，而于突厥别为一传，不复著其为铁勒，亦未安也。

　　何以知突厥、回纥皆铁勒之分部也？曰：言语相同，为种族相同之铁证。洪氏于突厥、回纥言语之相同者，历举凡如干事，则二者必为同族无疑。《唐书》回纥本列为铁勒十五部之一。回纥又作袁纥。《魏书·高车传》，其种有表纥氏。表纥即袁纥之讹。又《北史·铁勒传》：独洛河北有韦纥。韦纥亦回纥之异译也。回纥之为铁勒，明白无疑，而突厥言语，与之相同，安得不为铁勒哉？又突厥兴于金山，金山固铁勒之地也。《北史》述突厥缘起，其一说曰：突厥之先，"伊折泥师都娶二妻，云是夏神、冬神之女。一孕而生四男。其一国于阿辅水、剑水之间，号为契骨。"契骨者，《唐书》所谓黠戛斯，古坚昆国。或曰居勿，曰结骨，其种杂丁令者也。又《魏书·高车传》云："或云：其先，匈奴之甥也。俗云：匈奴单于生二女，姿容甚美，国人皆以为神。单于曰：我有此女，安可配人？将以与天。乃于国北无人之地筑高台，置二女其上。曰：请天自迎之。经三年，其母欲迎之。单于曰：不可，未彻之间耳。复一年，乃有一老狼，昼夜守台嗥呼，因穿台下为空穴，经时不去。其小女曰：吾父处我于此，欲以与天。而今狼来，或是神物，天使之然。将下就之。其姊大惊，曰：此是畜生，无乃辱父母也。妹不从，下为狼妻而产子。后遂滋繁成国。故其人好引声长歌，又似狼嗥。"此说谓铁勒之先，出于匈奴单于之二女，与伊质泥师都娶二妻之说，颇有类似之处。又《北史》述突厥原起第一说，亦以突厥为狼种。突厥姓阿史那氏，以予考之，即《元秘史》帖赤那三字之异译，义谓狼也。见《突厥与蒙古同祖》条。然则突厥、铁勒，其谬悠传说，亦实不可分也。

　　《魏书》云："高车，盖古赤狄之余种也。初号为狄历，北方以为敕勒,诸夏以为高车、丁零。其语略与匈奴同,而时有小异。"赤狄余种,不知何所据而云然。征诸史传,铁勒之语亦无与匈奴类者。岂丁令种落有与匈奴近者,其种遂相杂,故其语多同,吾国人因别称之曰高车以与其余之丁零别与? 赤狄余种之说,似又因其语与匈奴同而附会,以古以匈奴即狄也。高车传说既自托于匈奴之甥;又谓其先祖母,匈奴单于置之国北无人之地;则高车故地,必在匈奴之北。谓其与匈奴相近,或不诬邪?《魏书》述高车之称所由来,谓其"车轮高大,辐数至多"。阿卜而嘎锡则谓古时其部侵掠他族,卤获至多,骑不胜负。有部人能制车,车高大,胜重载,乃尽取卤获以返,故以高车名其部。见《元史译文证补·康里补传》。铁勒种类,程度至低。能制车之部落,或亦其与匈奴近者与? 推测之说,虽若可通,终未敢遂以为信已。或云古代匈奴,实与汉族杂居大河流域。北荒之地,不得无人。今据《魏书》,则丁令、铁勒、实为狄历异译。狄历叠韵,简称之,固可但作一狄字。岂古称北族为狄,其原实指此族言之邪? 此说于音译虽近,然丁令古代与汉族有交接之证据太乏,亦未敢遂以为信也。○日本高桑驹吉曰:康里二字Kankey 乃突厥语,谓车也。

　　　　　　　　　　　　　　　写于一九三四年四月前

# 〔四五〕 丁令居地

铁勒诸族,大者曰突厥,曰薛延陀,曰回纥。突厥至南北朝之末始盛;延陀、回纥之强,则当唐世矣。然其种落散布朔垂,实由来已久。突厥疆域之广,实由于此,非其力征经营,果有以超匈奴而几蒙古也。今就诸史所载铁勒居地,略为考索如下。

铁勒古称丁令,其名首见于《史记·匈奴列传》。《匈奴列传》云:冒顿“北服浑庾、屈射、丁灵、鬲昆、薪犁之国”。《汉书》浑庾作浑窳,丁灵作丁零,鬲昆作隔昆,薪犁作新莱。新莱上又衍一龙字。《汉书·匈奴列传》云:郅支“北击乌揭,乌揭降。发其兵,西破坚昆,北降丁令”。《三国志注》引《魏略》云:“呼得国在葱岭北,乌孙西北,康居东北,胜兵万余人。坚昆国在康居西北,胜兵三万人。丁令国在康居北,胜兵六万人。此上三国,坚昆中央,俱去匈奴单于庭安习水七千里,《史记·索隐》亦引此语,而误作接习水。南去车师六国五千里,西南去康居界三千里,西去康居王治八千里。或以为此丁令即匈奴北丁令也,而北丁令在乌孙西,似其种别也。又匈奴北有浑窳国,有屈射国,有丁令国,有隔昆国,有新梨国,明北海之南自复有丁令,非此乌孙之西丁令也。”案匈奴徙苏武北海上,丁令盗武牛羊,见《汉书·李广苏建传》。北海,今拜喀勒湖,而此与坚昆、呼得接壤之丁令,则实在今西伯利亚西南境。隔昆、坚昆,一音之转,即唐时之黠戛斯。

《唐书·回鹘传》："黠戛斯，古坚昆国也。或曰居勿，曰结骨。其种杂丁令，乃匈奴西鄙也。其君曰阿热。阿热驻牙青山。青山之东，有水曰剑河。"剑河即后世之谦河，在今唐努乌梁海境内。见《元史译文证补·谦河考》。安习水，今额尔齐斯河。乌孙，今伊犁。康居之地，起今伊犁之西，西讫里海，北抵咸海附近。《元史译文证补·西域古地考康居奄蔡》。然则此三国之地，实在今西伯利亚境内，唐努乌梁海之西北，额尔齐斯河之东南，略当今吐鲁番诸县之正北。《魏略》云坚昆中央，而《汉书》云，郅支降乌揭后，西破坚昆，北降丁令，则乌揭在坚昆之东，丁令在坚昆之西北。其去北海，盖千里而遥。故《三国志注》诤其非一，然按诸后世史传，则丁令居地，实尚不止此也。《北史》述铁勒诸部，胜兵最多者，不过三万，且皆已合若干部落。而《魏略》谓丁令胜兵六万，亦必合多部言之。

《北史·铁勒传》云："铁勒种类最多。自西海之东，依山据谷，往往不绝。独洛河北，有仆骨、同罗、韦纥、拔也古、覆罗，并号俟斤，蒙陈、吐如纥、斯结、浑、斛薛等诸姓，胜兵可二万。伊吾以西，焉耆之北，傍白山，则有契苾、薄落职、乙咥、苏婆、那曷、乌护、纥骨、也咥、于尼护等，胜兵可二万。金山西南，有薛延陀、咥勒儿、十槃、达契等，一万余兵。康国北，傍阿得水，则有诃咥、曷截、拨忽、比干、具海、曷比悉、何嵯苏、拨也末、谒达等，有三万许兵。得嶷海东西，有苏路羯、三素咽、篾促、萨忽等诸姓，八千余。拂菻东，则有恩屈、阿兰、北褥、九离、伏嗢昏等，近二万人。北海南，则都波等。虽姓氏各别，总谓为铁勒。"案以上诸部名，多不可句读，然其地则大略可征：西海，盖今里海。独洛河，今土拉河。伊吾，今新疆哈密县。焉耆，今新疆焉耆县。白山在其北。金山，今阿尔泰山。康国，今撒马儿干。得嶷海，疑今咸海。拂菻，则罗马也。

《新唐书》：铁勒，凡十五部：曰袁纥，即回纥，居薛延陀北娑陵

水上。曰拔野古,漫散碛北,地千里,直仆骨东,邻于靺鞨。曰仆骨,
在多览葛之东,地最北。曰同罗,在薛延陀北,多览葛之东,距京师
七千里而赢。曰浑,在诸部最南。曰契苾,在焉耆西北鹰娑川,多览
葛之南。曰多览葛,在薛延陀东,滨同罗水。曰都播,北濒小海,西
坚昆,南回纥。曰骨利干,处瀚海北。其地北距海,去京师最远,又
北度海,则昼长夜短,日入烹羊胛,熟,东方已明。曰白霫,居鲜卑故
地,直京师东北五千里,与同罗、仆骨接。避薛延陀,保奥支水、冷陉
山,南契丹,北乌罗浑,东靺鞨,西拔野古,地圆袤二千里,山缭其外。
曰斛薛,处多览葛北。曰奚结,处同罗北。曰思结,在延陀故牙。回
纥在薛延陀北娑陵水,则延陀故牙,在娑陵水南。娑陵水,今色楞格河。
《唐书》异译,亦作仙娥。同罗水,亦今土拉河。都播北濒小海,盖今库
苏古尔。骨利干北距海,仍即今拜喀勒湖。《地理志》:骨利干西十
三日至都播,又北六七日至坚昆,道里符合。惟谓骨利干、都播二部
落北有小海,冰坚时马行八日可度,一似骨利干、都播共濒一小海者
然,则语欠分析。马行八日可度,自指拜喀勒湖,库苏古尔无此大。
若谓都播亦濒拜喀勒,则道里不合。且北海自古不称小海,必《地理
志》误。至《北史》云北海南则都播等者,以北海为大水,故举以为
言;且言"等",则非指都播一部也。鲜卑故地,当在今东北、蒙古之
间。云圆袤二千里,山缭其外,则包今嫩江流域矣。

　　此族居地,盖自贝加尔湖西附金山之阴;又西,当库里鄂模,伊
犁河所注泊,今图作巴勒哈什。咸海、里海之北,直抵黑海。东西绵亘,
成一直线。南北朝以前,据漠南北之地者,为匈奴、鲜卑。其西则中
国、匈奴狎主齐盟之城郭三十六国也。又其西,则乌孙也,大宛也,
大月氏也。继大月氏而起者,则嚈哒也。皆强国也。故此族无由南
牧。迨鲜卑渐次南迁,此族乃踵之而入色楞格、土拉二河流域,且东
取鲜卑故地。其为魏所破,而迁诸漠南者,则史所谓高车也。留居

漠北,为柔然所抚用者,则史所谓铁勒也。至南北朝之末,而此族之中,自有一强部起,则突厥是也。突厥之兴,适当柔然、哌哒之衰,一举而皆为所破。散处之铁勒靡不臣之。而其疆域,遂大莫与京矣。延陀、回纥之盛,虽未能踵武突厥,抟东西为一体,然其种人之散布各地者固自若。此其所以自唐以后,仍为中西亚及东欧之一大族也。

写于一九三四年四月前

# 〔四六〕 丁令宗教

丁令诸族敬天地、日月、先祖,亦与匈奴同。《隋书·突厥传》:
"五月中,多杀羊马以祭天。"《北史·突厥传》:"以五月中旬,集他人
水拜祭天神。于都斤西五百里,有高山迥出,上无草树,谓之勃登凝
梨,夏言地神也。"此可见"因高祀高"之礼,意登封所由昉也。又云:"可汗
恒处于都斤山。牙帐东开,盖敬日之所出也。此类乌桓。每岁率诸
贵人,祭其先窟。"西突厥亦"岁使重臣向其先世所居之窟致祭焉"。
又曰:"以五月、八月聚祭神。"《高车传》:"时有震死及疫疠,则为之
祈福。若安全无他,则为之报赛。多杀杂畜,烧骨以燎,走马绕旋,
多者数百匝。男女无大小皆集会。"又曰:"文成时,五部高车合聚祭
天,众至数万,大会走马,杀牲游绕,歌吟忻忻。其俗称自前世以来,
无盛于此会。"此即匈奴蹛林之俗也。亦重休咎征。木杆可汗与周
武帝约昏,武帝使逆女,突厥贰于齐,会有雷风之变,乃许使者以后
归。《周书·皇后传》。隋文帝之罪状突厥也,曰:"彼地咎征妖作,年
将一纪。乃兽为人语,人作神言,云其国亡,讫而不见。"《隋书·突厥
传》。文帝固好礼祥,然唐太宗亦谓突厥"盛夏而霜,五日并出,三月
连明,赤气满野",《唐书·突厥传》。则必彼中先有此等妖祥之说,然
后中国从而撩拾之矣。又其见于《唐书》者:武德元年,始毕牙帐自
破,明年而始毕死。天雨血三日,国中群犬夜号,求之不见,而处罗

死。均见《突厥传》。"延陀将灭,有丐食于其部者,延客帐下,妻视客,人而狼首,主不觉,客已食,妻语部人共追之。至郁督军山,见二人焉,曰:我神也,薛延陀且灭。追者惧,却走,遂失之。果败此山下。"《回鹘传》。又回纥人自述其亡国之事云:"唐以金莲公主宪宗女太和公主,穆宗时,下嫁登啰羽录没密施句主毗伽可汗。又三传而为黠戛斯所破。女回纥葛励的斤。别建牙于和林之别力跛力答,言妇所居山也。又有山曰天哥里于答哈,言天灵山也。南有石山曰胡力答哈,言福山也。唐使与相地者至其国,曰:和林之盛强,以有此山也。盍坏之以弱其国?乃诡语葛励曰:既为昏姻,将有求于尔,其与之乎?福山之石,于上国无所用,而唐人愿见。葛励与之。石大不能动,唐人烈而焚之,沃以醇酢,石碎,輂去,国中鸟兽为之悲号。后七日,葛励卒。自是灾异屡见,民弗安居。传位者又数亡,乃迁于西州。"语出虞集《高昌王世勋碑》,《元史·亦都护传》采之,而误西州为交州。于内忧多患,一无所忆,而转传此荒诞不经之语,亦可以见其程度矣。《北史·高车传》:"俗不清洁,喜致震霆。每震,则叫呼射天而弃之,移去。来岁,秋,马肥,复相率候于震所,埋杀羊,然火拔刀,女巫祝说,似如中国祓除,而群队驰马,旋绕百匝,乃止。人持一束柳棷回,竖之,以乳酪灌焉。"一震霆之微,亦以为祥而禳之。可谓甚矣。

《唐书·黠戛斯传》,谓其呼巫为甘。黠戛斯虽白种,亦杂丁令,其语言多同回纥,此殆丁令语邪?柔然末主阿那瑰,兄曰丑奴。丑奴父曰伏图,伏图父曰那盖。那盖,可汗豆仑之叔父也。豆仑时,高车副伏罗部叛,部长阿伏至罗与从弟穷奇走车师之北,自立。豆仑与那盖分两道击之,豆仑数败,而那盖累捷。国人咸以那盖为天所助,杀豆仑而立之。卒,伏图立。时穷奇已为厌哒所杀,虏其子弥俄突等。阿伏至罗亦以残暴,为其下所杀。立其宗人跋利延。厌哒将纳弥俄突,国人杀跋利延迎立之。伏图击弥俄突,败死于蒲类海北。

丑奴立,壮健善用兵,西击高车,大破之,禽杀弥俄突,尽并叛者,柔然复盛,实中兴之主也,而以信巫亡其国。初,伏图纳豆仑之妻候吕陵氏,生丑奴、阿那瓌等六人。丑奴立后,忽亡一子,字祖惠,求募不能得。副升牟妻是豆浑地万,年二十许,为医巫。言此儿今在天上,我能呼得之。丑奴母子欣悦。后岁仲秋,在大泽中施帐幄,斋洁七日,祈请天神。经一宿,祖惠忽在帐中,自云恒在天上。丑奴母子抱之悲喜,大会国人,号地万为圣女,纳为可贺敦,授夫副升牟爵位,赐牛马羊三千头。地万既挟左道,亦有姿色,丑奴甚加宠爱,信用其言,乱其国政。如是积岁,祖惠年长,其母问之,祖惠言我恒在地万家,不曾上天;上天者,地万教也。其母以告丑奴,丑奴言地万悬鉴远事,不可不信,勿用谗言也。既而地万恐惧,谮祖惠于丑奴,丑奴阴杀之。魏明帝正光初,丑奴母遣莫何去汾李具列等绞杀地万。丑奴怒,欲诛具列等。会阿至罗未详何人。侵丑奴,丑奴击之,军败,还,为母与其大臣所杀。立阿那瓌。十日,其族兄俟力发示发伐之,阿那瓌战败,南走归魏。阿那瓌母及其二弟,寻为示发所杀。见《北史·蠕蠕》《高车传》。案阿那瓌自降魏后、遂居漠南。北方诸部,非复威力所及,突厥遂以此时大张。向使仍居漠北,挟积世之声威,以摄服诸部,突厥之兴,或不至如是其速也。地万虽以色宠,其始实由巫进,亦可见巫风之足以亡人国矣。仆固怀恩之挟回纥入寇也,回纥有二巫,言此行必不战,当见大人而还。及与郭子仪盟,相顾笑曰:巫不吾欺也。其出兵必以巫卜可知。又其巫自谓能致风雨,亦常用之于行军。见《唐书·回鹘传》。《南史·蠕蠕传》:"其国能以术祭天而致风雪,前对皎日,后则泥潦横流。故其战败,莫能追及。或于中夏为之,则不能雨。问其故,盖以暖云。"薛延陀之败,会雨雪,众辙踏,死者十八。《唐书》谓"始延陀能以术祫神致雪,冀困勋师,及是反自敝"云。此即《悦般传》所谓"术人能作霖雨盲风大雪及行潦"

者,《北史·西域传》。**盖北族之旧俗也**。《北史·突厥传》：可汗初立,近侍重臣等舆之以毡。随日转九回。每回,臣下皆拜。拜讫,乃扶令乘马,以帛绞其颈,使才不至绝,然后释而急问之,曰：你能作几年可汗? 其主既神情瞀乱,不能详定多少,臣下等随其所言,以验修短之数。

# 〔四七〕奚

　　奚众当唐时，未尝犯边，有劳征讨，致遭破坏；然其后反弱于契丹，岂以宴安致然邪？抑其众本寡弱也？南北朝时，奚分五部：曰辱纥主，曰莫贺弗，曰契箇，曰木昆，曰室得。有阿会氏，五部中最盛，诸部皆归之。见《北史·奚传》。唐时，五部：曰阿会，曰处和，曰奥失，曰度稽，曰元俟折。见《新唐书·奚传》。五代时五部：曰阿荟，曰啜米，曰粤质，曰奴皆，曰黑讫支，《新五代史·奚传》。盖即唐五部异译。居幽州东北数百里之琵琶川。契丹太祖强，奚服属之，常为之守界上。契丹苛虐，奚王去诸怨叛，以别部西徙妫州，依北山射猎。妫州北之山。常采北山麝香、人参赂刘守光以自托。其族至数千帐，始分为东西奚。去诸卒，子扫剌立。庄宗破刘守光，赐扫剌姓李，更其名曰绍威。绍威卒，子拽剌立。初，绍威娶契丹女舍利逐不鲁之姊为妻。后逐不鲁叛，亡入西奚，绍威纳之。及幽、蓟十六州割，绍威与逐不鲁皆已死。契丹太宗北还，拽剌迎谒。太宗曰："非尔罪也；负我者，扫剌与逐不鲁尔。"乃发其墓，粉其骨而扬之。后太宗灭晋，拽剌常以兵从。其后不复见于中国。盖奚至是始尽入契丹。见《新五代史·奚传》。然奚在契丹中，尚为大部族。辽之亡，奚王回离保犹能拥众自立云。奚之名，见于《辽史·属国表》者，西奚、东奚之外，又有乌马山奚。

# 〔四八〕幽　都

　　《书》："流共工于幽洲"，《淮南子》作幽都，《史记》作幽陵，三者盖一地。《正义》引《括地志》云："故龚城在檀州燕乐县界，故老传云舜流共工幽州，居此城。"案此在约略之词。《山海经·海内经》："北海之内有山名曰幽都之山。"《淮南·墬形训》："西北方曰不周之山，曰幽都之门。"高诱《注》："幽，闇；都，聚也。"则幽都盖以山为名，以闇、聚为义。《后汉书·乌桓传》："俗贵兵死，敛尸以棺，有哭泣之哀；至葬，则歌舞相送。肥养一犬，以彩绳缨牵，并取死者所乘马衣物，皆烧而送之；言以属累犬，使护死神灵归赤山。赤山在辽东西北数千里，如中国人死者魂神归岱山也。"《三国志·乌丸传注》："至葬日，夜聚亲旧员坐，牵犬马历位，或歌哭者，掷肉与之，使二人口诵咒文，使死者魂神径至，历险阻，勿令横鬼遮护，达其赤山，然后杀犬马衣物烧之。"

　　《辽史·礼志》：岁时杂仪："冬至日，国俗，屠白羊、白马、白雁，各取血和酒，天子望拜黑山。黑山在境北，俗谓国人魂魄，其神司之，犹中国之岱宗云。每岁是日，五京进纸造人马万余事，祭山而焚之。俗甚严畏，非祭不敢近山。"契丹，鲜卑后。鲜卑与乌桓同种。赤山、黑山名虽异，二史俱谓人死后魂魄所归，当即一地，与闇聚之义正合。凡后世史籍所载诸四裔，有为古代声教所及者，有不然者。其为古代声教所及者，礼俗亦往往与中国古代相类，如匈奴、鲜卑等是也。别有考。

赤山、黑山之传说，亦必有所受之。契丹故地在木叶山潢河、土
河合流处，见《辽史·地理志》。此为契丹人自述，其史实校他史所述出于汉
人之记载者为确。其北正在辽东西北数千里，地望亦符；惟自中国言
之，当云正北。故《史记》亦云以变北狄。与《淮南》于西北方之说，颇似
抵牾。然古人言山，所包甚广，非如今世但指一丘一壑言之；今热河
道北方之山，与漠北大干气脉，固亦相接；则古所云幽都之山者，或
竟统括今金山、杭爱之脉，亦未可知；果如是，则言北、言西北，均无
不可矣。然则古所谓幽州，实包今内外蒙古及西伯利亚南境，故拓
跋氏世处北荒，亦云受封中国也。

# 〔四九〕蛮夷滑夏由传汉人文化①

汉灵帝时，议击鲜卑。蔡邕谓"关塞不严，禁网多漏，精金良铁，皆为贼有；汉人逋逃，为之谋主，兵利马疾，过于匈奴。"《后汉书·鲜卑传》。又《三国志》称轲比能："自袁绍据河北，中国人多亡叛归之，教作兵器铠楯，颇学文字。故其勒御部众，拟则中国。出入弋猎，建立旌麾，以鼓节为进退。"《后汉书》谓乌桓："妇人能刺韦作文绣，织氀毼。男子能作弓矢鞍勒，锻金铁为兵器。"疑皆中国人所教也。

契丹既与中国交通，其文明程度颇有进。契丹太祖之兴也，史称刘守光暴虐，幽、涿之人，多亡入契丹。阿保机又间入塞，攻陷城邑，俘其人民，依唐州县置城以居之。其后自为一部，治汉城。其地可植五谷，阿保机率汉人耕种，为治城郭、邑屋、廛市，如幽州制度，汉人安之，不复思归。又谓阿保机之久专旗鼓而不肯受代，实出汉人之教。《新五代史·契丹传》。此虽未必然，然其自为一部，所用实系汉人，则彰彰矣。契丹隋世十部，兵多者不过三千，少者千余。大贺氏八部，胜兵合四万三千。阿保机会李克用于云中，乃以兵三十万；伐代北，兵四十万。天祐二年。亲征幽州，旌旗相望数百里。此如林之旅，果何自来哉？契丹建国，诚以部族为爪牙。阿保机北讨南征，

---

① 曾改题为《四裔传汉人文化》。

所俘降游牧之民亦不少。然《辽史》称其析本部迭剌部。为五院六院，宫卫缺然，乃分州县，析部族，以立宫卫军；述律后居守之际，又摘蕃、汉精骑为属珊军；凡三十万。则其兵实有汉人，汉人有造于契丹亦大矣。《魏书·蠕蠕传》：道武帝谓崔宏："蠕蠕之人，昔来号为顽嚚，每来抄掠，驾牸牛奔遁，驱犍牛随之。牸牛伏不能前，异部人有教其以犍牛易之者，蠕蠕曰：其母尚不能行，而况其子！终于不易，遂为敌所虏。今社仑学中国，立法置战陈，卒成边害。道家言圣人生，大盗起，信矣。"

# 〔五○〕以结昏姻求和亲

以女之于外国求和亲也，统一之后，自娄敬之建策始也。盖古列国间之为是者多矣，故敬初不以是为辱。然"齐景公曰：'既不能令又不受命，是绝物也。'涕出而女于吴"。则古固有迫而出此者矣。《唐书·新罗传》："贞观五年，献女乐二。太宗曰：'比林邑献鹦鹉，言思乡，丐还，况于人乎？《林邑传》：献五色鹦鹉、白鹦鹉，数诉寒，有诏还之。付使者归之。"《高丽传》："其王藏遣使者，上方物，且谢罪，献二姝口。帝敕还之，谓使者曰：'色者人所重，然愍其去亲戚以伤乃心，我不取也。'"又玄宗开元中"献二女，帝曰：'女皆王姑姊妹，违本俗，别所亲，朕不忍留。'厚赐还之。"可谓盛德矣。及中宗以雍王守礼女为金城公主，妻吐蕃，念其年幼，"赐锦缯别数万，杂伎诸工悉从，给龟兹乐……帝为幸始平，帐饮，引群臣及虏使者宴酒所，帝悲涕嘘唏，为赦始平县，罪死皆免，赐民緜赋一年，改县为金城，乡曰凤池，里曰怆别。"肃宗以幼女宁国公主下嫁回纥，"帝饯公主，因幸咸阳，数慰勉。主泣曰：'国方多事，死不恨。'"此所谓念其远也，亦哀之矣。然卒不能庇而使之，违本俗，别所亲，岂不哀哉？宁国之下嫁也，汉中郡王瑀摄御史大夫，为册命使，可汗"引瑀入，瑀不拜。可汗曰：'见国君，礼无不拜。'瑀曰：'天子顾可汗有功，以爱女结好。比中国与夷狄昏，皆宗室子。今宁国乃帝玉女，有德容，万里来降，可汗天子婿，当以礼见，安踞受诏邪？'可汗惭，乃起奉诏，拜受册。翼日，尊主为可敦。"案淮阳壮王道玄。弟道明送弘化公主于吐谷浑，坐漏言非帝女，夺王。而吐蕃言公主非帝女，我亦知之。则唐世公主下嫁，虽宗室子，皆冒称帝女，而瑀乃明言之，何邪？

# 〔五一〕貉族考

序云：少时读《周书·王会篇》，见其所列多汉世远国，以为汉以后人伪为之，不之信也。稍长，读义疏，见《王制疏》引李巡注《尔雅》，释九夷、八蛮、六戎、五狄，杂举汉后郡县夷狄之名，尤一笑置之。近考貉族事，见夫余、句丽开国传说，乃与淮泗间之徐偃王同，更上溯之秦、楚、殷、周，亦无不相类者，乃恍然于种落迁徙不恒厥居，古者对内之夷未尝不可播迁于塞外，而郡县建置亦多因部落旧名，《周书》及李巡之言，固皆非无据也。读书不能深思博考，而率尔致疑，亦缪矣。夫知种落迁徙，一部族之名先后相暌，可以至于数百千里，持是以读古书，可以发前人所未发者，岂独《周书》与《尔雅注》两事。今亦未暇博考，姑举一二事言之。汉世大夏在妫水之滨，妫水今阿母河也。以西史证中籍，大夏即 Bactria 安息即 Parthia，明白无疑。安息之名，盖 Aisakidal 之音译，大夏则为中国旧名。《史记》言齐桓公西伐大夏，涉流沙。秦始皇帝二十六年《琅邪刻石》言：皇帝之土，西涉流沙，南尽北户，东有东海，北过大夏。今案：《礼记·王制》言四海之内，东不尽东海，西不尽流沙，南不尽衡山，北不尽恒山；则北户在衡山之南，大夏亦在恒山之北耳。夫安得在妫水之滨？然《史》、《汉》于大夏皆不著其非先秦旧国，又不言称名之由来，何哉？读《周书·王会》暨《伊尹献令》，北方咸有大夏，而《献令》又有莎车，然后知汉世西域诸国，多本处内地，后乃远徙，出于玉门、阳关，而接乎葱岭也。《汉书·西域传》云："自且末以往，皆种五谷，土地草木，畜产作兵，略与汉同，有异乃记云。"今读诸国传，记其事者少，不记者多。又汉言诸国种，有塞、有氐羌；然明言其为塞若氐羌，或据其俗，可见其为塞若氐羌者亦少。则知三十六国，固多中原移殖之民。抑氐羌亦秦、陇、楚、蜀间民族也。汉族与氐羌可以西徙，何独至于莎车、大夏而疑之？然则妫水之滨大夏，殆即殷、周之世列于四门之国所移殖。虽史无可征，而种族法俗咸有可考，故史不明言也。不特此也，丁零、坚昆，亦汉后之远国也。《汉书·苏武传》言武居北海滨，丁零盗武牛羊。北海者，今贝加尔湖，而《三国志注》引《魏略》言坚昆在康居西北，丁零在康居北，并去匈奴单于庭安习水七千里，则在今额尔齐斯河之表矣。然《汉书》言冒顿北服浑窳、屈射、丁零、隔昆、龙、新犁之国，而《王会》正北有蟨犁、其龙。蟨犁、其龙即龙、新犁，新犁亦即李斯《谏逐客书》所谓乘纤离之马者。秦人得乘其马，其距秦必不甚远，然则丁零、坚昆，始亦当近中国，后乃随匈奴之远徙而北走也。大地之表，寒燠不同，肥硗亦异。文明之启，势不能不视其所处之境，故民族进化，迟速不同，后进之族，必借先进之诱掖。夫以行事观之，则葱岭之东，北海之南，南海之北，殆无非我所教导者，先知先觉之称，我民族殆无愧矣。古之人所由"以东渐西，被朔南暨，声教讫于四海"自夸欤？然有文事者必有武备。我国民以文教之昌，武备遂落人后。今日者，我夙所启发之地，无不为他人所觊觎，浸至邱墓庐舍，游钓之乡，亦岌岌不自保，岂不哀哉！作貉族考，亦欲我国民思先烈而克自振拔也。中华民国二十三年四月二十六日，武进吕思勉自序。

古所谓四裔者，程度莫高于东夷，此读经、子者所共喻；而谓东夷之程度，高于三方，求诸后世之史籍，厥惟貉族足以当之，此又读史者所无异辞也。貉族名国，著称史籍者，曰夫余，曰高句丽，曰百济。又有不成为国，惟有若干邑落者，时曰沃沮，曰濊。丽、济同出夫余。夫余，《三国志》本传曰："其印文言濊王之印，国有故城名濊城。"沃沮分为南北，言语法俗，大抵与句丽同。南沃沮即汉乐浪东部都尉所主岭东七县之地，《三国志》谓其"皆以濊为民"；《志》又云："其耆老旧谓与句丽同种。"种者，种姓。史于四夷言种姓，犹于中国言姓氏，可见夫余与濊，君长亦系同族。其所出布名貉布。然则夫余、句丽、百济、沃沮及濊，皆古所谓濊貉也。

此族在东北，实为文化之先驱。所谓东北者，以地理言之，实在兴安岭之东南，渤海湾之东北，既异蒙古之沙碛，复殊西伯利亚之苦寒。而辽东，朝鲜两半岛，映出南方，尤得海上交通之便。日本三岛，以地理形势论，亦当属此区。此区中之文化，貉族实为之师长。日本之开化，由于朝鲜，人所共知。满族开化，始于渤海；继渤海而起者为金，继金而起者为清。渤海大氏，本臣属句丽。句丽灭，迁于营州。后因契丹李尽忠之乱东走。唐师追之，大氏因句丽、靺鞨之众以拒，乃克自立。金始祖函普，实高丽人。清人自神其种姓，托之天女所生。实据近人所考，其始受明建州卫指挥使之职者曰猛哥帖木儿，尝入侍朝鲜，受其官职，见日本稻叶君山《清朝全史》，及近人孟森《心史史料》。则亦朝鲜之臣仆耳。盖东北诸族，其开化，无非貉族所牖启者。诸族为我再传弟子，貉族则我之高第弟子也。

貉族之文化，何自来乎？然谓古代之朝鲜，即在后世朝鲜之地，终觉其说之难通。详见予所撰《朝鲜东迁之迹》条。古皆谓其出于箕子。《汉书·地理志》："殷道衰,箕子去之朝鲜,教其民以礼义田蚕织作。乐浪朝鲜民犯禁八条:相杀以当时偿杀;相伤以谷偿;相盗者,男没入为其家奴,女子为婢;欲自赎者,人五十万,虽免为民,俗犹羞之,嫁娶无所雠;是以其民终不相盗,无门户之闭,妇人贞信不淫辟。可贵哉,仁贤之化也。"今观夫余,在国衣尚白,祭天以殷正月,见《三国志》。其说诚有不尽诬者。古有所谓肃慎者,即后世之挹娄、靺鞨也。知挹娄、靺鞨必为古之肃慎者,以楛矢石砮,至后世犹存;且《三国志》、《晋书》本传及《史记·夏本纪索隐》引《括地志》,皆谓其长尺有咫,与《国语》、《史记》、《说苑》、《家语》合也。据《晋书》,此族当魏景元末,及晋元帝中兴时,皆尝以楛矢石砮来贡;而据《宋书》及《南史》,宋大明中,高句丽又尝贡之;则其物得诸目击,非苟袭旧文者比矣。○又此族,《后汉书》、《三国志》皆称挹娄,而《晋书》仍称肃慎,云一名挹娄,此必其人仍以肃慎之名自通,不则当云挹娄古肃慎矣。《魏书·勿吉传》:"旧肃慎国也。"旧字盖指晋时言之,若指三代以前,亦当用古字也。而《左氏》昭公九年詹桓伯让晋之辞,以之与燕、亳并列,为周之北土,与魏、骀、芮、岐、毕为西土,蒲姑、商奄为东土,巴、濮、楚、邓为南土者同科。此濮在今河南、湖北之间,《国语》楚蚠冒始启濮,韦《注》谓为南阳之国;又《左氏》杜《注》,谓庸亦百濮夷是也。又此时之楚,尚在丹、淅二水之间,见《过庭录·楚鬻熊居丹阳武王徙郢考》。若谓古代肃慎,即在后世挹娄、靺鞨之地,则今松花江上游,周初视之,已与河南北、山东西、陕西、湖北相等,此为情理所必无。然则肃慎殆亦始邻燕、亳,后乃播迁于今之吉林者也。肃慎如是,朝鲜何独不然? 然则箕子封地,虽不可考,以理度之,恐不能在渝关之外也。朝鲜初封之地,虽不可考,而其播迁之迹,则略有可稽。《史记·苏秦列传》载秦说燕文侯之辞曰:"燕东有朝鲜、辽东",此时朝鲜似尚在辽东之内。其后燕将秦开袭破东胡,置上谷、渔阳、右北平、辽西、辽东五郡,朝鲜盖以此时,播越塞表。肃慎、沙貉之北徙,当在是时。详见《朝鲜东迁之迹》。《三国志·辰韩传》云:"其耆老传世,自言古之亡人避秦役来适韩国。"《夫余传》亦云："国之耆老，自说古之亡人。"十口相传，历时不能甚久。其相传甚久者，往往为荒唐之辞，如神话等。以辰韩证夫余，亦可知其东走，不过在战国之世也。

　　然则涉貉东徙之迹，尚有可考者乎？曰：有。今欲考其播迁之时，必先稽其故居之地。古书言涉貉者，始于《管子》。《小匡》篇云："西征，攘白狄之地，遂至于西河，方舟投柎，乘桴济河，至于石沈。县车束马，逾太行与卑耳之貉，拘秦、夏。"卑耳之貉，当作卑耳之溪。《小问》篇曰："桓公北伐孤竹，未至卑耳之溪"；《说苑·辨物》篇，亦谓桓公北征孤竹，未至卑耳溪，见知道之神，从之而太行，逾之正入西河也。《荀子·强国》谓秦北与胡、貉为邻；《墨子·兼爱》以燕、代、胡、貉、西河之民并举；而《史记·封禅书》，桓公谓"寡人北伐山戎，过孤竹；西伐大夏，涉流沙；县车束马，上卑耳之山"；可见胡、貉、秦、夏，四者相次。以大较言之：逾太行，济卑耳，则涉西河，接胡、貉；益西为秦；自秦而西为夏；过大夏则入流沙。桓公兵力，未必至是，盖齐人侈言之。然诸国之地望必不误，此犹作寓言者，其事虽子虚，其名物必不妄也。独山戎，《左氏》谓其病燕；而《穀梁》曰："燕，周之分子也，贡职不至，山戎为之伐矣。"庄三十年。则其地近于蓟；孤竹，《汉志》谓在辽西令支，今河北迁安县也；其地若不相及者。然《管子·轻重甲》曰："今寡人欲北举事孤竹、离枝。"《轻重戊》曰："桓公问于管子曰：代国之出何有？管子对曰：代之出，狐白之皮，公其贵买之。代民必去其本，而居山林之中。离枝闻之，必侵其北。"离枝即令支。孤竹、令支，当时皆近代；其地在北方，不在东北，故《孟子》言"伯夷辟纣，居北海之滨"也。《离娄》上。《公羊》谓齐侯伐山戎，旗获而过我；《檀弓》谓孔子过泰山侧，有妇人哭于墓者而哀；《新序》亦记此事，而云孔子北之山戎；《论衡·遭虎》篇云孔子行鲁林中，《定贤》篇云鲁林中哭妇；则山戎实在泰山附近，其所病者，恐为

南燕而非北燕。鲁济之遇,《左氏》曰:"谋山戎也。"《说苑·权谋》亦
曰:"齐侯将伐山戎、孤竹,使人请助于鲁。"果在北燕之表,请助于鲁
何为? 而其还,亦安得旗获而过鲁邪? 杜预《释例·土地名》,以北
戎、山戎、无终三者为一,<sub>昭公元年《疏》。</sub>说盖有所受之。北戎见于
《春秋》者:僖公十年,齐侯、许男伐北戎,其见于《左氏》者:隐公九
年侵郑,桓公六年伐齐。无终见于《左氏》者:襄公四年,遣使如晋,
请和诸戎,魏绛劝晋侯许之,曰:"戎狄荐居,贵货易土,土可贾焉。"
又曰:"边鄙不耸,民狎其野,穑人成功。"则其地必密迩晋。昭公元
年,荀吴败无终及群狄太原,盖亦即晋阳之地耳。然则山戎在齐、
晋、郑、许之间;孤竹在其北,近代;沙貉则在其西,近西河,与胡杂
处,而邻于秦也。《韩奕》之诗曰:"王锡韩侯,其追其貉。"此韩侯,郑
以为即后来韩原之地,故谓梁山在左冯翊西北;而释"溥彼韩城,燕
师所完"之燕师为平安时众民。王肃、孙毓,不满其说,乃以燕为北
燕;<sub>《释文》。</sub>而以涿郡方城县之寒号城为韩侯城;<sub>《水经·圣水注》:方
城,今河北固安县。</sub>后儒亦有主其说者;皆由误以燕为北燕,谓驱蓟丘
之众,于役韩原,为不可通耳。而不知《诗》明言韩姞,其为南燕而非
北燕彰彰也。<sub>俞理初说,见《癸巳类稿》。</sub>知燕之为南燕,则韩之在韩原
无可疑,而追、貉为王畿北面之国,亦无可疑矣。陈硕甫《毛诗传
疏》,谓追、沙声相近,疑追貉即沙貉,徒据音读推测,更无他证。然
以情事揆之,说亦可立。何者?《史记·赵世家》,载山阳侯朱书曰:
"余将赐女林胡之地,至于后世,且有伉王,奄有河宗,至于休溷诸
貉。"所谓伉王,盖指武灵。此乃武灵王既辟西河之后,史氏造作此
言,可见其时西河之地,仍有貉族居之,盖即《诗》之所谓追貉,《管
子》之所谓沙貉也。郑《笺》又云:"其后追也、貉也,为猃狁所逼,稍
稍东迁。"此言未知所本。然观武灵王时,荐居西河者,实以林胡、楼
烦为大,而沙貉无闻焉;又孤竹、离枝等,故近代者,咸有东徙之迹,

则郑说疑亦有据。涉貉故处西河,后乃日徙而东北,其留者,盖仅如南山之小月氏矣。然西河故涉貉之所处,故言西河者犹举其名,而征略则不之及也。自此涉貉遂近北燕。《史记·燕世家》谓"燕北迫蛮貉",《货殖列传》谓"燕东绾涉貉、朝鲜、真番之利"是也。自五郡开,乃益被逐东北走。《汉书·武帝纪》:元朔元年,"东夷秽君南闾等口二十八万人降,为苍海郡。"此即《食货志》所谓"彭吴穿涉貉、朝鲜,置沧海郡"者,曰穿,则地必在朝鲜之表,《史记·平准书》作"彭吴贾灭朝鲜,置沧海之郡。"彭吴贾与彭吴,未知孰是。言灭朝鲜,则《史记》似误,以是时朝鲜尚未灭也。盖即后来岭东七县之地。然其部落,仍有留居北燕附近者。《高帝纪》:四年,"北貉、燕人,来致枭骑助汉"是也。涉貉东北徙之遗迹,可考见者如此。《水经注》:清漳逾章武故城西,故涉邑也。枝渎出焉,谓之涉水。章武今河北大城、沧两县之地。此亦涉之近于北燕者。

然当时之播越东北者,正不独涉貉一族也。《三国志·夫余传》云:"国之耆老,自说古之亡人。""其印文言涉王之印,国有故城名涉城。盖本涉貉之地,而夫余王其中,自谓亡人,抑有似也。"何以知夫余非即涉貉,而谓其王涉貉中?故老传言,当必有据。然谓夫余、涉貉,截然异族,则又不可。何者?果其君民异族,则其文化之间,彼此必有差异,然夫余与出于夫余之句丽、百济,其文化固与沃沮及涉大同也。《晋书·夫余传》,言"其国殷富,自先世以来,未尝被破",此亦非以同族入主者不能。然则夫余、丽、济之与涉貉,乃同民族而异其部落者耳。彼又何自来邪?曰:盖古之九夷也。

古释九夷者有二说:一《后汉书·东夷传》,所谓畎夷、于夷、方夷、黄夷、白夷、赤夷、玄夷、风夷、阳夷;一李巡注《尔雅》,所谓一曰玄菟、二曰乐浪、三曰高骊、四曰满饰、五曰凫臾、六曰索家、七曰东屠、八曰倭人、九曰天鄙者也。《礼记·王制孔疏》。《后汉书》之说,出于《竹书纪年》,见《注》。李巡之说,玄菟、乐浪,皆汉郡名;高骊即高句丽,凫臾即夫余,与倭人并汉世东北远国;以释古之九夷,毋乃不类? 其余名目,尤雅记无征。故说经者多不之信也。然郡县名之不可为夷狄名;汉世之夫余、句丽与倭,其地与古之九夷不相及;李巡即固陋,岂不之知? 又岂有伪造书史无征之名,而可以欺人者乎?古来作伪者多矣,有如是其拙者乎? 然则李巡之说,殆有所本,特后人不之知耳。

　　且巡所举九夷之名,固不尽无征也。《周书·王会》:北方台正东有高夷,其西有屠州。西面者,正北方有良夷。高夷盖即高句丽,高句丽但言高,《三国志·高句丽传》云:"汉时赐鼓吹技人,常从玄菟郡受朝服衣帻。后稍骄恣,不复诣郡,于东界筑小城,置朝服衣帻其中,岁时来取之,今胡犹名此城为帻沟娄。沟娄者,句丽名城也。"《周书》云:"自号曰高句丽,仍以高为氏。"此言实误。句丽,沟娄,同音异译。实缘其王氏高,故国号高句丽,犹华言高氏城耳。良夷盖即乐浪。高句丽为种落名,又为汉县名,事极明白。然则乐浪、玄菟,事同一律,非李巡妄以汉郡县名为九夷之名,乃汉郡县固以种落名,而其种落,实有古之九夷在其中耳。屠州疑即东屠。州盖聚落之称,初但称屠,后或分为东西也。满饰疑即所谓满潘汗者。《魏略》云满潘汗,而汉有潘汗县,盖满与潘汗为二也。倭人,盖亦即汉世之倭。晚周之世,海道交通颇盛,中国东方之夷,能浮海而至日本,其无足怪。惟天鄙不可考。至于索家,则予又因此而得妙悟焉。

　　《后汉书·夫余传》云:"初,北夷索离国王出行,其侍儿于后妊身。王还,欲杀之。侍儿曰:前见天上有气,大如鸡子,来降我,因以有身。王囚之,后遂生男。王令置于豕牢,豕以口气嘘之,不死。复徙于马兰,马亦如之。王以为神,乃听母收养,名曰东明。东明长而善射,王忌其猛,复欲杀之。东明奔走,南至掩㴲水,以弓击水,鱼鳖皆聚浮水上，东明乘之得度，因至夫余而王之焉。"此事亦见《论衡·吉验》篇，索离作橐离；《后汉书注》亦云："索或作橐，音度洛反。"《三国志注》引《魏略》则作稿离，记事并大同。《梁书·高句丽传》，则谓句丽出自东明，东明本北夷橐离王之子。其下记事，亦与《后汉书》、《魏略》、《论衡》不异。稿离，橐离，并即高丽，显而易见，盖亿谓夫余之类惟有高丽而改之。然诸书皆言高丽出自夫余，不言夫余出自高丽，亿改者实误，索离，盖即索家也。

　　因此神话，又可推见古代貉族分布之广。《魏书·高句丽传》曰："高句丽者，出自夫余。自言先祖朱蒙。朱蒙母，河伯女，为夫余王闭于室中，为日所照，引身避之，日影又逐。既而有孕，生一卵，大如五升，夫余王弃之与犬，犬不食；弃之于路，牛马避之；后弃之野，众鸟以毛茹之。夫余王割剖之，不能破，遂还其母。其母以物裹之，置于暖处。有一男，破壳而出，及其长也，字之曰朱蒙。其俗言朱蒙者，善射也。夫余人以朱蒙非人所生，将有异志，请除之。王不听，命之养马。朱蒙每私试，知有善恶，骏者减食令瘦，驽者善养令肥。夫余王以肥者自乘，以瘦者给朱蒙。后狩于田，以朱蒙善射，限之一矢。朱蒙虽矢少，殪兽甚多。夫余之臣，又谋杀之。朱蒙母阴知，告朱蒙曰：国将害汝，以汝才略，宜远适四方。朱蒙乃与乌引、乌违等二人弃夫余东南走。中道，遇一大水，欲济无梁。夫余人追之甚急。朱蒙告水曰：我是日子，河伯外孙，今日逃走，追兵垂及，如何得济？于是鱼鳖并浮，为之成桥，朱蒙得渡，鱼鳖乃解，追骑不得渡。朱蒙遂至普述水，遇见三人：其一人著麻衣，一人著衲衣，一人著水藻衣，与朱蒙至纥升骨城，遂居焉。"其说与《后汉书》、《魏略》、《论衡》小异，而与《好大王碑》大同。《好大王碑》曰："惟昔始祖邹牟王之创基也，出自北夫余，天帝之子，母河伯女郎，剖卵降出。"又曰：命驾巡东南下，路由夫余奄利大水。王临津言曰：我是皇天之子，母河伯女郎，为我连葭浮龟。应声即为连葭浮龟,然后造渡。于沸流谷忽本西城山上而建都焉。○《北史》同《魏书》,《周书》辞少略,惟其所本与《魏书》同则无疑。惟碑又谓"黄龙来下,王于忽本东冈负龙,上升天",为《魏书》所未及耳。今案《博物志》述徐偃王之事曰:"徐君宫人,娠而生卵,以为不祥,弃之水滨。独孤母有犬,名鹄仓,猎于水滨,得所弃卵,衔以来归。独孤母以为异,覆暖之,遂蚨成儿。生时正偃,故以为名。徐君宫中闻之,乃更录取。长而仁智,袭徐君国。后鹄仓临死,生角而九尾,实黄龙也。偃王令葬之徐界中,今见狗垄。"此说与《魏书》《好大王碑》之说,相似已极,谓非同出一原不可也。然则徐与夫余、句丽,关系必极密矣。

昔人说貉,或以为在北方,《孟子·告子》下赵《注》、《周官》职方郑《注》、《说文·豸部》貉字下。或以为在东北方,《周官·秋官》貉隶郑《注》、《诗》、《周官正义》引《郑志》、《说文·羊部》羌字下。无以为在南方者。《鲁颂》有"淮夷蛮貉"之文,《论语》有"蛮貉之邦"之语,《卫灵公》。咸以为泛指异族之辞耳。夷、蛮、戎、狄等名,其初或有所专属,其后遂变为通称,此诚习见不足疑。然细考之,亦有不尽然者。四字之中,惟夷与其余三字,均可相属。戎狄二字,亦可连言。若蛮与戎狄,则从无举者。惟貉亦然。有夷貉,有蛮貉,无戎貉、狄貉也。然则泛指异族之辞者,仍与方位略有关系,貉不与戎狄相属,而与夷蛮相属,可知其初本在东南矣。《鲁颂·閟宫》之诗曰:"奄有龟、蒙,遂荒大东,至于海邦,淮夷来同。"又曰:"保有凫、峄,遂荒徐宅,至于海邦,淮夷、蛮貉。"皆以淮夷与徐、貉同称。《公羊》僖公十四年,"诸侯城缘陵,孰城之?城杞也。曷为城杞?灭也。孰灭之?盖徐、莒胁之。"《左氏》则曰:"会于咸,淮夷病杞故。"十四年,"诸侯城缘陵而迁杞焉。"此为徐即淮夷之证。《左氏》昭公元年:"周有徐、奄。"杜注:"二国皆嬴姓。《书序》曰:成王伐淮夷,遂践奄。徐即淮夷。"盖以其地言之,则曰淮夷;以其族言之则曰貉;以其中之名国言之,则曰徐耳。孙仲容《墨子间诂》引李巡之说而辨之曰："《王制疏》所云，皆海外远夷之种别，此九夷与吴、楚相近，盖即淮夷，非海外东夷也。《书叙》云：成王伐淮夷，遂践奄。《韩非子·说林上篇》云：周公旦攻九夷而商盖服。商盖即商奄，则九夷亦即淮夷。故《吕氏春秋·古乐》篇云：成王立，殷民反，王命周公践伐之。商人服象，为虐于东夷，周公遂以师逐之，至于江南。又《乐成》篇云：犹尚有管叔、蔡叔之事，与东夷八国不听之谋。高《注》云：东夷八国附从二叔，不听王命。周公居摄，三年伐奄，八国之中最大，著在《尚书》。余七国小，又先服，故不载于经也。案东夷八国，亦即九夷也。春秋以后，盖臣属楚、吴、越三国；战国时，又专属楚。《说苑·君道》篇，说越王句践与吴战，大败之，兼有九夷。《淮南子·齐俗训》云：越王句践霸天下，泗上十二诸侯，皆率九夷以朝。《战国策·秦策》云：楚苞九夷，方千里。《魏策》云：张仪曰：楚破南阳九夷，内沛，许、鄢陵危。《文选》李斯《上秦始皇书》，说秦伐楚，苞九夷，制鄢、郢。李《注》云：九夷属楚。若然，九夷实在淮、泗之间，北与齐、鲁接壤。故《论语》子欲居九夷。参互校核，其疆域固可考矣。"《非攻中》。案孙说九夷之地是也，必谓其非海外东夷，则犹昧于种落迁徙之事。盖自商、周之间，至于秦、汉之世，其为时亦久远矣。后世种落迁徙，有数十百年之间而大异于其故者，何独至于三代、秦、汉之世而疑之乎？古书皆但言夷、蛮、戎、狄，《周官》独益之以闽、貉，职方氏。《礼记》、《明堂位》。《论语》、《子罕》。《尔雅》，皆言九夷，《周书·伊尹朝献》：正东九夷。《墨子·节葬下》：禹东教乎九夷。《周官》独有所谓九貉，知此九种者，以地言之则曰夷，以族言之则曰貉，《周官》之别九貉于四夷，盖以其在东夷中为最大耳。然则古所谓夷貉、蛮貉，固有所专指，而非尽泛称矣。

　　抑貉族之分布，尚有不止于此者。《鲁颂》曰："戎狄是膺，荆、舒是惩。"所谓戎者，盖指徐言之。徐之国虽在南，而其兵力尝及西北，故亦可称戎。见予《江汉常武》条。《费誓》曰"徂兹淮夷，徐戎并兴"是也。狄则足句辞耳。《閟宫》之诗，皆颂鲁平淮、徐之功，而必兼及荆、舒，则荆、舒之与淮、徐，必有关系可知。今案《史记·楚世家》云："楚之先祖出自帝颛顼高阳。高阳生称，称生卷章，卷章生重黎。重黎为帝喾高辛居火正，甚有功，能光融天下，帝喾命曰祝融。共工氏作乱，帝喾使重黎诛之而不尽。帝乃以庚寅日诛重黎，而以其弟吴回为重黎后，复居火正，为祝融。吴回生陆终。陆终生子六人，坼剖而产焉。其长，一曰昆吾，二曰参胡，三曰彭祖，四曰会人，五曰曹姓，六曰季连，芈姓，楚其后也。"坼剖而产，《集解》引谯周、干宝，皆以为疑，而引脩己背坼而生禹，简狄胸剖而生契；魏黄初五年，汝南屈雍妻王氏生男，从右胳下出，以为之解，殆失《史记》之意。坼剖而产，盖亦谓始生为卵，后乃破壳而出耳。《史记》之文，与《大戴礼记·帝系》篇，大同小异。《帝系》篇云："陆终氏娶于鬼方氏，鬼方氏之妹谓之女隤氏，产六子，孕而不粥，三年，启其左胁，六人出焉。其一曰樊，是为昆吾；其二曰惠连，是为参胡；其三曰篯，是为彭祖；其四曰莱言，是为云郐人；其五曰安，是为曹姓；其六曰季连，是为芈姓。"《史记索隐》引《世本》同。惟篯作篯铿，莱言作求言，云郐人作郐人耳。《集解》又引《世本》曰："昆吾者，卫是也；参胡者，韩是也；彭祖者，彭城是也；会人者，郑是也；曹姓者，邾是也；季连者，楚是也。"《戴记》《世本》之文，较《史记》为具。然启左胁而六人出，恐系后人以附会之辞改窜，非元文。《大戴记》无传授，昔人即不尽信也。《太平御览》引《帝系》此文，作"启其左胁三人出，右胁三人出"。是楚与徐之神话，极相类也。舒当春秋时有舒庸、舒蓼、舒鸠、舒龙、舒鲍、舒龚，皆偃姓。《左氏》文公十二年《正义》引《世本》。偃姓皋陶后，与秦同祖；而秦楚之关系，又有极密者。《秦本纪》曰："秦之先，帝颛顼之苗裔孙曰女脩。女脩织，玄鸟陨卵，女脩吞之，生子大业。"是秦所祖与楚同，而其神话亦极相类也。又曰："大业取少典之子，曰女华。女华生大费，与禹平水土。已成，帝锡玄圭。禹受曰：非予能成，亦大费为辅。帝舜曰：咨尔费,赞禹功,其赐尔皂游,尔后嗣将大出。乃妻之姚姓之玉女,大费拜受。佐舜调驯鸟兽,鸟兽多驯服,是为柏翳,舜赐姓嬴氏。"《索隐》曰:"寻检《史记》上下诸文,伯翳与伯益是一人不疑,而《陈杞系家》,即叙伯翳与伯益为二,未知太史公疑而未决邪?抑亦谬误尔。"案《陈杞世家》之文,实漏彭祖而重出一益,予别有考。翳、益之为一人,则无可疑。此秦与舒同祖也。《左氏》文公五年:"臧文仲闻六与蓼灭,曰:皋陶、庭坚不祀,忽诸!"《注》:"蓼与六,皆皋陶后。"此蓼当即舒蓼。此云蓼灭,而宣公八年又云"楚为众舒叛故,伐舒蓼灭之"者,春秋时国灭而复建者多矣,如舒鸠,于襄公二十五年,为楚所灭,而定公二年,吴子又使舒鸠氏诱楚人,亦其一例也。其同类又有六;而徐与奄又皆嬴姓,《左》昭元年杜《注》,见前引。《正义》云:《世本》文。与秦同;然则秦与淮、徐、荆、舒,皆同出一祖矣。

更由此而上推,则商周先世之神话,亦有与此类者。《商颂》曰:"天命玄鸟,降而生商。"郑《笺》谓"𥐖遗卵,娀氏之女简狄吞之而生契",《史记·殷本纪》及《三代世表》褚先生引《诗传》说同。说既极与徐楚类。而《生民》之诗,咏后稷生于姜嫄之事曰:"不坼不副,无灾无害。"郑《笺》于此无说。毛《传》乃云:"凡人在母,母则病;生则拆副,菑害其母。"此必妄为之说。毛《传》不取纬候,后人或以此多之,其实古说自系如此,适见其为无本之学耳。诗又云:"诞置之隘巷,牛羊腓字之。诞置之平林,会伐平林。诞置之寒冰,鸟覆翼之。鸟乃去矣,后稷呱矣。"窃疑坼副状卵之破;不坼不副,言其卵未尝自破;无灾无害,盖亦如《魏书》之说,谓割剖等不能伤;鸟去而后稷呱,则亦如《魏书》、《博物志》之言,谓以暖孚之,乃破壳而出耳。此说而确,则商周先世之神话,实与徐、楚、夫余、句丽大同。所谓剖左胁而出,以及坼背、剖胸,全系后人不解坼副字义,而妄行穿凿矣。《蜀本纪》云:"禹坼副而生。"而其地有刳儿坪,《路史》引。亦此说之一证也。《论衡·奇怪》篇引儒者之说曰："禹、卨逆生，闿母背而出，后稷顺生，不坼不副，不感动母体。"说与《蜀本纪》岐异。盖《蜀本纪》为旧说，《论衡》所引，则附会之说也。徐与句丽神话皆托之于龙，似起于近海之处，正是九夷之地。吾国开化，肇自羲、农，地皆在今山东，实与九夷相接。黄帝之族，起自河北，兵力虽视羲、农之族为强，开化实较羲、农之族为晚。凡后起之国，往往蹈袭先进之族之文化。殷周皆黄帝后，得毋其神话，实窃之于东方近海之国钦？邈哉尚矣，弗可得而质矣，然其事则殊可深长思也。

　　抑古之所谓东夷及嬴姓、芈姓之族，其与西北民族争斗之迹，则通古史，犹有可考见者焉。《国语·郑语》：史伯述祝融之后凡八姓：曰己、曰董、曰彭、曰秃、曰妘、曰曹、曰斟、曰芈。夏之霸曰昆吾，商之伯曰大彭、豕韦。昆吾，己姓；大彭，彭姓；豕韦，彭姓之别也。韦《注》。史伯言斟姓无后，然夏之亡于寒浞，实依斟灌及斟寻，则斟虽无后于周时，初非无国于夏代。以斟灌、斟寻为夏同姓之国者盖非。桀之亡也，昆吾实与之俱。而汤于伐昆吾之先，又尝伐韦、顾，《诗·商颂》。夏师败绩，汤遂伐三㚇；《史记·殷本纪》。鄾夷氏则董姓也。《左氏》载椒举之言曰："夏桀为仍之会，有缗叛之；商纣为黎之搜，东夷叛之。"昭公四年。○《韩非子·十过》："纣为黎丘之盟，而东夷叛之。"又载叔向之言，谓"桀克有缗以丧其国，纣克东夷而陨其身。"昭公十一年。缗者，有仍之姓。《史记·吴世家集解》引贾逵说。帝相之灭，后缗方娠，逃出自窦，归于有仍。《左氏》哀公元年。以患难相依、昏姻之国而至于叛离，桀之亡盖有由矣。《说苑·权谋》篇曰："汤欲伐桀。伊尹曰：请阻乏贡职，以观其动。桀怒，起九夷之师以伐之。伊尹曰：未可。彼尚能起九夷之师，是罪在我也。汤乃谢罪请服，复入贡职。明年，又不供贡职。桀怒，起九夷之师。九夷之师不起。伊尹曰：可矣。汤乃兴师伐桀而残之。"案《春秋》桓公五年，"仍叔之子来聘",《榖梁》作任叔,则仍、任二字古通,古之有仍,即春秋之任国,实亦东夷之地。有缗之叛,与九夷之不起,事正相因。此可见夏与祝融之后及东夷,关系之密也。大彭,即春秋时彭城,正东夷形胜之地,而殷之末世灭之,《楚世家》。似乎自翦其羽翼者。楚庄王谓"纣之百克,而卒无后",《左氏》宣公十二年。合诸叔向之言,又似纣之兵力甚强,特疲敝于东,致为西方之周所乘者。书缺有间,难以质言。然纣之亡也以妲己,妲己不知果有逸德,足以亡殷与否,而己姓于殷为昏姻之国,则信而有征矣。而嬴姓之奄与淮夷、徐戎,尤为殷之强辅。《孟子》言:"周公伐奄,三年讨其君。"《滕文公》下。《墨子》亦言:"周公旦非关叔,辞三公,东处于商盖。"《耕柱》。商盖,即商奄也。王怀祖云:"盖字古与盍通。盍奄草书相似,故奄讹作盍,又讹作盖。《韩子·说林》:周公旦已胜殷,将攻商奄,今本奄作盖,误与此同。昭二十七年《左传》吴公子掩余,《史记·吴世家》、《刺客传》并作盖余,亦其类也。"孙仲容《间诂》曰:"王说是也。"《史记·秦本纪》云:"蜚廉生恶来,恶来有力,蜚廉善走,父子并以材力事纣。周武王之伐纣,并杀恶来。是时蜚廉为纣石北方,还,无所报,为坛霍太山而报,得石棺。铭曰:帝令处父,不与殷乱,赐尔石棺以华氏。死,遂葬于霍太山。"与《孟子》言"驱飞廉于海隅而戮之"《滕文公》下。不合。窃疑《秦纪》之言,有所讳饰,然其言不与殷乱则真矣。盖禄父叛周之时,又起而佐之,以致为周所戮。窃疑伐奄三年讨其君,与驱飞廉于海隅而戮之,正是一事,飞廉即奄君也。奄之地在鲁,《左昭》九年《疏》引服虔。《说文·邑部》:"郁,周公所诛郁国在鲁。"又《史记·周本纪集解》引郑:"奄国,在淮夷之北。"其南为大彭故墟,又其西则徐。《汉志》临淮郡,治徐县,春秋时徐子国,今安徽盱眙县也。案徐疆域颇广。《说文·邑部》:"郯,邳下邑地,鲁东有徐戎。"《史记·鲁世家》:顷公十九年,"楚伐我,取徐州。"徐广曰:"徐州,在鲁东,今薛县。"《索隐》引《郡国志》曰:"六国时曰徐州。"此今山东滕县地。盖徐盛时,疆域尝至此。奄之抗周也，淮夷、徐戎并兴，鲁公伯禽实征之。见《书·费誓》。奄既亡，以其余民封伯禽于少皞之虚。《左氏》定公四年。淮夷、徐戎盖未尝大破，故数传之后，徐偃王复乘缪王之好游，起而自王焉。详见予《江汉常武》条。是役也，蜚廉之后造父实助穆王，东归平乱，见《史记·秦本纪》。《赵世家》云："造父为缪王御，长驱归周，一日千里。"自系传说非实。然造父之党于周，必不虚也。由是获封于赵城，虽赵氏之族，由此而大，然忘亲事雠，实愧见蜚廉于地下矣。偃王稍后而楚始强。《楚世家》言熊渠当夷王时。熊渠封长子康为句亶王，中子红为鄂王，少子执疵为越章王。越章，即豫章，地在今安徽当涂，见《楚鬻熊封丹阳武王徙郢考》。九夷之服属于楚，当始于是。及齐桓称霸，与楚争九夷甚烈。僖公四年，桓公伐楚，"还而齐人执陈辕涛涂。涛涂谓桓公曰：君既服南夷矣，何不还师滨海而东，服东夷且归？桓公曰：诺。于是还师滨海而东，大陷于沛泽之中，顾而执涛涂。"《公羊》僖公四年。《左氏》曰："陈辕涛涂谓郑申侯曰：师出于陈、郑之间，国必甚病；若出于东方，观兵于东夷，循海而归，其可也。申侯曰：善。涛涂以告，齐侯许之。申侯见，曰：师老矣，若出于东方而遇敌，惧不可用也；若出于陈、郑之间，共其资粮屝屦，其可也。齐侯说，与之虎牢，执辕涛涂。"一似齐桓闻申侯之言而悟，遂未尝东略者。盖其叙事有漏，正无妨虎牢之赏，为既陷沛泽后追思之举也。《左氏》本出《国语》，多记士大夫言行，叙军国之事转略，观郯之战可见。是役盖攻东夷而败。然十五年，楚人伐徐，《左氏》曰："徐即诸夏故也。"则桓公之经略，颇有成绩矣。是时，助桓公经略淮、徐者为鲁，《鲁颂》盛夸其功伐；而党于淮、徐者邹、莒，缘陵之役，已见前。僖公十六年，有淮之会，《左氏》曰："谋鄫，且东略也。"二十一年，邾人灭须句。二十二年，僖公伐而复之，旋复有升陉之败。《檀弓》曰："邾娄复之以矢，盖自战于升陉始也。"可见邾娄风气之强悍，及其仇鲁之深。邹、莒则出自祝融之曹姓之后也。《管子》夸齐桓"北伐山戎，制令支，斩孤竹，而九夷始听。"《小匡》。宰孔之告晋侯曰:"齐侯不务德而勤远略,故北伐山戎,南伐楚,西为此会也。东略之不知,西则否矣。"《左氏》僖公九年。可见齐桓东略之勤。当时争霸,实在中原之地,而勤于东略如此,盖楚之强,实以九夷为之辅,故欲披其党而分其势也。齐桓既亡,宋襄继起图霸,使邾文公用鄫子于次睢之社,欲以属东夷。《左氏》僖公十九年。齐、鲁谋鄫以拒邾,宋襄所为,适与相反,盖兵力不足,故以此示招怀,其意盖亦欲携之于楚,然此等诈谋,卒无所用,而有泓之败。自是楚势大张,鲁且析而入之,而以其师伐齐焉。晋文崛起,运其谲而不正之智,齐、秦与宋,皆为之辅,乃获助楚于城濮。然至文公九年,晋君少,不在诸侯,楚公子朱遂自东夷伐陈。此可见楚之有资于东夷。晋虽合北方之诸侯,力终不足服楚,乃有通吴以挠楚之举。《左氏》成公六年。其谋发自巫臣,而巫臣之有憾于楚,实以夏姬之故。《左氏》成公二年。其事殊诙诡可喜,然恐传说非实。传说之事,往往以一妇人为之经纬,如《蒙古源流》书中如夏之妹喜,殷之妲己,周之褒姒,楚之夏姬,吴之西施,实皆此种性质。吴之先,"断发文身,嬴以为饰";《左氏》哀公七年。乘车、射御、战陈,皆有待于巫臣之教而后能;其文明程度,实远较淮、徐之夷为低,而晋人不恤屈己以通之;而吴自是亦遂世睦于晋以谋楚。虽曰远交近攻,外交之策宜然,得毋以其同为姬姓故,其情易亲欤? 而吴、越世雠,其相齮龁尤甚。夫夫差之于句践,固有杀父之仇;句践之于夫差,亦有灭国之怨。然自阖庐以上,其相齮龁,又何为哉?《国语》、《世本》,皆云越为芈姓,得毋越之雠吴,正犹吴之亲晋,皆由种姓同异使之然欤? 详见《越之姓》条。吴、越皆断发文身,九夷则初无此俗。《左氏》昭公三十年,"吴灭徐,徐子章禹断其发,携其夫人,以逆吴子",盖从其俗以示服。杜《注》谓"自刑示惧",非也。楚成王之使献天子也,天子赐之胙,曰:"镇尔南方夷、越之乱。"《楚世家》。《荀》亦曰:"干、越、夷、貉之子,生而同声,长而异俗。"《劝学》。以夷与越分言，其确为两族可知。《春秋》昭公五年，楚子、蔡侯、陈侯、许男、顿子、沈子、徐人、越人伐吴。《左氏》云："楚子以诸侯及东夷伐吴。"诸侯指蔡、陈、许、顿、沈五国，东夷指徐、越也。越与吴同俗，而与徐同称东夷，此亦越之君与楚相近之一证。夫以吴之强，能沟通江、淮，且遣偏师入海以伐齐，宁不能溯江以攻楚？然而入郢之役，必有待于大隧、直辕、冥厄之开，则以东夷大抵从楚也。巫臣之通吴也，《左氏》言"蛮夷属于楚者，吴尽取之"，此所谓蛮夷，盖即群舒之类，实当吴沿江上溯之路者也。然嗣后吴楚之争，大抵在南巢以下，可见吴实未大得志。哀公十九年春，"越人侵楚，以误吴也。""秋，楚沈诸梁伐东夷。三夷男女及楚师盟于敖。"三夷，盖即越之所侵，可见入郢之后，东夷仍多属楚。不特此也，秦除缪公之世尝一与晋亲外，率皆助楚以掎晋。昭王之出走，惟秦人不惮远役，以却吴师；亦惟越人批亢捣虚，以蹑吴后。则民族之亲疏同异，又有隐然可见者。太公初封，莱夷即与之争国；晋居深山之中，戎狄之与邻，而远于王室；王灵不及，拜戎不暇。以视秦杂戎狄之俗；楚筚路蓝缕，崎岖山林之间者，又何以异？而秦自缪公修政，东境至河，宗周故壤，悉为所据，其视东方，亦何多让？楚之久侪于声明文物之国，与晋狎主齐盟者，更无论矣。然山东诸国，率皆以夷狄遇之，得毋非尽文野之殊，亦有民族异同之见欤？邈哉尚矣，弗可得而质矣，然其事则殊可深长思也。

孟子之难白圭也，曰："子之道，貉道也。"又曰："夫貉，五谷不生，惟黍生之，无城郭宫室宗庙祭祀之礼，无诸侯币帛饔飧，无百官有司，故二十取一而足也。"《告子》下。此盖指南方之貉言之。若北方之涉貉，东北徙而为夫余、句丽、百济者，则固有城郭宫室宗庙祭祀之礼；有诸侯币帛饔飧；有百官有司矣。然则北方之貉，文明程度，实较南方为高。然孟子又曰："欲轻之于尧、舜之道者，大貉、小貉也；欲重之于尧、舜之道者，大桀、小桀也。"此语亦见《书·大传》

及《公羊》,宣公十五年。盖儒家所常道。然则貉与中国所异者,征敛轻重之间耳,其立法固相类矣。在四夷之中,实惟貉差堪与中国比拟也。此子所以欲居九夷欤?

《生民》之诗曰:"克禋克祀,以弗无子。"《传》、《笺》皆以为高禖之祀。高禖之祀,以燕至之月,可见其与殷之神话相关,而其礼实著于《月令》。《月令》者,古明堂行政之典,然授朔以九月,武职以尉名,则其篇籍实传自秦。《秦始皇本纪》曰:"始皇推终始五德之传,以为周得火德,秦代周,德从所不胜。方今水德之始,改年始、朝贺,皆自十月朔。衣服旄旌节旗皆上黑。"而《封禅书》言:"秦始皇既并天下而帝,或曰:黄帝得土德,黄龙地螾见;夏得木德,青龙止于郊,草木畅茂;殷得金德,银自山溢;周得火德,有赤鸟之符;今秦变周,水德之时。昔秦文公出猎,获黑龙,此其水德之瑞。于是秦更命河曰德水,以冬十月为年首,色尚黑。"案授朔以九月,则秦之以十月为岁首,所由来者旧矣。《封禅书》又曰:"自齐威、宣之时,驺子之徒论著终始五德之运,及秦帝,而齐人奏之,故始皇采用之。"恐未必然也。《三国志》言夫余以殷正月祭天,而句丽及涉,皆以十月。盖貉族旧有二法,夫余同于殷,句丽及涉,则同于秦也。《封禅书》又言:"秦以冬十月为岁首,故常以十月上宿郊见,通权火,拜于咸阳之旁,而衣尚白。"则其后来虽尚黑,其旧俗实有同于殷者,亦可见诸族关系之密矣。《封禅书》:"秦襄公始作西畤,祠白帝;宣公作密畤,祭青帝;灵公作吴阳上畤,祭黄帝;下畤,祭炎帝;而独不闻有黑帝之祠。高帝二年,东击项籍,而还入关,问故秦时上帝祠何帝也?对曰:四帝:有白、青、黄、赤帝之祠。高祖曰:吾闻天有五帝,而有四,何也?莫知其说。"窃疑秦以黑帝为感生帝,祠之特异于四帝,非无祠也。

刘申叔尝言:"八卦五行,各为一教。周信八卦,殷信五行。有扈氏居西方,而夏启征之,以威侮五行为其罪状,盖八卦之教行于西,五行之教行于东。武王虽问《洪范》于箕子,盖未尝用其说也。"案周人果背五行与否,难定;夏、殷之信五行,则彰彰矣。九畴锡于夏后,《洪范》传自胥余,则其征也。《史记》谓匈奴出于夏桀,说实不诬,予别有考。见《匈奴为夏后氏苗裔》条。而匈奴之于五行,即极尊信。日上戊己,祭天神以戊日。其围高帝于平城也,其骑:西方尽白,东方尽骏,北方尽骊,南方尽骍。此其久知十干及方色之征,断不能谓为偶合也。貉族诸国亦然。《周书·百济传》谓"其王以四仲之月祭天及五帝之神",又谓其"都下有万家,分为五部:曰上部、前部、中部、下部、后部。城之内外民庶,及余小城,皆分隶焉。"此即《三国志》所谓"诸加别主四出道"者,亦五官之制也。朱蒙与乌引、乌违同行,其后又遇三人,亦适合五官之数。

　　貉族又有浮海而东者,时曰扶桑。扶桑之地,以予考之,实当在美洲,而希勒格氏著书,谓在堪察加半岛,见近人冯承钧译《中国史乘中未详诸国考证》。姑勿具论,其为貉族之分支,则章章也。国王名乙祁,贵人称对卢,皆句丽语。又句丽,其昏姻,方语已定,女家作小屋于大屋后,名婿屋。婿暮至女家户外,自名跪拜,乞得就女宿。如是者再三,女父母乃听,使就小屋中宿。至生子已长大,乃将妇归家。而扶桑,其昏姻,婿往女家门外作屋,晨夕洒扫。经年而女不悦,即驱之;相悦,乃成昏。其俗亦相类。扶桑之俗,衣色随年改易。甲乙年青,丙丁年赤,戊己年黄,庚辛年白,壬癸年黑,虽与《月令》之随时改易不同,然其原实出于一,则亦不容疑也。

　　《三国志·高句丽传》谓:"其国东有大穴,名隧穴,十月国中大会,迎隧神还于国东上祭之,置木隧于神坐。"此制于中国无征,然亦合因地事地之义。又《涉传》,言其俗"祭虎以为神"。案《左氏》言楚子文之生,"邙夫人使弃诸梦中,虎乳之。邙子田,见之,惧而归,以告,遂使收之。"宣公四年。邙固祝融之后;而此说与夫余王之弃朱蒙,亦极相类,似非偶然。又《周书·高丽传》,谓其"有神庙二所:一曰夫余神,刻木作妇人之象;一曰登高神,云是其始祖夫余神之子。并置官司,遣人守护,盖河伯女与朱蒙云。"此亦犹周人特立姜嫄之庙也。

《书》曰:"高宗谅暗,三年不言。"而废立之事,惟伊尹尝一行之,盖其君权故轻也。《宋书·扶桑传》,谓其"嗣王立,三年不亲国事";而《三国志·夫余传》,谓"旧夫余俗,水旱不调,五谷不熟,辄归咎于王,或言当易,或言当杀",岂犹有殷之遗风钦?

貉族之俗,与中国类者,莫如丧礼。案《礼记·杂记》载孔子之言曰:"少连、大连善居丧,三日不怠,三月不懈,期悲哀,三年忧,东夷之子也。"此则淮泗之夷,其俗亦与北方之貉类。又夫余,杀人殉葬,多者百数,而诸国皆好厚葬,其俗亦颇类于秦。

貉族用刑,最为严急。《三国志·夫余传》云:"杀人者死,没其家人为奴婢。窃盗者一责十二。男女淫,妇人妒,皆杀之。尤憎妒,已杀,尸之国南山上,至腐烂。女家欲得,输牛马,乃与之。"《周书·高丽传》:"其刑法:谋反及叛者,先以火焚爇,然后斩首,籍没其家。盗者,十余倍征赃,若贫不能备,及负公私债者,皆听评其子女为奴婢以偿之。"案《韩非》言:"殷之法,刑弃灰于街者。"《内储说》。又曰:"一曰:殷之法,弃灰于道者断其手。"得毋用法之峻,亦有由来邪?观前所引《汉书·地理志》之文,亦可见殷人用法之峻。

原刊《中山文化教育馆季刊》创刊号,

一九三四年八月十五日出版

# 〔五二〕貉族发现西半球说

　　近人《法显发见西半球说》云:"《法显佛国记》云:弘始二年,岁在己亥,与慧景、道整、慧应、慧嵬等同契,至天竺寻求戒律。初发长安,六年,到中印国。停经六年,到师子国。同行纷披,或留或亡。即载商人大舶上,可有二百余人。得好信风。东下。三日,便直大风,舶漏水入。商人大怖,命在须臾。如是大风,昼夜十三日,到一岛边。潮退之后,见船漏处,即补塞之。于是复前。大海弥漫无边,不识东西;惟望日月星宿而进。若阴雨时,为逐风去,亦无所准。当夜暗时,但见大浪相搏,恍若火色。商人荒遽,不知那向。海深无底,又无下石住处。至天明已,乃知东西,还复望正而进。若直伏日,则无活路。如是九十许日,乃到一国,名耶婆提,其国外道婆罗门兴盛,佛法无足言。停此国五月日,复随他商人大船,亦二百许人;赍五十日粮。以四月十六日发,东北行趣广州。一月余日,夜鼓二时,遇黑风暴雨,于是天多连阴,海师相望僻误,遂经七十余日。即便西北行求岸。昼夜十二日,到长广郡界牢山南岸。得好水菜,知是汉地。或言未至广州,或言已过,莫知所定。即乘小舶,入浦觅人,得两腊人,即将归;今法显译语问之,答言此是青州长广郡界,统属晋家。是岁晋义熙十二年矣。案师子国,即今锡兰。本欲自锡兰东归广州,乃反为风所播,东向耶婆提。耶婆提者,以今对音拟之,即南美耶科陁尔国;直墨西哥南,而东滨太平洋。科音作婆者,六代人婆、和两音多相混。如婆薮槃豆,一译作和修槃头,是其证。耶婆提,正音作耶和提,明即耶科陀尔矣。世传墨西哥旧为大国,幅员至广,则耶科陁尔,当时为墨西哥属地无疑。所以知耶科提必在美洲,非南洋群岛者,自师子国还向广州,为期不过四十六日。据《唐书·地理志》。故法显失道,商舶亦赍五十日粮。今遭大风,昼夜十三日,始至一岛,又九十日而至一国,合前三日计之,已得一百六日;是东行倍程可知。况南洋师子国,途次悉有洲岛;当时帆船,皆傍海而行,未有直放大洋者。今言海深无底,不可下石,而九十日中,又不见附海岛屿,明陷入太平洋中,非南洋群岛。逮至耶婆提国,犹不知为西半球,复向东北取道;又行百余日,始折而西。夫自美洲东行,又百许日,则还绕大西洋而归矣。当时海师,不了地体浑圆,惟向东方求径,还绕太西,进行既久,乃轶青州海岸之东,始向西北折行,十二日方达牢山。是显非特发见美洲,又还绕地球一周也。然据《佛国记》言:耶婆提国,已先有婆罗门,特无佛法。则法显以前,必有印度人遇风漂播至此者,故婆罗门教得传其地。又观美洲山脉,横贯南北者,在北美曰落迦,南美曰昂底斯。落迦本印度称山之语,如补陀落迦,咀落迦,弹落迦,竭地落迦是也。落迦冈底斯为西藏大山,即葱岭所自起。美之山脉,莫长于昂底斯,正与葱岭等,明昂底斯亦即冈底斯音转。斯皆以梵语命山,益明婆罗门曾先至美洲,特以姓名不著,而尸其名者独在法显,斯可为梵国前哲悲,亦为汉土尊宿幸矣。"予案观《宋书·四裔传》,则知印人浮海而东者,自古即极多。婆罗门之先至美洲,非必如原文所云,出于遇风漂播,特其与貉族之至美洲,熟为先后,则尚不可知耳。

近人《异闻录》云:"《山海经·海外东经》:言汤谷上有扶桑,十日所浴。《淮南子·天文训》:言日出于汤谷,浴于咸池,拂于扶桑。

此皆悠谬之谈。然《梁书》确有扶桑国。齐永元元年,其国有沙门慧深,来至荆州。云扶桑在大汉国东二万余里。近西人诺哀曼(Nenmann),推度其地,谓即美洲墨西哥。此说未知确否。特墨西哥建国甚早。与闽粤沿海诸地,同一纬线,中隔太平洋,在齐梁时,非不能与中华交通。《梁书》言扶桑国多扶桑,故以为名。扶桑叶似桐,而初生如笋。绩其皮为布,以为衣,亦以为棉。其文字以扶桑皮为纸。今考墨西哥特产之植物,则有摩伽(Magney)。其学名曰Agave Ameri cana。土人亦名百岁花,谓经百岁始一花。其物多纤维。古时墨西哥象形文字,皆书于摩伽叶。此犹印度之贝叶,埃及之巴比利叶。若遽谓摩伽即梁时之扶桑,恐亦近于附会。但齐、梁时由中国东行二万余里,果有文物之国,则除墨西哥外,实无地以当之。此诺哀曼氏所以疑扶桑为墨西哥也。近世落花生,本来自南美之巴西,而《福清县志》言僧应元往扶桑觅种寄回,似亦以南美为扶桑。或者古人知中国极东有美洲,因附会《山海经》,名曰扶桑也。”

又三十年代初,外交部尝咨教育部云:“据驻纽约总领事张祥麟呈称:准美国亚拉斯加省前任总督函称:本省前年掘土,发现古物二件:一系陶器,一系铜器。如能证明确系中国古物,则可证实华人曾经发见美洲。乞查明示覆等因。并附发现古物拍照四纸前来。职领检阅《金石索》,内载形似泉币一图,其形恰与美人所发现之铜器相同;正面反面之摹本,亦无差异。该书注云:系唐代孙思邈《入山符》。惟未能释明所载符文,系何意义。此地书籍不备,无从研究。至所发现之陶,因物未目睹,亦无从查考。兹特将照片四纸,随呈附送。可否咨行教育部,将符文意义,查明见覆,以凭转覆等情。相应检同原送照片二纸,咨行贵部,查照核覆,以凭转知可也。”

教育部覆文云:“查该项铜器,确系我国厌胜钱币。《西清古鉴图》录是钱,以其面有符文,定名为符印钱,且谓文与孙思邈《入山符》略仿佛。《金石索》及《吉金所见录》等钱谱，均沿袭其说，而未详其制作年代及符文意义。本部辨其形制、图像、笔意，当属宋代道家作品。又查各项厌胜钱文，皆祈福避凶之作。是钱符文，意义要不外此。一俟本部考有确证，再行详覆。至陶器形制，甚似我国宋、元时磁洗。惟有无磁釉，质地及色泽若何，该总领事既未目睹原器，原文亦未经注明，本部自未便臆断为何时器物也"云云。观此，知华人至美洲，虽或在印度人后，亦必在欧人之先矣。

# 〔五三〕 朝鲜东徙之迹

武王封箕子于朝鲜,昔人皆以为即后世朝鲜之地。夫如是,则自周以前,辽东西非久经开辟不可。然谓辽东西久经开辟,书传无征也。昔人有青州越海之说,盖由《尧典》之旸谷,纬候谓在辽西而然。然《尚书大传》:"元祀岱大山","中祀大交霍山","秋祀柳谷华山","幽都弘山祀"。《注》云:"弘山,恒山也。"则羲和四子之所宅,即四时巡守之所至;以旸谷为在辽西,乃纬候侈大之辞,实不足据矣。旸谷在辽西之说破,则青州越海之说,殊不足凭。辽东西之开辟,恐不能在燕置五郡以前。谓箕子所封,即后世朝鲜之地,乃事理所必无矣。

朝鲜古地虽不可考,然《管子·轻重甲》曰:"吴、越不朝,珠象而以为币乎? 发、朝鲜不朝,请文皮毲服而以为币乎? 禺氏不朝,请以白璧为币乎? 昆仑之虚不朝,请以璆琳琅玕为币乎? 故夫握而不见于手,含而不见于口,而辟千金者珠也,然后八千里之吴、越,可得而朝也。一豹之皮,容金而金也,然后八千里之发、朝鲜,可得而朝也。怀而不见于抱,挟而不见于披,而辟千金者,白璧也,然后八千里之禺氏,可得而朝也。簪珥而辟千金者,璆琳琅玕也,然后八千里之昆仑之虚,可得而朝也。"其视朝鲜,与其视吴、越等耳,可证其不甚远也。发亦北方古国,别见《发北发》条。

《山海经》一书,言朝鲜者二:《海内北经》云:"朝鲜在列阳东,海北,山南,列阳属燕",列阳者,列水之阳。《汉志》:乐浪郡呑列县,《注》云:"分黎山,列水所出,西至粘蝉入海,行八百二十里。"盖即今临津江。列阳在其北,朝鲜在列阳之东,盖即汉乐浪郡之朝鲜县。此朝鲜既东徙后之地。《海内经》:"东海之内,北海之隅,有国名曰朝鲜。"或古箕子之所封欤? 然其所在,不可得而确考矣。

朝鲜迁徙之迹,史亦无征。然反复推校,尚有隐约可见者。《史记·苏秦列传》载秦说燕文侯之辞曰:"燕东有朝鲜、辽东。"古书叙述地名,大率近者居前,则为此辞者之意,似尚谓辽东在朝鲜之表。《燕世家》及《六国表》苏秦之说,均在文侯二十八年。《三国志·注》引《魏略》曰:"昔箕子之后朝鲜侯,见周衰,燕尊为王,欲略地,朝鲜侯亦自称为王,欲兴兵逆击燕,以尊周室。其大夫礼谏之,乃止。使礼西说燕,燕止之,"之"字疑衍。不攻。后子孙稍骄虐,燕乃遣将秦开攻其西方,取地二千余里,至满番汗为界。"案《史记·匈奴列传》言燕将秦开为质于胡,归而袭破东胡,东胡却千余里。燕筑长城,自造阳至襄平,置上谷、渔阳、右北平、辽西、辽东郡以拒胡。《盐铁论·伐功篇》亦曰:"燕袭走东胡,辟地千里,度辽东而攻朝鲜。"似燕所开之五郡,皆取之于胡,而朝鲜是时,已在辽东之表者。然东胡之后为乌桓、鲜卑,其所分保之二山,似不能越今苏克苏鲁、索岳尔济一带。谓燕人开置以前,五郡之地悉为所有,似不近情。窃疑秦汉之世,东北种落,朝鲜、夫余、肃慎等,其初并处塞内,至燕开五郡时,乃移居塞外也。汉辽东郡有番汗县,疑即满番汗之地。《注》云:"沛水出塞外。"番、沛同音,非水以种落名,则种落以水名也。

《朝鲜列传》言自始全燕时,尝略属真番、朝鲜,为置吏,筑鄣塞。秦灭燕,属辽东外徼。汉兴,为其远,难守,复修辽东故塞,至浿水为界,属燕。燕王卢绾反,入匈奴。满亡命,走出塞,渡浿水,居秦故空地上下鄣,稍役属真番、朝鲜、蛮夷及故燕齐亡命者王之,都王险。

自序：燕丹散乱辽间，满收其亡民，厥聚海东，以集真番，葆塞为外臣。所谓上下鄣，盖即燕所筑鄣塞也。燕初与朝鲜以满番汗为界，后竟略属之，则秦开攻朝鲜之后，燕尝又拓一境，朝鲜至北遂夷为臣仆矣。然其封爵自在，至秦世犹然。《秦始皇本纪》：二十六年"地东至海，暨朝鲜"，此秦东界仍燕之旧之证。朝鲜亦在封内，《朝鲜列传》所谓"属辽东外徼"者也。《魏略》言："及秦并天下，使蒙恬筑长城，到辽东。时朝鲜王否立，畏秦袭之，略服属秦，不肯朝会。"此其封爵仍存之证也。秦长城东端在乐浪郡遂成县，见《晋书·地理志》。盖自襄平以西之长城，为燕拒胡所筑；自此东至遂城，则蒙恬所为也。然鄣塞即长城之类，燕既略属真番、朝鲜，自襄平以东，不得毫无防卫，蒙恬盖亦因燕之旧而修之耳。

《汉武帝纪·注》臣瓒引《茂陵书》：临屯县治东暆县，去长安六千一百三十八里；真番郡治霅县，去长安七千六百四十里。《续书·郡国志》朝鲜去洛阳五千里。则临屯在朝鲜之表，真番又在临屯之表也。然《史记》言全燕时，尝略属真番、朝鲜；又言卫满稍役属真番、朝鲜；皆先真番而后朝鲜。惟《货殖列传》言："燕邻乌桓、夫余，东绾秽貉、朝鲜、真番之利。"朝鲜次真番之前。又言"满得兵威财物，侵降其旁小邑，真番、临屯皆未服属。"亦先真番而后临屯。岂其叙次皆自远而近哉？非也。上云"稍役属真番、朝鲜"者，指真番、朝鲜之民；下云"真番、临屯皆来服属"者，指真番、临屯之邑。真番之邑，后来虽在临屯之表；窃疑其民，其初更在朝鲜之里；故并举二国者，皆以真番次前；其后虽越临屯而作邑，而其民犹有与朝鲜杂处，而为卫满所役属者也。然则战国、秦、汉之间，东北种落之迁移，亦云亟矣。

原刊《光华大学半月刊》第三卷第一期，

一九三四年十月十日出版

# 〔五四〕朝鲜终不用清年号

东洋诸国，渐渍中国文教最深者，莫如朝鲜，故其仇视清人亦最甚。《春在堂随笔》云："《玉吾集》十八卷，朝鲜人宋相琦字玉汝者所撰。玉吾其别号也，诗文皆有可观，末卷附神道碑铭及谥状。称公于崇祯丁酉十一月二十日卯时生，癸卯六月一日卒，春秋六十有七。考明崇祯十七年中无丁酉，疑有舛误。及读卷末附其孙名载禧者跋语，称崇祯三庚辰十月，乃知彼国在定鼎之初，虽奉大清年号，而仍以崇祯纪年。其生于崇祯丁酉，实顺治十四年。卒于癸卯，实雍正元年。其孙所称崇祯三庚辰，实乾隆二十五年，盖以崇祯十三年岁在庚辰，至此凡三历庚辰耳。夫清朝龙兴之始，朝鲜沿袭亡明年号，或尚可附于洪范十有三祀之义，至乾隆中叶，彼国久列藩封，世膺封号，乃尚以崇祯纪年，不亦偾乎！"夫以文明事野蛮，犹之以大事小，尺蠖之屈，事非得已。若如曲园之言，一膺封号，即当心悦诚服，然则宋高宗亦当倾心以奉金虏乎？是非偾倒之讥，不知其果当谁属矣。终朝鲜之世，未尝奉清年号，至其亡犹然，此金于霖先生亲为余言之者。

匹夫时有义举，国家则无之，以合人而成群，其程度恒低于其群中人之高者也。专制之世，举国惟一人之命是听，义师转时或有之，明神宗之援朝鲜是矣，故朝鲜人甚德之。明亡后乃为大报坛以祀之,然朝鲜之倾心中国,亦不徒以神宗之救援朝鲜。在句丽之世,猾夏最甚。盖当其为中国郡县时,颇受抑厌使然,及王氏时,则颇归心于宋而敌视辽金元矣。宋亡之后,王氏嗣君多取元女。元人又或置行省于其国,剃发易服,胡化大行,然乃其枭獍之媚外者为之,非其民心之所欲也。朝鲜太祖本以攘斥胡虏兴,终李氏之朝,提倡中国文教最力,其于中国学术,实深入堂奥,非日本所及也。今世论民族者,以同化为最高之义。若朝鲜者虽因言语不同,未能尽与华化。然其文教,则可谓与中国无殊矣。草尚之风必偃,士君子者,细民之率将,朝鲜今虽暂屈于强暴,然民心不死,国必不亡。复国之后,当与中国合为联邦也。

# 〔五五〕辰 国

　　《史记·朝鲜列传》言："真番旁众国，欲上书见天子，又拥阏不通。"《汉书》作"真番、辰国"。案此当作真番旁辰国。《汉书》夺"旁"字，《史记》之"众"字，则浅人臆改也。《三国志》云：韩"有三种：一曰马韩，二曰辰韩，三曰弁韩。辰韩者，古之辰国也。"又云："辰王治月支国。"又云：辰韩，"其耆老传世，自言古之亡人避秦役来适韩国，马韩割其东界地与之。……始有六国，稍分为十二国。弁辰亦十二国。"又云："弁、辰韩<sub>当作弁辰、辰韩，夺一辰字</sub>。合二十四国。其十二国属辰王。辰王常用马韩人作之，世世相继。辰王<sub>当作辰韩</sub>。不得自立为王。"《注》引《魏略》曰：明其为流移之人，故为马韩所制。案既云辰韩者古之辰国矣，又云为古之亡人；既云韩有三种矣，又云辰王常用马韩人作之；未免自相矛盾。韩有三种之"种"，谓种姓。史于四裔言种姓，犹于中国言姓氏，乃指其王之氏族，非指其民之种类也。《后汉书》云：马韩在西，五十四国，辰韩在东，十有二国，弁辰在辰韩之南，亦十有二国，凡七十八国，皆古之辰国也。马韩最大，共立其种为辰王，都目支国，尽王三韩之地，其诸国王先皆是马韩种人焉。又云："初，朝鲜王准为卫满所破，乃将其余众数千人走入海，攻马韩，破之，自立为韩王。准后灭绝，马韩人复自立为辰王。"其文较《国志》为清晰。盖在箕准攻破马韩之先，自有所谓辰王者，为马韩种，都目支，即《国志》所谓月支,尝尽王三韩之地,此古之辰国也。逮箕氏亡而马韩复立,则仅有五十四国,而弁辰、辰韩亦各有十二国,此则所谓韩有三种者也。诸国王皆是马韩种,指古之辰国言,或但指后来之马韩五十四国;否则不得云韩有三种矣。韩之分而为三,盖在箕氏入据之后;其初则自为一统,故《史记》但以辰国言之也。

《后汉书》云:箕准自立为韩王,《国志》亦谓侯准,《注》引《魏略》亦作准,则此准字误。自号韩王。《后汉书》又谓准后灭绝,马韩人复自立为辰王;则辰为韩人自称之名,韩乃箕氏所立之号耳。弁韩亦称弁辰,可见其旧无韩名也。卫满既攘箕准,箕准即服马韩,则《史》、《汉》所云"欲上书见天子者",实即箕氏之后,乃称为辰国而不称为韩王,盖以其旧名名之也。

《诗·韩奕》"溥彼韩城,燕师所完。"郑笺以韩即后来之韩原,释燕师为平安时众民。王肃、孙毓非之,以燕为北燕。见《释文》。而肃以涿郡方城县之寒号城为韩侯城。见《水经·圣水注》。案《诗》明言韩姞,则燕师之燕,即系国名,亦属南燕,肃及孙毓说殊非。然其说实本于王符。《潜夫论·志氏姓》曰:"昔周宣王亦有韩侯,其国也近燕。故《诗》云:溥彼韩城,燕师所完。其后韩西亦姓韩,为卫满所伐,迁居海中。"此韩侯所近者为南燕抑北燕,《潜夫论》未尝明言;则以寒号城为韩侯,乃王肃之妄耳。为卫满所伐者亦姓韩,其说当有据,殊足考箕子之后自立为韩王之所由也。盖箕子之后,周时初不以箕为氏。

汉武帝之略朝鲜,以其地为乐浪、临屯、玄菟、真番四郡。乐浪,《史记·正义》引"《括地志》云:高骊都平壤城,本汉乐浪郡王险城。又古云朝鲜地也。"而《史记·朝鲜列传》言卫满"得兵威财物,侵降其旁小邑,真番、临屯皆来服属。"则乐浪乃朝鲜故土,为卫满所攘取者;真番、临屯则其以兵威财物所侵降之小邑也。《后汉书·东沃沮传》言："武帝灭朝鲜,以沃沮地为玄菟郡。后为夷貊所侵,徙郡于高句骊西北,更以沃沮为县,属乐浪东部都尉。"《涉传》言："元朔元年涉君南闾等畔右渠,率二十八万口诣辽东内属。武帝以其地为苍海郡,数年乃罢。苍海郡之罢,《本纪》不载其事。据《公孙弘传》则与罢西南夷同时。西南夷之罢,据《本纪》事在元朔三年。至元封三年,灭朝鲜,分置乐浪、临屯、玄菟、真番四部。至昭帝始元五年,罢临屯、真番以并乐浪、玄菟,玄菟复徙居句骊。自单单大领以东,沃沮、涉、貊悉属乐浪;后以境土广远,复分岭东七县置乐浪东部都尉。"《三国志》言岭东七县皆以涉为民,盖即南闾故壤,史言其叛右渠来降,则其先亦属卫氏。汉灭卫氏之时,未闻分兵略地,所置四郡不得出卫氏故封之外,而沃沮为玄菟郡治,盖亦先属卫氏矣。然则自卫满出塞以前,朝鲜、真番、临屯、沃沮、涉、貊、辰国当各自分立,不相统属;至卫氏兴,朝鲜既为所窃据;真番、临屯、沃沮、涉、貊亦为所羁制;惟辰国非其兵力财力所及,而又为朝鲜所破坏。汉武灭卫氏,其所羁制之地,悉以之为郡县。后以夷貊强盛,渐次撤废,而句骊始强。南方之地,箕氏虽旋绝,辰国亦不能复,遂裂为三韩也。自战国至汉,半岛诸族兴替之迹,略可睹矣。

《三国志注》引"《魏略》"曰：初,右渠未破时,朝鲜相历溪卿以谏右渠不用,东之辰国,时民随出居者二千余户,亦与朝鲜、真番不相往来。至王莽地皇时,廉斯锚为辰韩右渠帅,闻乐浪土地美,人民饶乐,亡欲来降。出其邑落,见田中驱雀男子一人,其语非韩人。问之,男子曰：我等汉人,名户来,我等辈千五百人伐材木,为韩所击得,皆断发为奴,积三年矣。锚曰：我当降汉乐浪,汝欲去不? 户来曰：可。锚因将户来出诣含资县,县言郡,郡即以锚为译,从芩中乘大船入辰韩,逆取户来降伴辈,尚得千人,其五百人已死。锚时晓谓辰韩：汝还五百人。若不者,乐浪当遣万兵乘船来击汝。辰韩曰：

五百人已死。我当出赎直耳。乃出辰韩万五千人,弁韩布万五千匹,锜收取直还。郡表锜功义,赐冠帻、田宅,子孙数世。至安帝延光四年时,故受复除。"观此事,知辰国与其北方往来颇稀,故卫氏不能役属之也。


原刊《光华大学半月刊》第三卷第一期,
一九三四年十月十日出版

# 〔五六〕高丽遣人来学　中国为置博士①

　　《宋史·高丽传》：徽宗时，其王颙卒，子俣嗣。贡使接踵，且令士子金瑞等五人入太学。朝廷为置博士。《张根传》：弟朴，为太学博士。"改吏部员外郎。高丽遣子弟入学肄业，又兼博士"。盖即其时事也。宋时，高丽人来学最诚。太宗初，其王伷，即命金行成入国子监。太平兴国二年，赐进士第。遂仕中国。伷弟治，表乞放还，而行成不肯。淳化初，卒于安州通判，在中国凡十五年。治于雍熙三年，遣崔罕、王彬入国学。淳化三年，赐进士第，授官，遣还，在中国亦历七年。而康戬，其父允，三世为高丽兵部侍郎。开宝中，即遣戬随宾贡肄业国学。太平兴国五年，登进士第。历仕中国，至景德三年乃卒，则在中国逾三十年。胡马依北风，越鸟巢南枝，行成等贪恋上国，遂忘首丘之思，似不免于忘本。其爱慕华风，可谓深矣。于其来学而特为之置博士，盖中国亦甚重其事矣。

　　然有爱乐中国而来者，亦必有出于勉强者，此事理之自然也。《明史·朝鲜传》：太祖即位之五年，高丽表请遣子弟入太学。帝曰："入学固美事，但涉海远，不欲者勿强。"盖时高丽以遣子弟入学为交际之策，帝有以烛其情也。胡惟庸反，日本与通。帝决意绝之，

---

　　① 曾改题为《高丽遣人来学》。

专以防海为务。然其时王子滕祐寿来入国学，帝犹善待之。琉球中山生与山南生有非议诏书者，帝闻，置之死，而待其国如故。其人之来学者亦如故。帝固非拒外国来学之人也。宣宗宣德八年，朝鲜王李祹奏遣子弟诣太学或辽东学，帝仍不许，但赐《五经》、《四书》、《性理》、《通鉴纲目》诸书，亦必有所见。

《陈书·儒林陆诩传》言："梁世，百济国表求讲《礼》博士。诏令诩行。"此又中国派遣博士至外国者。

# 〔五七〕琉球来学

外国遣人来学，以唐代为最盛，尔后迄不能及。盖外国初通中国时，文明程度，相去较远，久之则渐近；而中国学校亦有名无实时多，故来者不劝也。东洋诸国，通于中国者，以琉球为最晚，故其来学，在近世亦为最勤。《明史·琉球传》言：洪武时，中山尝遣女官生二人先后来肄业，此为自古所无之事，足见其向学之殷。清世遣陪臣子弟入学，始于康熙二十七年，同治间犹有至者，见《清史稿·选举志》。《本纪》：二十三年六月，书"遣球请遣子弟入国子监读书，许之。"二十七年不记此事，但书"琉球入贡"。盖二十三年请而得许，至二十七年，乃遣随贡使来也。又《纪》于康熙五十九年八月，书"琉球请令其陪臣子弟入国子监读书，许之。"同治六年四月，书"允琉球国子弟入监读书。"盖每来辄奏请，而非循例派遣？然来者必不止此数也。来者称为官生，凡四人，见《属国传》。又《职官志》：琉球学，有汉教习一人，以贡生选充，后省。此在彼国，或亦成为进取之一途，未必果为学问，然其来究最久也。又《德宗纪》：光绪六年九月，"允朝鲜派工匠来天津学造器械。"此盖新式兵器仿自西洋者，为朝鲜所无，故又遣人来学也。

# 〔五八〕乡 校

　　民国三十五年九月八日,上海《大公报》载徐颂九论移民实边之文,述滇西之俗:谓其"村必有庙。庙皆有公仓,众出谷以实之。庙门左右,必有小门,时曰茶铺,众所集会之地也。议公事,选举乡、保长,摊筹经费,办理小学皆于此。婚、丧、祝寿等事,亦于此行之。故是庙也,非寻常佛寺、道院,耗民财以豢闲民者比也。村之议会也,公所也,学校也,礼堂也,殡仪馆也,而亦即其俱乐部也"。予案此正古之学校也。《公羊解诂》述井田之制曰:"在田曰庐,在邑曰里。一里八十户。八家共一巷。中里为校室。选其耆老有高德者,名曰父老。""十月事讫,父老教于校室。八岁者学小学,十五者学大学。"宣公十五年。此与伏生《书传》所云"大夫、士七十而致仕,老于乡里。大夫为父师,士为少师。穰祖已藏,祈乐已入,注:祈乐,当为新谷。岁事已毕,余子皆入学。十五始入小学,见小节,践小义;十八入大学,见大节,践大义焉。距冬至四十五日,始出学,傅农事",正系一说。《左氏》襄公三十一年,"郑人游于乡校,以论执政。然明谓子产曰:毁乡校何如? 子产曰:何为? 夫人朝夕退而游焉,以议执政之善否。其所善者,吾则行之;其所恶者,吾则改之;是吾师也。若之何毁之?"惟仅冬日教学,余时皆如议会、公所,亦如俱乐部,故人得朝夕游其间也,《新唐书·韦挺传》:挺上疏言:"闾里细人,每有重丧,

不即发问,先造邑社,待营办具,乃始发哀。至假车乘、雇棺椁以荣
送葬。既葬,邻伍会集,相与酣醉,名曰出孝。"以是为风俗之薄。其
实,此亦犹今滇西行丧礼于庙也。贫家营葬且不易,乃能假车乘、雇
棺椁以为荣,盖由同社者之相助。宜兴童伯章斐尝告予:"其邑之某
某乡,有丧者,吊客至,丧家之邻共饮食之,丧家不问也。"邻伍盖皆
吊者,岂可无以饮食之? 所醉饱者,盖亦出众力,非必丧家所费也。
假车乘、雇棺椁以为荣,诚为无谓。然不有多其车乘,美其棺椁以为
荣者,民又孰从而效之? 所谓士大夫者,厚葬靡财以为孝,而又禁民
之厚葬,乃曰:以贵贱分厚薄,自然之等差也。制为礼,强民守之。
其所令,反其所好,民孰能从之哉?

原刊《华东师范大学学报》一九五七年
第三期,一九五七年七月十五日出版

# 〔五九〕不乐仕进

儒教行于中国二千余年，所谓士君子者，皆自少即读儒书，以其所言为至当，而于其时社会之情形，大异于今日，曾不之察，其所主张之治法，遂无不生今反古矣，此其所以见目为迂远而阔于事情也。如论教学，皆以为荣以仕进，人必竞劝，即其一端。

《汉书·循吏传》云："文翁，景帝末为蜀郡守。见蜀地辟陋，有蛮夷风，乃选郡县小吏开敏有材者张叔等十余人，亲自饬厉，遣诣京师，受业博士，或学律令。数岁，蜀生皆成就还归，文翁以为右职，用次察举，官有至郡守、刺史者。又修起学官于成都市中，招下县子弟，以为学官弟子，为除更繇，高者以补郡县吏，次为孝弟力田。常选学官僮子，使在便坐受事。每出行县，益从学官诸生明经饬行者与俱，使传教令，出入闺阁。县邑吏民，见而荣之。数年，争欲为学官弟子，富人至出钱以求之。繇是大化。蜀地学于京师者，比齐、鲁焉。"《新唐书·文艺·欧阳詹传》云："闽越地肥衍，有山泉禽鱼，虽能通文书吏事，不肯北宦。及常衮罢宰相，为观察使，始择县乡秀民能文辞者，与为宾主，钧礼，观游飨集必与，里人矜耀，故其俗稍相劝仕。"观此二事，似乎荣以仕进，人必竞劝矣。然《宋史·地理志》言：川峡四路，"土植宜柘，茧丝织文纤丽者，穷于天下。地狭而腴，民勤耕作，无寸土之旷，岁三四收。其所获，多为遨游之费，踏青、药市之集尤盛焉,动至连月。好音乐,少愁苦,尚奢靡,性轻扬,喜虚称。庠塾聚学者众,然怀土,罕趋仕进。"则为学者会不乐仕进也。抑又何也? 人孰肯以虚名易实利? 抑怀居人人所同。《潜书·养重》篇曰:"昔者蜀有二士:曰骆纯,曰殷正,以文学称。杨荣为相,使使奉书币二,而属之于布政使,曰:骆、殷二子,蜀之隽士也,吾怀其人久矣,君其为我致之来。于是骆子贫而无妻,教生徒于乡里。殷子富有田园、畜牧、山林之饶。骆子受书币,越三日而启行。殷子辞以疾,固不肯行。其友劝之行。殷子曰:吾非不知杨公之贤,可与为交,且力能进用我也。然富贵之家,不可客也;危疑之朝,不可居也。车马之上,不如我山居之安;公卿之禄,不如我岁入之多。舍己之安而任人之危,舍己之多而受人之少,不待智者而知其不可矣。遂终身隐而不出焉。"然则文翁、常衮之所致,得无皆骆纯之流乎?《宋史·张去华传》:"父谊,好学,不事产业。既孤,诸父使督耕陇上。他日往视之,见阅书于树下。怒其不亲稽事,诟辱之。谊谓其兄曰:若不就学于外,素志无成矣。遂潜诣洛阳龙门书院。"《元史·王思诚传》:"七岁从师,授《孝经》、《论语》,即能成诵。家本业农。其祖佑,诟家人曰:儿大不教力田,反教为迂儒邪?"此二者,皆富人通有之见,虽殷正未能免焉者也。人孰肯以虚名易实利? 抑谁无怀土之情? 而可徒以仕进诱乎。

然则人富其遂不可教乎? 曰:否。不以虚名易实利,怀土不肯仕宦,多数人则然。然古人有不以饱暖逸居为已足者。《宋史·孝义传》:胡仲尧,洪州奉新人。"构学舍于华林山别墅,聚书万卷,大设厨廪,以延四方游学之士。"陈昉,江州德安人。"建书楼于别墅,延四方之士。肄业者多依焉。"洪文抚,南康建昌人。"就所居雷湖北创书舍,招来学者。"彼独非张谊之诸父、王思诚之大父之伦乎? 而其所为如是,然则世固有少数人不以饱暖逸居为已足者也。此等人亦必先饱暖逸居而后能为之,故言教必先言富,然亦非徒荣进所可诱致也。故徒执爵禄,而以为无所求而不得者,终为不察情实之谈也。

# 〔六〇〕入学之年

《尚书大传》言,古者十八而入大学。汉世太常补博士弟子,限年十八以上,盖遵是说也。然其时入学者多迟。终军年十八,选为博士弟子,年数适符。军固隽材。若萧望之治《齐诗》,事同县后苍且十年,乃以令诣太常受业,则其年必非弱冠矣。诣博士者如此,事私师者亦然。公孙弘年四十余,乃学《春秋》、《杂说》是也。翟方进年十二三,失父孤学,给事太守府为小史,数为掾史所詈辱。乃从汝南蔡父相,问己能所宜。辞其后母,欲西至京师受经。母怜其幼,随之长安,织屦以给。方进是时虽云幼,距十八亦必不远。史称其积十余年,经学明习,徒众日广,则必不止三十矣。先汉末年,情势渐变,至后汉而益甚。鲁恭年十五,即与弟不俱居太学。张堪年十六,受业长安。张霸七岁通《春秋》。丁鸿,年十三,从桓荣受《欧阳尚书》,三年而明章句。杜安,年十三,入太学,号奇童。安,根父,见《后汉书·根传》,此语系本《先贤行状》,《三国志·杜袭传注》引之,而作"号曰神童"。任延,年十二,为诸生,学于长安,明《诗》、《易》、《春秋》,显名太学,号为任圣童。钟会,四岁受《孝经》,七岁诵《论语》,八岁诵《诗》,十岁诵《尚书》,十一诵《易》,十二诵《春秋左氏传》、《国语》,十三诵《周礼》、《礼记》,十四诵《成侯易记》,十五入太学,问四方奇文异训。《三国志·会传注》引其母传。并有弱冠即事教授如梁竦者。竦,

统子，见《后汉书·统传》。世固有早慧之士，岂能如是比肩接踵？其为
务名而不务实无疑矣。魏、晋而后，此风弥盛。《宋书·范泰传》：
高祖受命，议建国学，以泰领国子祭酒。泰上表曰："十五志学，诚有
其文。若年降无几，而深有志尚者，何必限以一格？"则其时功令，入
学之年，已较汉世为早，而时人犹以为迟也。斯时入学之年见于史
者：王锡，年十二，为国学生。锡，份孙，见《梁书·份传》。王承，七岁通
《周易》，选补国子生，年十五，射策高第。萧乾，年九岁，召补国子
《周易》生，十五举明经。张瓒，召补国子生，起家秘书郎，时年十七。
实较后汉尤早。而许懋，十四入太学，受《毛诗》，且领师说，晚而覆
诵，坐下听者，常数十百人，亦更甚于梁竦之弱冠即事教授者矣。盖
斯时学校，已成为选举之一途，贵族出仕皆早，故其入学亦随之，全
与学业无涉也。谢几卿，年十二，召补国子生。齐文惠太子自临策
试，谓祭酒王俭曰："几卿本长玄理，今可以经义访之。"俭承旨发问，
几卿随事辨对，辞无滞者，文惠大称赏焉。周弘正，年十岁，通《老
子》《周易》，十五召补国子生，仍于国学讲《周易》，诸生传习其义。
以季春入学，孟冬应举，学司以其日浅，弗许。博士到洽议曰："周郎
年未弱冠，便自讲一经，虽曰诸生，实堪师表，无俟策试。"大同八年，
梁武帝撰《孔子正言章句》，诏下国学宣制旨义。袁宪时年十四，被
召为国子《正言》生，谒祭酒到溉，溉目而送之，爱其神采。在学一
岁，国子博士周弘正谓宪父君正曰："贤子今兹欲策试否？"君正曰：
"经义犹浅，未敢令试。"居数日，君正遣门下客岑文豪与宪候弘正。
会弘正将登讲坐，弟子毕集。乃延宪入室，授以麈尾，令宪树义。时
谢岐、何妥在坐，弘正谓曰："二贤虽穷奥赜，得毋惮此后生邪？"何、
谢于是递起义端，深极理致。宪与往复数番，酬对闲敏。弘正谓妥
曰："恣卿所问，勿以童稚相期。"时学众满堂，观者重沓，而宪神色自
若，辩论有余。弘正亦起数难，终不能屈，因告文豪曰："卿还咨袁吴

郡,此郎已堪见代为博士矣。"时生徒对策,多行贿赂,文豪请具束
脩。君正曰:"我岂能用钱为儿买第邪?"学司衔之。及宪试,争起剧
难。宪随问抗答,剖析如流。到溉顾宪曰:"袁君正其有后矣。"及君
正将之吴郡,溉祖道于征虏亭,谓君正曰:"昨策生,萧敏孙、徐孝克
非不解义,至于风神器局,去贤子远矣。"寻举高第。上下扶同,共为
欺罔,真堪浩叹;而其谄媚之态,尤令人作恶也。

　　《宋书·隐逸传》:周续之。豫章太守范宁,于郡立学,招集生
徒,远方至者甚众。续之年十二,诣宁受业。居学数年,通五经并纬
候,名冠同门,号曰颜子。风气所渐,不徒京师,郡邑亦不免矣。然
宁素好学,其所立学,考校亦必较核实。其徒尚浮名,或转不如国学
之甚也。

# 〔六一〕学校由行礼变为治经

　　古之言学校者，皆重行礼视化，非重读书讲学问也。汉武帝元朔五年之诏，犹曰："导民以礼，风之以乐，今礼坏乐崩，朕甚愍焉。其令礼官劝学，举遗兴礼，以为天下先。太常其议与博士弟子崇乡党之化。"而丞相与太常博士之议，亦曰："闻三代之道，乡里有教，夏曰校，殷曰序，周曰庠，"不曰古有辟雍、泮宫也。然则徒为博士置弟子，而教不及于乡里，殆非初意也。然此亦非但政府之咎，民间之风气，实有使之然者。《后汉书·文苑传》：刘梁除北新城长。大作讲舍，延聚生徒数百人，身执经卷，试策殿最。《三国志·杜畿传》言：畿守河东，冬月修戎讲武。又开学官，亲自执经教授。《注》引《魏略》曰：博士乐详，由畿而升。至今河东特多儒者，则畿之由矣。又《王肃传注》引《魏略》，言贾洪历守三县令，所在辄开除厩舍，亲授诸生。《管辂传注》引《辂别传》云：父为琅邪即丘长，时年十五，来至官舍读书。于时黉上有远方及国内诸生四百余人，皆服其才。此所治者，皆博士弟子之业，非所谓导民以礼，风之以乐，以崇乡党之化者也。此其故何哉？人亦孰不欲富贵？既设科射策，劝以官禄矣，孰肯舍是路而不由哉？《明史·选举志》："社学。自洪武八年，延师以教民间子弟，兼读御制《大诰》及本朝律令。正统时，许补儒学生员。弘治十七年，令各府、州、县建立社学，选择明师。民间幼童十五以下者,送入读书,讲习冠、婚、丧、祭之礼。然其法久废,寖不举行。"读《大诰》、律令,讲习冠、婚、丧、祭之礼,犹古所谓导民以礼,风之以乐,所以求其驯扰易治者也。许补儒学生员,则使为博士弟子,治治人之学矣。卒不能不许,而读法、习礼,寖废不行,足见入社学者之所求,与立社学者之所期不同也。亦犹汉世劝学,本欲以行礼视化,而其后来者,皆以读书治学问为务也。此等级之平夷为之,以是为病,则不免拘墟之见矣。

# 〔六二〕孔子庙

　　《新唐书·刘禹锡传》："禹锡尝叹天下学校之废,乃奏记宰相曰:言者谓天下少士,而不知养材之道,郁堙不扬,非天不生材也。是不耕而叹廪庾之无余,可乎? 贞观时,学舍千二百区,生徒三千余,外夷遣子弟入附者五国。今室庐圮废,生徒衰少,非学官不振,病无赀以给也。凡学官,春秋释奠于先师,斯止辟雍、泮宫,非及天下。今州县咸以春秋上丁,有事孔子庙,其礼不应古,甚非孔子意。武德初,诏国学立周公、孔子庙,四时祭。贞观中,诏修孔子庙兖州。后许敬宗等奏天下州县置三献官,其他如立社。玄宗与儒臣议,罢释奠牲牢,荐酒脯。时王孙林甫为宰相,不涉学,使御史中丞王敬从以明衣牲牢著为令,遂无有非之者。今夔四县,岁释奠费十六万。禹锡时为夔州刺史。举天下州县,岁凡费四千万。适资三献官饰衣裳、饴妻子,于学无补也。请下礼官博士议,罢天下州县牲牢衣币,春秋祭如开元时。籍其赀,半畀所隶州,使增学校,举半归太学,犹不下万计,可以营学室,具器用,丰馈食,增掌故以备使令;儒官各加稍食;州县进士,皆立程督;则贞观之风,粲然可复。"其指陈利害,可谓深切著明矣。然《文献通考·学校考》引欧阳修《襄州谷城县夫子庙记》曰:"隋、唐之际,天下州县,皆立学,置学官、生员,而释奠之礼,遂以著令。其后州县学废,而释奠之礼,吏以其著令故,得不废。

学废矣，无所从祭，则皆庙而祭之。"马君按云："自唐以来，州县莫不有学，则凡学莫不有先圣之庙矣。然考之前贤文集，如柳子厚《柳州文宣王庙碑》与欧公此记，及刘公是《新息县盐城县夫子庙记》，皆言庙而不及学。盖衰乱之后，荒陋之邦，往往庠序颓圮，教养废弛，而文庙独存。长官之有识者，以兴学立教，其事重而费巨；故姑葺文庙，俾不废夫子之祠，所谓犹贤乎已。"然则有庙而无学，又非禹锡惜祭祀所费太多，而学校经费不足者比矣。其故何哉？二公所言，固为当时实录，然若深求其故，则尚有不止乎此者在也。

《齐书·江祏传》：祏弟祀，为南东海太守，治下有宣尼庙，久废不修，祀更开构建立。则有孔子庙者，久不止京师及鲁国矣。先圣、先师，盖释奠时祀之于学，不别作庙。然《隋书·梁彦光传》言：彦光为相州刺史。滏阳人焦通，性酗酒，事亲礼阙，为从弟所讼。彦光将至州学，令观于孔子庙。庙中有韩伯瑜母杖不痛，哀母力弱，对母悲泣之像。通遂感悟。则学中久有庙矣。《唐书·礼志》：贞观四年，诏州县学皆作孔子庙；咸亨元年，诏州县皆营孔子庙；《旧唐书·高宗纪》：咸亨元年，五月，诏曰："诸州县孔子庙堂有破坏，并先来未造者，宜令所司，速事营造。"则营建更形普遍。《旧唐书·良吏传》：韦机，显庆中为檀州刺史。边州素无学校，机敦劝生徒，创立孔子庙。图七十二子及自古贤达，皆为之赞。其营建实以庙为急。又《倪若水传》：开元初，出为汴州刺史。增修孔子庙堂及州县学舍，劝励生徒，儒教甚盛。《曹华传》：为沂州刺史、沂海兖观察使，移理于兖。春秋释奠于孔子庙，立学讲经。亦皆以庙、学并言。马君谓自唐以来，州县莫不有学，则凡学莫不有庙者，殆非虚语也。自宋以降，重庙更甚。《宋史·王承美传》：为丰州刺史，请于州城置孔子庙，诏可之。《田锡传》：移睦州。睦州人旧阻礼教，锡建孔子庙，表请以经籍给诸生，诏赐九经，自是人知向学。《孝义传》：胡仲容，建本县孔子庙，颇为宏敞。皆言庙而不及学。《龚鼎臣传》：知渠州。渠故僻陋，无学者，鼎臣请于朝，建庙、学，选邑子为生，日讲说，立课肄法，人大劝。亦以庙、学并言。《外国·大理传》：政和六年，使李紫琮来，过鼎州，求诣学瞻拜先圣像，遍谒见诸生。其意亦以瞻拜圣像为重也。《辽史·能吏传》：大公鼎，改良乡令，建孔子庙学。《百官志》县学下，则但云大公鼎为良乡县尹，建孔子庙。其重庙而轻学可知。《金史·孔璠传》。熙宗即位，兴制度礼乐，立孔子庙于上京。盖徒立庙。《章宗纪》：明昌元年，三月，诏修曲阜孔子庙、学。泰和四年，二月，诏刺史：州郡无宣圣庙、学者，并增修之。虽言学，意所重亦必在庙。《蒲察郑留传》：改顺义军节度使。西京人李安兄弟争财，府县不能决，按察司移郑留平理。月余不问。会释奠孔子庙，郑留乃引安兄弟与诸生列坐会酒，陈说古之友悌数事。安兄弟感悟，相让而归。《任天宠传》：迁威戎县令。县故堡塞，无文庙、学舍，天宠以废署建。可见金时州县，有学者亦皆有庙也。《元史·选举志》：国初燕京始平，宣抚王楫，请以金枢密院为宣圣庙。《世祖纪》：中统二年，八月，命开平守臣释奠于宣圣庙。《哈剌哈孙传》：为左丞相，京师久阙孔子庙，而国学寓他署，乃奏建庙、学，选名儒为学官，采近臣子弟入学。其重庙亦与金人等。《何伯祥传》：子玮。京师孔子庙成，玮言唐、虞、三代，国都闾巷，莫不有学，今孔庙既成，宜建国学于其侧。从之。是反以庙为主，而以学从之也。《张柔传》：移镇保州，迁庙学于城东南，增其旧制。《严实传》：子忠济，袭东平路行军万户。东平庙学故隘陋，改卜高爽地于城东。《木华黎传》：弟带孙之后只必，袭父为东平达鲁花赤。尝出家藏书二千余卷置东平庙、学，使学徒讲肄之。《赵良弼传》：良弼别业在温县，故有地三千亩。乃析为二：六与怀州，四与孟州，皆永隶庙、学，以赡生徒。《段直传》：为泽州长官。大修孔子庙。割田千亩，置书万卷，迎儒士李俊民为师,以招延四方来学者。不五六年,学之士子,以通经被选者百二十有二人。《白景亮传》:特授衢州路总管。郡学之政久弛,从祀诸贤无塑像,诸生无廪膳,祭服、乐器有缺,景亮皆为备之,儒风大振。《赛典赤赡思丁传》:至元十一年,行省云南。创建孔子庙、明伦堂,购经史,授学田,由是文风稍兴。三子忽辛,大德时,改云南行省右丞。赡思丁为平章时,建孔子庙为学校,拨田五顷,以供祭祀、教养。赡思丁卒,田为大德寺所有,忽辛按庙学旧籍夺归之。乃复下诸郡邑,遍立庙、学,选文学之士,为之教官,文风大兴。《张立道传》:至元十五年,除忠庆路总管,佩虎符。先是云南未知尊孔子,祀王逸少为先师。立道首建孔子庙,置学舍,劝士人子弟以学,择蜀士之贤者,迎以为弟子师,岁时率诸生行释奠礼,人习礼让,风俗稍变矣。迁临安广西道军民宣抚使,复创庙学于建水路。诸人于学皆极有功,然所修饬必及于庙。盖有有庙而无学者矣,未有立学而不先立庙者。甚有如《明史·忠义传》所云:王恺,太祖克衢州,命总制军民事,学校毁,与孔子家庙之在衢者并新之。视家庙与学校等重者矣。《钱唐传》:洪武二年,诏孔庙春秋释奠,止行于曲阜,天下不必通祀。唐伏阙上疏,言孔子垂教万世,天下共遵其教,故天下得通祀孔子,报本之礼不可废。侍郎程徐亦疏言:古今祀典,独社稷、三皇与孔子,通祀天下。民非社稷、三皇则无以生,非孔子之道则无以立。孔子以道设教,天下祀之,非祀其人,祀其教也,祀其道也。今使天下之人,读其书,由其教,行其道,而不得举其祀,非所以维人心,扶世教也。皆不听。久之,乃用其言。二人之论,与刘禹锡适相反,以明太祖之刚愎而不能终违也,可以见舆情之所在矣。予犹及见清世所谓府、州、县学者,人皆称为孔子庙,无或知为学校者也。其故何哉?官府所设之学,学术久不存焉,而祭祀则人知严之,故其迁流所届如此也。《清史稿·世宗纪》:雍正二年,正月,"建孔子庙于归化城。"《仁宗纪》:嘉庆元年,二月,"敕甘肃贵德厅建文庙。"亦徒云建庙。

# 〔六三〕 乡饮射礼

　　古代教育,重于行礼,六礼之中,乡为尤重,故乡饮、乡射,至汉世犹不绝焉。《史记·孔子世家》言:"鲁世世相传,以岁时奉祠孔子冢,而诸儒亦讲礼乡饮大射于孔子冢。"其盛况可想。《自序》言"观孔子之遗风,乡射邹、峄",则史公并曾亲与其事也。汉既崇儒,尤重其事。《汉书·成帝纪》:鸿嘉二年,三月,博士行饮酒礼。《汉纪》作乡饮酒礼,《五行志》作大射礼,盖射、乡并行。《后汉书·伏湛传》:建武三年,为大司徒,奏行乡饮酒礼。《续汉书·礼仪志》:明帝永平二年,三月,上始率群臣,躬养三老、五更于辟雍,行大射之礼。郡、县、道行乡饮酒于学校。皆祀圣师周公、孔子,牲以犬。《注》引郑玄注《乡饮酒礼》曰:"今郡国十月行乡饮酒礼。"《后汉书·儒林传》:本初元年,梁太后诏曰:大将军下至六百石,悉遣子就学,每岁辄于乡射月一飨会之,以此为常。《注》引《汉官仪》曰:"春三月,秋九月,习乡射礼,礼生皆使太学学生。"盖在东京,饮射皆为常典矣。韩延寿,所至必修治学宫,春秋飨射,陈钟鼓管弦,盛升降揖让。李忠,迁丹阳太守。以越俗不好学,嫁娶礼仪,衰于中国,乃为起学校,习礼容,春秋乡饮。鲍永,拜鲁郡太守。孔子阙里,无故荆棘自除,乃会人众修乡射之礼,因以格杀彭丰。秦彭,迁丹阳太守。敦明庠序,每春秋飨射,辄修升降揖让之仪。皆良吏之欲以此化民者也。刘昆，王莽世，教授弟子五百余人。每春秋飨射，常备列典仪。以素木瓠叶为俎豆，桑弧蒿矢，以射菟首。每有行礼，县宰辄率吏属而观之。则私家讲习，亦甚重此矣。魏、晋而后，其事稍衰，然仍不绝。《晋书·隐逸·索袭传》：敦煌太守阴澹，欲行乡射之礼，请袭为三老。《宋书·蔡廓传》：子兴宗，迁会稽太守。三吴旧有乡射礼，久不复修，兴宗行之，礼仪甚整。是也。《唐书·太宗纪》：贞观六年，七月，诏天下行乡饮酒礼。则唐世又以为常典。《李栖筠传》：出为常州刺史。大起学校，堂上画孝友传示诸生。为乡饮酒礼，登歌降饮，人人知劝。亦其能奉行者也。宋儒好复古，故宋后其礼又渐盛。《宋史·李沆传》：弟维，知歙州。至郡，兴学舍，岁时行乡射之礼。《王沼传》：降知滑州，徙成德军。建学校，行乡饮酒礼。《龚茂良传》：为广东提刑。即番山之址建学，又置番禺、南海县学。既成，释奠，行乡饮酒以落之。《儒林·魏了翁传》：知眉州。朔望诣学宫，亲为讲说。行乡饮酒礼，以示教化。《元史·乌古孙泽传》：行兴化路总管府事。兴学校，召长老及诸生，讲肄经义，行乡饮酒礼。《儒学·周仁荣传》：署美化书院山长。美化在处州万山中，人鲜知学。仁荣举行乡饮酒礼，土俗为变。《明史·魏观传》：洪武五年，知苏州府。前守陈宁苛刻，人呼陈烙铁。观尽改宁所为，以明教化、正风俗为治。建黉舍，行乡饮酒礼，政化大行。皆其事之往往不绝者也。古去草昧之世近，其民好争斗，故为乡饮酒之礼以教弟，为乡射之礼以示不争，后世风俗久变；素木瓠叶，桑弧蒿矢，亦与人生日用不切；而犹沿袭其事，欲以化民，可谓循名而不察实者矣。抑饮、射皆所以禁未然也，贵能使人感奋兴起。而明世乡饮酒之礼，顾使"凡有过犯之人，列于外坐，同类者成席，不许杂于善良之中。"洪武二十二年令。见《明史·礼志》。是会人众以僇辱之也。将使强者忿戾，弱者自弃，曷若不使与于会聚之为得哉？

# 〔六四〕束　脩

《论语·述而》:"子曰:自行束脩以上,吾未尝无诲焉。"束脩二字,可有二解:一以脩为贽,一束身脩行也。即以前说为是,亦所以致其敬,而非曰利其物。然此乃古道,在后世,则教者必有所取,学者必有所与,而束脩二字,遂为弟子奉其师以财利之名矣。

然古道在后世,仍久而后湮。叔孙通之降汉,从弟子百余人,及为汉制朝仪,得赐金五百斤,皆以赐诸生。赵典,每得赏赐,辄分与诸生之贫者。包咸,显宗以师傅旧恩,而素清苦,常特赏赐,奉禄增于诸卿;皆散与诸生之贫者。皆弟子无以奉其师,顾有取于其师者也。此犹曰贫者。若戴崇,每候张禹,常责师宜置酒设乐,与弟子相娱。则并非因其困乏矣。盖古师弟子之伦,介乎君臣、朋友之间,君固当食其臣,朋友亦有通财之义,故其相处之道如此也。汉世于教授者多称为养徒,如《后汉书·来歙传》,言其六世孙艳,"好学下士,开馆养徒"是也,盖由于此。此似为高义,然社会之组织既变,古道终不可行,遂有"不行束脩,未尝有所教诲"之刘焯矣。《隋书》本传。然犹有不行束脩者,又可见古道之未尽泯也。《北齐书·儒林传》:冯炜,"门徒束脩,一豪不受",亦由于此。

养徒之弊,有不免所识穷乏得我者,窦武得两宫赏赐,悉散与太学诸生,及载肴粮于路,丐施贫民是也。此所施者,犹为诸生及贫民。若窦瑰，周纡劾其"学无经术，而妄构讲舍，外招儒徒，实会奸党"，《后汉书·酷吏传》。则其弊有不可胜言者，宜乎其事之不可久也。

《冯伟传》言其"闭门不出，将三十年，不问生产"，盖其家本饶足。又言其"耕而饭，蚕而衣，箪食瓢饮，不改其乐"，盖其性实淡泊，俭于自奉，初不由于贫乏，故能无所取于学者。若乃家无儋石，借劳力以自活，则既从事于教授，自不可无以代耕。邴原邻舍之师，许不求资而徒相教，见《游学》条。此出特许，则其本必求资可知。盖借以糊口者。《汉书·艺文志》有闾里书师，盖以教书故称书师。邴原之师，原从之读《孝经》、《论语》，可称《孝经》、《论语》师，要皆闾里之师也。闾里之师，殆皆借教授以糊口。至于传经之大师，然后所取者多而且广，可以有所取，亦可以有所与，乃得模拟古之士大夫，而以养徒为名高矣。然汜毓不蓄门人，称为清静，亦见《游学》条。则蓄焉者可知。转不如闾里之师，自食其力者之无愧于心矣。

社会之组织既变，则人之所以自处及其相处之道，亦随之而变，此势之必不可免者也。一巨子多养徒众之局既去，而人皆恃通工易事以为生，师固不能无所取于弟子。此在汉世，亦业已如是。文翁选郡县小吏诣京师，受业博士，或学律令，减省少府用度，买刀布蜀物，赍计吏以遗博士，即弟子必有以奉其师之一事也。《宋史·赵安仁传》：孙君锡，为宗正丞。时增诸宗院讲书教授官，而逐院自备缗钱为月馈，贫者或不能以时致，宗师辄移文督取。君锡言：国家养天下士于太学，尚不较其费，安有教育宗室，令自行束脩之理？诏悉从官给。《元史·李谦传》：为东平府教授，生徒四集。累官万户府经历。复教授东平。先时教授无俸，郡敛儒户银百两备束脩。谦辞曰：家幸非甚贫，岂可聚货以自殖乎？此皆教师不能无禄之证。然无禄而有所取可也，元时国学，不闻无禄，而《宇术鲁翀传》言：旧制,弟子员初入学,以羊贽,所贰之品与羊等,则取之有伤于廉矣。吾少时所见清世之府、州、县学,生员入学之初,尚必有以贽其师。应试时,本有廪膳生为之保任,<small>保其身家清白及非冒籍。</small>及此,更由其与教官议贽币多少,斤斤颇甚。议定,生员投贽一见其师,自此师生若路人矣。

《元史·列女传》:王德政妻郭氏。少孤,事母张氏孝谨,以女仪闻于乡。及笄,富贵家慕之,争求聘。张氏不许。时德政教授里中,年四十余,貌甚古陋。张氏以贫不能教二子,欲纳德政为婿,使教之。宗族皆不然。郭氏慨然,愿顺母志。既婚,与德政相敬如宾。属教二弟有成。此亦师不能徒相教之一事。卒教其二子有成,亦为不负托付,然终愧郫原之师矣。

《元史·许有壬传》:有壬之父熙载,仕长沙日,设义学训诸生。既殁而诸生思之,为立东冈书院。《明史·隐逸·杨恒传》:诸暨人。外族方氏建义塾,馆四方游学士。恒幼,往受诸经,辄领其旨要。曰义学,盖不取其资者。孤寒向学之士,殆非此无以济也。

# 〔六五〕 论语、孝经

汉人读经,率先《论语》、《孝经》,此法相沿甚久。《颜氏家训·勉学》篇云:"士大夫子弟,数岁已上,莫不被教,多者或至《礼》、《传》,少者不失《诗》、《论》。"又云:"自荒乱已来,诸见俘虏,虽百世小人,知读《论语》、《孝经》者,尚为人师。"《魏书·外戚传》:冯熙,生于长安,为姚氏魏母所养。以叔父乐陵公邈因战入蠕蠕,魏母携熙逃避,至氐羌中抚育。年十二,好弓马,有勇干,氐羌皆归附之。魏母见其如此,将还长安。始就博士学问,从师受《孝经》、《论语》。《周书·文闵明武宣诸子传》:宋献公震。年十岁,诵《孝经》、《论语》、《毛诗》,后与世宗俱受《礼记》、《尚书》于卢诞。《隋书·蔡王智积传》:父景王整,高祖龙潜时与不睦;太妃尉氏,又与独孤皇后不相谐;以是智积常怀危惧。有五男,止教读《孝经》、《论语》而已,亦不令交通宾客。《韦师传》:初就学,始读《孝经》,舍书而叹曰:名教之极,其在兹乎?《文学传》:王颁,少好游侠,年二十,尚不知书,为兄颙所责怒,于是感激,始读《孝经》、《论语》。《元史·王思诚传》:七岁从师,授《孝经》、《论语》,即能成诵。《儒学传》:陈栎生三岁,祖母吴氏口授《孝经》、《论语》,辄成诵。又伯颜,六岁从里儒授《孝经》、《论语》,即成诵。盖至朱子之学大行,入学者皆先诵《四书》,而先诵《论语》、《孝经》之法乃变。

# 〔六六〕学校中体罚

　　近世学校,禁用体罚,然中国自昔有之。《陈书·新安王伯固传》:"为国子祭酒。为政严苛。国学有惰游不修习者,重加榎楚,生徒惧焉。由是学业颇进。"此必国学中旧有此罚,伯固乃得施之也。《旧唐书·阳峤传》言:峤"为国子祭酒。学徒渐弛。峤课率经业,稍行鞭棰。学生怨之,颇有喧谤,乃相率乘夜于街中殴之。上闻,而令所由杖杀无理者。由是始息"。学校中无可行鞭棰之理,盖亦用夏楚,而史家措辞不审也。此皆国学,尚不免夏楚,而郡县以下之学可知矣。《宋史·马仁瑀传》:"十余岁时,父令就学,辄逃归。又遣于乡校习《孝经》,旬余不识一字。博士笞之。仁瑀夜中独往焚学堂,博士仅以身免。"此则私塾中习用体罚,由来旧矣。

　　《宋史·宗室传》:赵师罴,知临安府。"武学士柯子冲、卢宣德以事至府,师罴擅挞遣之,众尽喧,文武二学之士交投牒,师罴乃罢免,与祠。"地方官擅责学生,近世为法所不许。不论文武,学生未经斥革者,有犯只能送学中羁禁。学中亦可用木板责打手心,所谓夏楚也,然久无其事矣。羁禁时,学中胥役,或亦小有求取,然较州县衙门之胥役,则不可同日语矣。故健讼之地,视生员特重,以官威有所格,则可以有所恃,而干与讼事以牟利耳。

　　《清史稿·德宗纪》:光绪三十三年,四月,"命衍圣公孔令贻稽察山东学务。"此人在当时，曾责打某校教师手心。论者颇不然之。以擅施体罚于学生，已为其时所不许，乃施之教师也。封建在中国，久成虚名，乃忽焉任之以事，而其坏法乱纪即如此。除恶务尽，信哉！

# 〔六七〕鸣鼓众质

事莫恶于挟势以相临。挟贵，挟贤，挟长，挟有勋劳，挟故，见《孟子·尽心》上篇。挟故，赵《注》云："与师有故旧之好。"此无可挟，疑非。故，事也。盖谓挟一事足以相胁者。其实皆挟势也。挟众亦然。历代讲学，喜于众属耳目之地，以口舌争胜。使听者而贤于我欤，我安可腼颜讲说？使听者而不如我欤，我顾因博其称许，而不惜自衒粥，是无耻之甚者也。然犹有可恕者，曰：此等皆选耎不自树立之徒，虽卑鄙，犹未至于暴戾也。若乃挟众势以攻一人，则更不可恕矣。《宋史·吴师礼传》："游太学。时兄师仁为正，守《春秋》学。他学官有恶之者，条其疑问诸生。师礼悉以兄说对。学官怒，鸣鼓坐堂众质之。师礼引据三传，意气自如。"此学官果自居何等邪？熙宁学校贡举之法，平心论之，未为非是，然法虽善而行之不善，亦有不能免于恶者。《石公弼传》云："三舍法行，士子计等第，颇事告讦。"虞蕃讼博士受贿，盖即告讦之一事。见《蔡确传》。其言或不免过甚。然株连众而追求酷，则必非虚语也。《刘挚传》云："神宗更新学制，养士以千数，有司立为约束，过于烦密。挚上疏哲宗时。曰：比以太学屡起狱讼，有司缘此，造为法禁，烦苛愈于治狱，条目多于防盗，上下疑贰，以求苟免。甚可怪者，博士、诸生，禁不相见，教谕无所施，质问无所从，月巡所隶之斋而已。斋舍既不一，随经分隶，则又《易》博士兼巡《礼》

斋,《诗》博士兼巡《书》斋。所至备礼请问,相与揖诺;亦或不交一言
而退,以防私请,以杜贿赂。学校如此,岂先帝所以造士之意哉?"岂
不令人骇笑乎?《崔鶠传》:"钦宗即位,上疏曰:谏议大夫冯澥近上
章曰:士无异论,太学之盛也。澥尚敢为此奸言乎?王安石除异己
之人,著三经之说以取士,天下靡然雷同,陵夷至于大乱,此无异
论之效也。蔡京又以学校之法驭士人,如军法之驭卒伍,一有异
论,累及学官。若苏轼、黄庭坚之文,范镇、沈括之杂说,悉以严刑
重赏,禁其收藏,其苛锢多士,亦已密矣。而澥犹以为太学之盛,
欺罔不已甚乎?"鶠乃旧党,所言必不免失中。然谓"绍述一道德
而天下一于谄佞,绍述同风俗而天下同于欺罔",则甚可痛而不可
不深长思也。人固有所行者是,而其行之之心则非者。一时虽或
有功,久必不胜其弊。昔贤所以贵"正其义不谋其利,明其道不计
其功"也。

　　《金史·选举志》:章宗大定二十九年,上封事者乞兴学校,推
行三舍法。事下尚书省集百官议。户部尚书邓俨等谓三舍法行,
"多席势力尚趋走之弊。故苏轼有三舍既兴、货赂公行之语。臣等
谓立法贵乎可久。彼三舍之法,委之学官选试,启侥幸之门,不可为
法。"则熙、丰时太学有弊,自是事实。然此岂严刑密网所能治邪?
入太学本为官禄之劝,委学官选试,而望其无货赂、告讦,岂可得哉?
其关键在毋以选试之权,委之学官而已。此学校所以必与科举并
行也。

　　宋理宗时,太学生林日养,受宦官之赂,上书攻谢方叔、洪天锡。
学舍恶其党奸,鸣鼓攻之,引见《学校风潮》条。《明史·王省传》:
"凡三为教官,最后得济阳。燕兵至,为游兵所执。从容引譬,词义
慷慨。众舍之。归坐明伦堂,伐鼓聚诸生,谓曰:若等知此堂何名?
今日君臣之义何如?因大哭。诸生亦哭。省以头触柱死。"伐鼓,盖

学中相传聚众之法也。或以教忠，或则挟众以临匹夫，以媚权贵而快私忿，人之度量相越，何其远也！

讲学以口舌争胜，非争学术是非之流失，实由古人本有以口舌争胜之恶习，而虵及于学术耳。读《抱朴子·疾谬》之篇而可知也。《后汉书·儒林传》：戴凭，"年十六，郡举明经，征试博士，拜郎中。时诏公卿大会，群臣皆就席，凭独立。光武问其意。对曰：博士说经皆不如臣，而坐居臣上，是以不得就席。帝即召上殿，令与诸儒难说，凭多所解释，帝善之，拜为侍中。正旦朝贺，百僚毕会，帝令群臣能说经者更相难诘，义有不通，辄夺其席以益通者，凭遂重坐五十余席。"凭幼不逊悌，光武之用之，亦如其令优伶剽剥人耳。《陈书·儒林传》：张讥，"天嘉中，迁国子助教。是时周弘正在国学，发《周易》题。弘正第四弟弘直，亦在讲席。讥与弘正论议，弘正乃屈。弘直危坐厉声，助其申理。讥乃正色谓弘直曰：今日义集，辩正名理，虽知兄弟急难，四公不得有助。弘直曰：仆助君师，何为不可？举坐以为笑乐。"此亦如观优戏耳。《隋书·儒林传》：元善，"通博在何妥之下，然以风流酝藉，俯仰可观，音韵清朗，听者妄倦，由是为后进所归。妥每怀不平，心欲屈善。因善讲《春秋》初发题，诸儒毕集。善私谓妥曰：名望已定，幸无相苦。妥然之。及就讲肆，妥遂引古今滞义以难善，多不能对。善深衔之，二人由是有隙。"又刘焯，"因国子释奠，与刘炫二人论义，深挫诸儒，咸怀妒恨，遂为飞章所谤，除名为民。"《新唐书·儒学·孔颖达传》："炀帝召天下儒官集东都，诏国子秘书学士与论议，颖达为冠，又年最少，老师宿儒耻出其下，阴遣客刺之，匿杨玄感家得免。"其妒嫉贼害，至于如此，岂不可骇？《周书·儒林·熊安生传》："天和三年，齐请通好。兵部尹公正使焉，与齐人语，及《周礼》。齐人不能对。乃令安生至宾馆与公正言。公正有口辩，安生语所未至者，便撮机要而骤问之。安生曰：礼义弘深，自有条贯。必欲升堂观奥，宁可汩其先后？但能留意，当为次第陈之。公正于是具问所疑，安生皆为一一演说，咸究其根本，公正深所嗟服。"以口给御人始，而以请益从善终，何其贤也！

# 〔六八〕学校风潮

今世有所谓学校风潮者,其事实古已有之。学校风潮,乃一种群众运动。可以大声疾呼,申明一事之是非曲直,而不能深谋远虑,定措置之方。并不能洞烛隐微,知症结所在。论者或以是为学生运动病,此乃未知学生运动之性质者也。历代之学校风潮,虽亦不尽纯正,然其所蕲求指斥,合于义者究多。此可见群众之可欺以其实,而不可欺以其名也。进一步,使大多数人,皆知综核名实之道,以群众运动,申明事之是非曲直,而更有切实而持久之办法以继之,则政治可以改观矣。

汉哀帝时,鲍宣为司隶,钩止丞相掾史,没入其车马。事下御史中丞。侍御史至司隶官,欲捕从事,闭门不肯内。坐距闭使者,下廷尉狱。博士弟子济南王咸举幡太学下,曰:欲救鲍司隶者会此下。诸生会者千余人。朝日,遮丞相孔光自言,丞相车不得行。又守阙上书。后汉光武帝时,欧阳歙征为大司徒,坐在汝南臧罪千余万发觉下狱。诸生守阙,为歙求哀者千余,至有自髡剔者。案宣本著高节。歙之被系也,平原礼震,自系上书,求代其死。高获亦冠铁冠,带铁锁,诣阙请歙。见《后汉书·方术传》。光武不赦,歙死狱中。歙掾陈元,又上书追讼之,言甚切至。帝乃赐以棺木,赠印绶,赙缣三千匹,子复并获嗣爵。则歙狱盖实冤,不然,以光武用法之严,未必肯轻于平反也。桓帝时，梁冀专朝，而帝无子，连岁饥荒，灾异数见。刘陶游太学，乃上疏陈事。朱晖孙穆，以治宦者赵忠，输作左校，陶等数千人，又诣阙上书讼之。桓帝览其奏，为之赦穆。时有上书言宜改铸大钱者，事下四府群僚及太学能言之士，陶上议沮之，帝竟不铸钱。则陶实达于政事，非徒能鼓众唱议。而桓帝之于诸生也，能用其言，又导之使言，实贤于光武之遂杀欧阳歙，哀帝之竟抵鲍宣罪者矣。灵帝时，皇甫规为徐璜等所陷，下吏，论输左校，诸公及太学生张凤等三百余人上书讼之。史云规会赦归家，不云由凤等之讼，则灵帝之听言，亦不如桓帝。熹平元年，有何人书朱雀阙，言"天下大乱，曹节、王甫幽杀太后，侯览多杀党人，公卿皆尸禄，无有忠言者"。司隶校尉刘猛不肯急捕，月余，主名不立。猛坐左转，代以段颎，四出逐捕，及太学游生，系者千余人。见《后汉书·宦者传》。《灵帝纪》云：宦官讽司隶校尉段颎捕系太学诸生千余人。则始公然与舆论为敌矣。段颎武人，剿羌时恣意杀戮，又比宦者，捕系平民，及于学生，罪不容于死矣。窦武难作，陈蕃将官属诸生八十余人，并拔刃，突入承明门。则汉世儒生，不徒主持清议，并有能以身赴难者，要不失为正气所在也。

晋世于太学外复立国子学。孝武帝用谢石之说，增置生员，造庙屋百五十五间，而学生顽嚣，因风放火，焚房百余间。此为历代学校风潮中最无意识者，说见《国子太学》条。唐玄宗初，阳峤入为国子祭酒。时学徒渐弛，峤课率经业，稍行鞭棰，学生怨之，颇有喧谤，乃相率乘夜于街中殴之。上闻，令所由杖杀，由是始息。此其轻侠，或非因风放火之伦，其顽不率教，则更甚矣。至于令所由杖杀，不亦酷哉？晋世国学固皆贵游，唐则并太学亦皆品官及勋封子弟，足见贵人之不可教矣。杨玚迁国子祭酒，请明经习《左传》者尽帖平文；通《周礼》、《仪礼》、《公羊》、《穀梁》者量加优奖。诏习此诸经者，出身免任散官，遂著于式。生徒为场立颂学门外。欧阳詹举进士，与韩愈联第，又与愈善。詹先为四门助教，率其徒伏阙举愈博士。此等徒知干进，且或比周，亦殊愧士节。盖唐代士风，本近嗜利，故其所为如此也。其关涉政治者，惟德宗时之请留阳城。然城所因之得罪者薛约，实非佳士；留城之太学诸生，以何蕃为首，亦矫伪之徒；则此举亦党争，非关政事得失也。柳宗元顾遗蕃等书，比之李膺、嵇康时太学生徒仰阙执诉，不亦轻于许可乎？

　　以唐世之党争与宋世之党争较，则唐世徒为私利，而宋世实有政见之不同，二者未可同日语也。学潮亦然。神宗时，太学盛而学风实坏，说见《鸣鼓众质》条。然张商英罢而蔡京复用，太学诸生尝讼其冤。何执中代京相，太学诸生陈朝老亦诣阙上书言之。邓肃入太学，时东南贡花石纲，肃作诗十一章，言守令搜求扰民；用事者见之，屏出学。则虽用威胁利诱，并不能遂弭人言。陈公辅为平江府教授，朱勔方嬖幸，当官者奴事之，公辅绝不与交；勔有兄丧，诸生欲往吊，公辅不与告。则郡县教官，亦有毅然不可犯者矣。及金兵至，而陈东等代表民意，力主澄清政局，抗御强敌，正气大伸。东以钦宗即位后上书，数蔡京、童贯、王黼、梁师成、李彦、朱勔之罪，谓之六贼。靖康元年二月，复及都民数万人此据《钦宗纪》。《聂昌传》云十余万人，恐失实。伏阙上书，请复用李纲及种师道，且言李邦彦等嫉纲，恐其成功，罢纲正堕金人之计。会邦彦入朝，《邦彦传》云退朝。众数其罪而骂。《邦彦传》云：且欲殴之，邦彦疾驰得免。吴敏传宣，众不退，遂挝登闻鼓，山呼动地。殿帅王宗濋恐生变，奏上勉从之。遣耿南仲号于众曰：已得旨宣纲矣。内侍朱珙之宣纲后期，众脔而磔之，并杀内侍数十人。此纯为一群众运动。政府后虽从众，初亦欲以兵力压伏之。时与东俱上书者，尚有太学生高登。《登传》云："军民不期而会者数万，王时雍纵兵欲尽歼之，登与十人屹立不动。"可谓见危授命者矣。金兵解去,学官观望时宰议,尽屏伏阙之士,自东始。时雍又欲尽置诸生于狱,人人惴恐。聂昌力言不可。乃用杨时为祭酒,复东职,遣昌诣学抚谕,然后定。是时嬖臣多从上皇东下,惟宦者梁师成,当钦宗为太子时,郓王楷宠盛,有动摇东宫意,能力保护,以旧恩留京师。东又与布衣张炳俱疏其罪,其于一时之嬖幸,可谓无所宽假矣。明年,正月,钦宗如金军。太学生徐揆,率诸生扣南薰门,以书抵二酋,请车驾还阙。二酋使以马载揆至军诘难,揆厉声抗论,为所杀。金人胁立异姓,众如其意举张邦昌。孙傅、张叔夜不署状,金人执之,置军中。王时雍时为留守,再集百官诣秘书省。至即闭省门,以兵环之。俾范琼谕众以立邦昌。众意唯唯。有太学生难之。琼恐沮众,厉声折之,遣归学舍。此时独持异议,安得不为徐揆之续?然则是时之太学生,实有见危授命之节,非客气也。初吴敏欲弭谤议,奏补陈东官,赐第,除太学录。东又请诛蔡氏,且力辞官以归,前后书凡五上。高宗即位,相李纲,召东赴行在。比至,纲已罢。东即上书乞留纲而罢黄潜善、汪伯彦。会崇仁布衣欧阳澈上书诋时事,语侵宫掖,帝谓其言不实,潜善乘间启杀澈,遂并及东。《澈传》云:金人大入,要盟而去。澈闻,辄语人曰:我能口伐金人,强于百万之师,愿杀身以安社稷。有如上书不见信,请质子女于朝,身使穹庐,御亲王以归。乡人每笑其狂,止之,不可,乃徒步走行在。高宗即位南京,伏阙上封事,极诋用事大臣,遂见杀。澈盖迂儒,无足惮,当局所惮者实东也。是时而犹杀言者,诚足使人流涕者矣。秦桧成和议,太学生张伯麟题壁曰:夫差,而忘越王杀而父乎?杖脊,刺配吉阳军。其悖悍如此。然桧死,王十朋、冯方、胡宪、查籥、李浩相继论事,太学生为《五贤诗》述其事。周葵素与桧异,权礼部侍郎,兼国子祭酒,侍御史汤鹏举乞罢之。太学生黄作、詹渊率诸生都堂留葵。翼日,博士何俌等言于朝,乞惩戒。诏作、渊皆送五百里外编管,葵出知信州。太学中之正气,殊未泯也。孝宗隆兴二年,十一月,甲午,以黄榜禁太学生伏阙。是日,太学生张观等七十二人上书,请斩汤思退、王之望、尹穑,窜其党洪适、晁公武,而用陈康伯、胡铨等,以济大计。几复见陈东、高登之慷慨矣。

凡骛于名或激于意气者,往往遇一事焉而随之而动,己亦不知其所以然。此所谓役于气而不能自主者也。一人如此,成众自更然。光宗之不朝重华宫,此特一家之私事,于朝政无与也。君民之关系久疏,但使朝无觊觎之人,即植遗腹,朝委裘,天下亦自不乱。赵汝愚等之谋禅,盖实有功名之心焉?人民何必附和?然绍熙五年,大学生汪安仁等二百余人欲上书,而龚日章等百余人以投匦上书为缓,必欲伏阙,《宋史·杨大全传》。是亦不可以已乎?及汝愚罢相,国子祭酒李祥、博士杨简皆以为言。侂胄党正言李沐劾罢之。侍讲章颖亦以言汝愚罢。太学生杨宏中、周端朝、张衙、林仲麟、蒋傅、徐范留汝愚、颖及祥、简,悉送五百里外编管。此亦参与党争而已。然《宏中传》云:祥、简被斥,宏中曰:师儒能辨大臣之冤,而诸生不能留师儒之去,于义安乎?众莫应。独仲麟、范、衙、傅、端朝愿与其议。《范传》云:书已具,有闽士亦署名。忽夜传韩侂胄将置言者重辟,闽士怖,请削名。范之友亦劝止之。范慨然曰:业已书名,尚何变?其临难毋苟免,亦无愧高登矣。

开禧元年,四月,武学生华岳上书,谏朝廷不宜用兵,恐启边衅。以忤韩侂胄,送建宁府编管。书辞见本传,论侂胄之专恣,政事之败坏,武备之不修,极伉直。《侂胄传》云:乞斩侂胄、苏师旦、周筠,以谢天下。书奏,侂胄大怒,下大理,贬建宁圜土中。侂胄诛,放还,复入学,登第,为殿前司官属,郁不得志。谋去史弥远,事觉,下临安狱。狱具,坐议大臣当死。宁宗知岳名,欲生之,弥远曰:是欲杀臣者。竟杖死东市。史言岳轻财好侠,盖意气用事者,然不肯以国事为孤注,则非武夫寡虑者比也。先攻韩侂胄,后谋史弥远,盖极知权奸之误国,内安为外攘之本者,其识见颇与陈东类也。时太学博士钱廷玉,附会侂胄,言恢复之计,见《侂胄传》。

华岳不欲启衅,以其无幸胜之理,非谓义不当谋恢复也,故事势一有转变,舆论亦即随之。嘉定七年,十一月,遣聂子述使金贺正旦,刑部侍郎刘鑰等及太学诸生上章言其不可;十二年,五月,太学生何处恬等伏阙上书,以工部尚书胡矩欲和金人,请诛之以谢天下,皆是。皆见《本纪》。

争济王之狱,与请朝重华宫不同。请朝重华宫,可以沽名,而无后患,争济王之狱,则不然也。狱之起也,大学博士李韶上封事谏,且以书晓史弥远,亦为难得矣。

宋之末叶,学潮颇牵涉党争。其显著者,一为争史嵩之起复。事在淳祐四年。太学生百四十四人,武学生六十七人,京学生九十四人,宗学生三十四人,及建昌军教授卢钺,皆上书言其不可。《嵩之传》。侍御史刘汉弼言愿听嵩之终丧,帝乃以范钟、杜范并相。五年,正月,汉弼卒。太学生蔡德润等百七十三人伏阙上书,以为暴卒。《汉弼传》。是年,四月,杜范卒;六月,兵部侍郎徐元杰卒,时亦谓非善终。程公许上书极言之。公许时为起居郎,兼直学士院,权中书舍人。嵩之罢起复及相范钟、杜范三制,皆其所草。先是嵩之从子璟卿,尝以书谏嵩之,暴卒,相传嵩之致毒。《嵩之传》。然实皆莫须有之事也。读《程公许传》可见。

一为攻余晦之事。晦为天锡从子。《宋史·程元凤传》云:"淳祐十二年,拜右正言,兼侍讲。余晦恃恩妄作,三学诸生伏阙上书,白其罪状,司业蔡抗又力言之,元凤数其罪劾之。奏上,以晦为大理少卿,抗为宗正少卿。元凤又上疏,请留抗而黜晦,以安士心。乃命抗仍兼司业,晦予郡。"晦时为临安尹。理宗生平,于援立之恩最惓倦,盖不免放纵之也。

一为攻宦官卢允升、董宋臣。宝祐三年,监察御史洪天锡疏论二人,留中不下,而御笔授天锡大理少卿。太学生池元坚论击允升、宋臣。谗者以天锡之论,为时相谢方叔意;及天锡去,亦曰:方叔意也。方叔上疏自解。监察御史朱应元攻方叔罢相。允升、宋臣犹以为未快,厚赂太学生林日养,上书力诋天锡、方叔。且曰:乞诛方叔,使天下明知宰相、台谏之去,出自独断,于内侍初无预焉。书既上,学舍恶自养党奸,相与鸣鼓攻之,上书以声其罪。自有学潮以来,太学中人,以此次为最不一致矣。

一为攻丁大全之事。大全迫逐董槐,事在宝祐四年六月,三学生屡上书以为言。诏以槐为观文殿大学士,提举临安府洞霄宫。十一月,以监察御史吴衍、翁应弼劾太学、武学生刘黻等八人不率,诏拘管江西、湖南州军。宗学生与伯等七人并削籍,拘管外宗正司。是时太学生获罪者六人:刘黻外为陈宗、黄镛、曾唯、陈宜中、林则祖。《大全》及《宜中传》。司业率十二斋生冠带送之桥门之外。大全益怒,立碑三学,诫诸生毋妄议国政,且令自后有上书者,前廊生看详,以牒报检院。士论翕然,称六人为六君子。而宗学谕冯去非,亦不肯书名石碑下,诸生下狱,去非复调护宗学生之就逮者焉。《宜中》、《去非传》。大全贬,刘黻还太学。侍御史陈垓劾程公许,右正言蔡荥劾黄之纯,去职,黻又率诸生上书争之。《黻传》,亦见《公许传》。

《贾似道传》云:"似道既专恣日甚,畏人议己,务以权术驾驭。不爱官爵,牢笼一时名士。又加太学餐钱,宽科场恩例,以小利啗之。由是言路断绝,威福肆行。"然景定五年,太学生萧规、叶李等上书言似道专政,似道命京尹刘良贵招摭以罪,悉黥配之。是役也,《食货志》云:三学六馆皆上书;《元史·叶李传》云:伏阙者凡八十三人;而良贵之陷李,亦诬其僭用金饰斋扁,未敢以攻执政为其罪;

则初未能以一手掩天下目也。李亦可谓能持正论者。其后受虏命北上，至晚节不终，则声华之为累耳。故明夷利贞也。

陈宜中初本攻人者，后乃为人所攻。丁大全之败也，丞相吴潜奏还宜中。贾似道入相，复为之请，有诏六人皆免省试，令赴景定三年廷试，而宜中中第二人。宜中于似道，盖实不免比周。似道督师江上，以国事付王爚、章鉴及宜中，盖取其素与己。爚、宜中于其既出，稍欲自异，及闻其败，乘势蹙之。既而二人自为矛盾。爚子乃嗾京学生刘九皋等伏阙上书，攻宜中擅权，党似道。时为德祐元年七月，宜中遂径去，遣使召之，不至。其后罢爚，命临安府捕逮京学生，召之，亦不至。盖知国危，借此脱身也，亦云巧矣。然其后奔走朔方，身死异域，卒未肯屈节北廷，则曾读诗书者，虽倾危之士，亦终知顾惜名义也。

宋末，学生忠贞不屈者颇多。淳祐七年，十二月，诏太学生程九万自北脱身来归，且条上边事，赐迪功郎。德祐二年，正月，三学生誓死不去，特与放释褐出身。俱见《宋史·本纪》。此足愧当时儒生如许衡辈之屈节外族，及朝臣之纷纷遁去者矣。《元史·世祖纪》：至元十三年，二月，甲子，董文炳、唆都发宋随朝文士刘褒然及三学诸生赴京师。太学生徐应镳父子四人同赴井死。五月，壬寅，宋三学生四十六人至京师。九月，庚子，命姚枢、王磬选宋三学生之有实学者留京师，余听还家。三学生之为北廷所羁縻者，盖甚少也。

金、元以外族入据中国，自无为之尽忠者。《金史·仆散端传》："贞祐二年五月，判南京留守，与河南统军使长寿、按察转运使王质表请南迁，凡三奏，宣宗意乃决。百官士庶皆言其不可。太学生赵昉等四百人上书极论利害，宣宗慰遣之。"金之危亡，学生有所建白者，惟此而已。《元史·王思诚传》："国子监诸生相率为哄，复命为司业。思诚召诸生立堂下，黜其首为哄者五人，罚而降斋者七十人，勤者升，惰者黜，于是更相勉励。"此哄不知其为何事，然必无甚关系也。

　　至于明世，而学生之崇尚气节者又多。王省死建文之难，引见《鸣鼓众质》条。又陈思贤，洪武末为漳州教授，以忠孝大义勖诸生。燕王登极诏至，恸哭曰：明伦之义，正在今日。坚卧不迎诏。率其徒吴性原、陈应宗、林珏、邹君默、曾廷瑞、吕贤六人，即明伦堂为旧君位，哭临如礼。有司执之送京师，思贤及六生皆死。高贤宁，济阳儒学生。尝受学于王省，以节义相砥砺。建文中，贡入太学。燕兵围济南，贤宁在围中。王射书城中谕降，贤宁作《周公辅成王论》射城外。王悦其言，为缓攻。王即位后，贤宁被执入见。成祖曰：此作论秀才耶？秀才好人，予一官。贤宁固辞。锦衣卫指挥纪纲，故劣行被黜生也，素与贤宁善，劝就职。贤宁曰：君为学校所弃，固应尔，我食廪有年，义不可，且尝辱王先生之教矣。纲为言于帝，竟得归。然则纪纲亦非怙恶不悛者也。明有天下日浅，太祖又暴戾，无足为效死，而其臣之忠于建文如此。盖自宋以来，君臣之义久著，元时潜伏无所用之，至此又勃然而兴也。高瑶，由乡举为荆门州学训导。成化三年，抗疏陈十事。其一请追加郕王庙号。宪宗虽不用，然久之，竟复郕王帝号。又有虎臣者，成化中贡入太学。孝宗践阼，将建棕棚万岁山，备登眺。臣抗疏切谏。祭酒费訚惧祸及，锒铛絷臣堂树下。俄官校宣臣至左顺门，传旨慰谕曰：若言是，棕棚已毁矣。訚大惭。此皆能责难于君者也。李时勉，正统六年，为国子祭酒。初，时勉请改建国学，帝命王振往视，时勉待振无加礼。振衔之，廉其短，无所得。时勉尝芟彝伦堂树旁枝，振遂言时勉擅伐官树入家，取中旨，与司业赵琬、掌馔金鉴并枷国子监前。方盛暑，枷三日不解。监生李贵等千余人诣阙乞贷。有石大用者，上章愿以身代。诸生圜集朝门，呼声彻殿庭。振闻诸生不平，恐激变。及通政司奏大用章，振内惭。助教李继，请解于太后父会昌侯孙忠。太后言之帝。帝初不知也，立释之。大用朴鲁，初不为六馆所知，及是，名动京师。时王骥攻麓川，会川卫训导詹英抗疏劾之，辞极切至。见《骥传》。盖一时教官、学生，与权奄之搏斗烈矣。杨守阯，守陈弟，附《守陈传》。成化初乡试第一。祭酒邢让下狱，率六馆生伏阙讼冤。《让传》云：让以用会馔钱事，与后祭酒陈鉴、司业张业、典籍王允等俱得罪，坐死。用馔钱似属不合，然在当时，似已成陋规，取陋规未必有罪，即有罪亦不至死。《让传》又言让负才狭中，意所轻重，辄形于词色，名位相轧者多忌之，则其狱或实冤，在诸生亦非阿私所好也。李梦阳为江西提学副使，与同列相讦，羁广信狱，诸生万余为讼冤。梦阳非君子，与相讦者亦非正人，其事无足深论。刘大夏戍肃州，诸司惮刘瑾，绝馈问，儒学生徒传食之，则公道究存于学校中矣。杨涟劾魏忠贤，得严旨，蔡毅中领祭酒事，率属抗疏争之，尤为大义懔然。

　　学校中人，亦有不顾廉耻，干犯名义者。如林日养、费闻是也。尚不止此。魏忠贤之建生祠也，监生陆万龄，至谓孔子作《春秋》，忠贤作《要典》；孔子诛少正卯，忠贤诛东林；宜建祠国学西，与先圣并尊。司业朱之俊，辄为举行。会熹宗崩，乃止。见《明史·阉党·阎鸣泰传》。此真匪夷所思者矣。然有群众运动，即有其蟊贼，亦不足怪也。

# 〔六九〕武 举

　　武举起于唐世,所试者长垛、马枪、翘关、负重等,皆膂力之事也,至宋以后乃渐变。《宋史·选举志》:"孝宗隆兴元年,殿中侍御史胡沂言:唐郭子仪以武举异等,初补右卫长史,历振远、横塞、天德军使。国初,试中武艺人,并赴陕西任使。又武举中选者,或除京东捉贼;或三路沿边,试其效用;或经略司教押军队,准备差使。今率授以榷酤之事,是所取非所用,所用非所学也。请取近岁中选人数,量其材品考任,授以军职,使之习练边事,谙晓军旅,实选用之初意也。乾道二年,中书舍人蒋芾亦以为言,请以武举登第者,悉处之军中。帝以问洪适。适对曰:武举人以文墨进,杂于卒伍,非便也。帝曰:累经任使,可以将佐处之。"观此,知武举出身者,与卒伍绝非同类矣。用兵固非文墨之事,然忠义及智谋,皆自文墨而出,亦岂可舍之不务邪? 黄梨洲以从毅宗死者皆文臣,建义于郡县者,皆文臣及儒生,而武人之为大帅者,无不乘时易帜,谓观于此,然后知承平时待以徒隶者之未为非。《明夷待访录·兵制》二。其言或不免少激,然执干戈者不可不受教育,则理无可疑也。《元史·世祖纪》:至元十三年,"帝既平宋,召宋诸将问曰:尔等何降之易邪? 对曰:宋有强臣贾似道,擅国柄,每优礼文士,而独轻武官。臣等久积不平,心离体解,所以望风而送款也。帝命董文忠答之曰:借使似道实轻汝曹,特似道一人之过耳。且汝主何负焉? 正如所言,则似道之轻汝也固宜。"其言颇足与梨洲之言相发明。元主而能知此者,此固事理之当然,不待智者而后知之也。而叛国之武臣,不得以蠢愚为解也审矣。

从来言教育者,皆详于文而几不及武。惟南北朝时,颇有异于是者。《齐书·崔祖思传》:祖思启陈政事,谓宜于太庙之南,引修文序,司农以北,广开武校是也。《魏书·韦阆传》:族子彧,为东豫州刺史。以蛮俗荒梗,不识礼仪,表立太学,魏世州郡之学,对县以下之学,称为太学。《李平传》言:平在相州,修饰太学。《高祐传》言:祐为兖州刺史,镇滑台。以郡国虽有太学,县党宜有黉序,乃县立讲学,党立教学,村立小学。《崔挺传》:挺族子纂之从祖弟游,转河东太守。太学旧在城内,游移置城南闲敞之处,亲自说经。《北史·郦道元传》:道元试守鲁阳,表立黉序。诏曰:鲁阳本以蛮人,不立大学,今可听之,以成良守文翁之化。皆是。又成人之学,对童稚之学言之,亦曰大学。《景穆十二王传》:南安王桢之子英,奏言太学之馆久置于下国,四门之教方构于京廛,是也。又于城北置崇武馆以习武,则并曾试行之矣。《宋书·周朗传》:世祖即位,普责百官谠言。朗上书,言"宜二十五家选一长,百家置一师。男子十三至十七,皆令学经;十八至二十,尽使修武。习经者五年有立,则言之司徒;用武者三年善艺,亦升之司马。"则人人当文武兼修,其用意尤为周至。盖由竞争烈而其所责望于民者深也。别见《周朗》条。

# 〔七〇〕春秋史记皆史籍通称

　　《公羊》庄公七年，"《不修春秋》曰：雨星不及地尺而复，君子修之曰：星霣如雨。"《解诂》曰："《不修春秋》，史记也。古者谓史记为《春秋》。"此言汉时所谓史记，与古之《春秋》，异名同实也。案孟子曰："晋之《乘》，楚之《梼杌》，鲁之《春秋》，一也。"《离娄》下。是《春秋》为鲁史专名。然墨子云吾见百国《春秋》，李德林答魏收书，见《隋书》本传。案《史通六家》篇，亦有此语。则已为史籍通名矣。《史记·十二诸侯年表》曰："鲁君子左丘明，惧弟子人人异端，各安其意，失其真，故因孔子史记，具论其语，成《左氏春秋》。铎椒为楚威王傅，为王不能尽观春秋，采取成败，卒四十章，为《铎氏微》。赵孝成王时，其相虞卿，上采《春秋》，下观近世，亦著八篇，为《虞氏春秋》。吕不韦者，秦庄襄王相，亦上观尚古，删拾《春秋》，集六国时事，以为《八览》、《六论》、《十二纪》，为《吕氏春秋》。及如荀卿、孟子、公孙固、韩非之徒，各往往捃摭《春秋》之文以著书，不可胜纪。"诸家采摭，非徒鲁史，皆称《春秋》；而孔子之《春秋》，称为史记；此《春秋》、史记，异名同实之征也。《十二诸侯年表》，非史迁元文，当经《左氏》既出后人修改，疑为东西汉间人语。《六国表》曰："太史公读《秦记》"，又曰："秦既得意，烧天下诗书，诸侯史记尤甚，为其有所刺讥也。诗书所以复见者，多藏人家，而史记独藏周室，以故灭，惜哉！惜哉！独有《秦记》，又不载日月,其文略不具。"又曰:"余于是因《秦记》,踵《春秋》之后,起周元王,表六国时事,迄二世。"或曰记,或曰史记,辞有单复,其实一也。《汉书·楚元王传》:刘向言:"汉之入秦,五星聚于东井,得天下之象也。孝惠时,有雨血,日食于冲,灭光星见之异。孝昭时,有泰山卧石自立,上林僵柳复起,大星如月西行,众星随之,此为特异,孝宣兴起之表。天狗夹汉而西,久阴不雨者二十余日,昌邑不终之异也。皆著于汉纪。"纪记同字,其后荀悦著书称《汉纪》,亦犹太史公称秦史为《秦记》也。

　　《六国表》云因《秦记》,必多秦史原文。其体例皆如《春秋》。《秦始皇本纪》末重叙秦之先君立年及葬处,《索隐》云:皆当据《秦纪》为说。其体例亦与《春秋》同。而墨子书所引《春秋》,体例顾与《春秋》异;见《明鬼下篇》。又《贾子·胎教》引青史氏之记,乃典志之伦,而亦称为记,则《春秋》与史记,并为史籍之通名旧矣。窃疑通称史籍为《春秋》者,乃鲁人之辞。盖以本国之史,为凡史籍之通名。而通称史籍为记,其由来实更古。何者?记、志一字。孔子言"大道之行也,与三代之英,丘未之逮也,而有志焉",《礼记·礼运》。庄子亦称"《春秋》经世,先王之志",《天下》。皆即汉人之所谓记。其称史记,则易单辞为复语耳。

　　以史记为史籍通称,南北朝时,仍有此语。《周官·都宗人注》:"都或有山川及因国无主,九皇、六十四民之祀。"《疏》云:"按史记,伏羲以前,九皇、六十四民,并是上古无名号之君,绝世无后,今宜主祭之也。"此史记即史籍通称,不专指一书。

原刊《齐鲁学报》第二期,一九四一年七月出版

# 〔七一〕记 府

《史记·蒙恬列传》：恬曰："昔周成王初立，未离襁褓，周公旦负王以朝，卒定天下；及成王有病，甚殆，公旦自揃其爪，以沈于河，曰：王未有识，是旦执事，有罪殃，旦受其不祥，乃书而藏之记府；可谓信矣。及王能治国，有贼臣，言周公旦欲为乱久矣，王若不备，必有大事。王乃大怒。周公旦走而奔于楚。成王观于记府，得周公旦沈书，乃流涕曰：孰谓周公旦欲为乱乎？杀言之者，而反周公旦。"秦、汉间人，通称史籍为史记，亦曰记；记府，谓藏史记之府也。恬述周初事虽不必实；然战国之世，秦必有专藏史记之府矣，《秦始皇本纪》所谓"史官非秦记皆烧之"者也。

原刊《齐鲁学报》第二期，一九四一年七月出版

# 〔七二〕空籍五岁

《史记·陈杞世家》:"惠公立,探续哀公卒时年而为元,空籍五岁矣。"《索隐》:"惠公探取哀公死,楚、陈灭之后为元年,故今空经年籍五岁矣;一云:籍,借也,为借失国之后年为五年。"说不甚明,疑文有讹夺。《史记》之意,盖谓自哀公死至惠公复立之时,其间凡五年,无史籍以记事,故惠公事之可纪者,当自其六年始也。此可见至春秋时,史官已逐年有事可纪,且颇致谨于记年。

原刊《齐鲁学报》第二期,一九四一年七月出版

# 〔七三〕本纪世家皆史记前已有

《史记·管蔡世家》之末,总叙周文王之后曰:"伯邑考,其后不知所封。武王发,其后为周,有本纪言。管叔鲜,作乱诛死,无后。周公旦,其后为鲁,有世家言。蔡叔度,其后为蔡,有世家言。曹叔振铎,其后为曹,有世家言。成叔武,其后世无所见。霍叔处,其后晋献公时灭霍。康叔封,其后为卫,有世家言。冉季载,其后世无所见。"此所谓有本纪言、有世家言者,并指旧史言之。其赞曰:"管叔作乱,无足载者,然周武王崩,成王少,天下既疑,赖同母之弟成叔、冉季之属十人为辅拂,是以诸侯卒宗周,故附之世家言。"则自言其所编次之世家言者也。《卫世家赞》:"太史公曰:余读世家言,至于宣公之太子以妇见诛,弟寿争死以相让"云云,亦指旧有之世家言。

《陈杞世家》末,"舜之后,周武王封之陈,至楚惠王灭之,有世家言。禹之后,周武王封之杞,楚惠王灭之,有世家言。契之后为殷,殷有本纪言。殷破,周封其后于宋,齐湣王灭之,有世家言。后稷之后为周,秦昭王灭之,有本纪言。皋陶之后,或封英、六,楚穆王灭之,无谱。伯夷之后,至周武王,复封于齐,曰太公望,陈氏灭之,有世家言。伯翳之后,至周平王时封为秦,项羽灭之,有本纪言。垂、益、夔、龙,其后不知所封,不见也。右十一人者,皆唐、虞之际名有功德臣也。其五人之后皆至帝王,余乃为显诸侯。滕、薛、驺、夏、殷、周之间封也,小,不足齿列,弗论也。周武王时,侯伯尚千余人,及幽、厉之后,诸侯力攻相并,江、黄、胡、沈之属,不可胜数,故弗采著于传上。"殷本《考证》:张照云:"按上当是云字之讹,各本皆同,故弗改。"此节总论唐、虞之际有功德之臣,其后有无可考,与《管蔡世家》末总论周文王之后同,而皋陶之后,独云无谱,则知本纪、世家言,与谱系属两物。本纪、世家言,盖据谱而作,故有本纪、世家言者,不必复计谱之有无;然无本纪、世家言者,不必其遂无谱也。有本纪、世家言者,谱亦不必皆具,如周及越,其先世次,并有夺佚。此与《管蔡世家》末节,疑并非史公之辞,乃旧史本有此语,而史公录之。然则滕、薛、驺弗论,江、黄、胡、沈之属弗著,亦皆非史公语矣。史公之作《史记》,于旧有之本纪、世家言,当无所弃取也。

《大宛列传》:"太史公曰:《禹本纪》言河出昆仑。昆仑,其高二千五百余里,日月所相避隐为光明也。其上有醴泉、瑶池。今自张骞使大夏之后也,穷河源,恶睹《本纪》所谓昆仑者乎?故言九州山川,《尚书》近之矣。至《禹本纪》、《山海经》所有怪物,余不敢言之也。"

案《山海经》,《汉书·艺文志》著录于形法家,盖古度地居民之遗法,所谓大举九州之势,以立城郭宫舍者,非今之《山海经》。今之《山海经》,所载亦多古语,然其名为《山海经》,事必较晚,或尚非刘歆所知。此篇论赞,断非史公元文,然《禹本纪》则无害其为古书;即谓其出较晚,其名亦必有所本,必非袭《太史公书》也。此亦本纪之名,太史公前已有之征也。

《燕世家》云:"孝王三年卒,子今王喜立。"可见作此世家者为王喜时人。

# 〔七四〕史记于众所习知之事皆弗论

《史记·管晏列传》:"太史公曰:吾读管氏《牧民》、《山高》、《乘马》、《轻重》、《九府》,及《晏子春秋》,详哉其言之也。既见其著书,欲观其行事,故次其传。至其书,世多有之,是以不论,论其轶事。"《老庄申韩列传》曰:"申子、韩子,皆著书传于后世,学者多有。余独悲韩子为《说难》而不能自脱耳。"篇中独颇载《说难》之辞,余皆不及焉。《司马穰苴列传》曰:"世既多《司马兵法》,以故不论,著穰苴之列传焉。"《孙子吴起列传》:"太史公曰:世俗所称师旅,皆道《孙子十三篇》、吴起《兵法》,世多有,故弗论,论其行事所施设者。"《商君列传》:"太史公曰:余尝读商君开塞、耕战书,与其人行事相类。"传中亦不及其书,是书为世所多有者,皆弗论也。《孟子荀卿列传》曰:"自如孟子至于吁子,世多有其书,故不论其传云。""其传云"上疑夺一"论"字。然《管晏传赞》又曰:"方晏子伏庄公尸,哭之成礼然后去,岂所谓见义不为无勇者邪?至其谏说,犯君之颜,此所谓进思尽忠,退思补过者哉?"谏说犯君之言,庸或即在《晏子春秋》中,伏庄公尸哭之成礼,则真晏子之行事也,而传中亦不之及。又《楚元王世家》:"太史公曰:国之将兴,必有祯祥,君子用而小人退;国之将亡,贤人隐,乱臣贵。使楚王戊毋刑申公,遵其言;赵任防与先生;岂有篡杀之谋,为天下僇哉?"《索隐》云:"此及《汉书》虽不见赵不用防与公,盖当时犹知事迹,或别有所见,故太史公明引以结其赞。"然则行事之为众所习知者,史公亦多弗论也。《管晏列传》云传其轶事,盖谓此也。此盖古人著书,但求大意得,不以详密为贵;抑其时简策繁重,缣帛贾贵,不如后世楮墨之便易,势亦不得不然也。

原刊《齐鲁学报》第二期,一九四一年七月出版

# 〔七五〕太史公书采战国策

　　《史记·吕不韦传》:"吕不韦者,阳翟大贾人也。"《索隐》:"《战国策》以不韦为濮阳人,又记其事迹,亦多与此传不同。班固虽云太史公据《战国策》,然为此传,当别有所闻见,故不全依彼说。或者刘向定《战国策》时,以己异闻,改易彼书,遂令不与史迁记合也。"今案班固之论,盖本于其父彪,然《汉书·司马迁传赞》,与《后汉书·彪传》所载彪之《略论》,显有异同。《迁传赞》曰:"孔子因鲁史记而作《春秋》。而左丘明论辑其本事以为之传。又籑异同为《国语》。又有《世本》,录黄帝以来至春秋时帝王公侯卿大夫祖世所出。春秋之后,七国并争,秦兼诸侯,有《战国策》。汉兴伐秦定天下,有《楚汉春秋》。故司马迁据《左氏》、《国语》,采《世本》、《战国策》,述《楚汉春秋》,接其后事,讫于大汉。"《彪传》所载彪《略论》则曰:"唐虞三代,诗书所及,世有史官,以司典籍,暨于诸侯,国自有史,故《孟子》曰:楚之《梼杌》、晋之《乘》、鲁之《春秋》,其事一也。定、哀之间,鲁君子左丘明论集其文,作《左氏传》三十篇。又撰异同,号曰《国语》,二十一篇。由是《乘》、《梼杌》之事遂暗,而《左氏》、《国语》独章。又有记录黄帝以来至春秋时帝王公卿大夫,号曰《世本》,一十五篇。春秋之后,七国并争,秦并诸侯,则有《战国策》三十三篇。汉兴定天下,太中大夫陆贾记录时功,作《楚汉春秋》九篇。孝武之世,太史令司马迁,采《左氏》、《国语》,删《世本》、《战国策》,据楚、汉列国时事,上自黄帝,下迄获麟,作本纪、世家、列传、书、表,凡百三十篇,而十篇缺焉。"《传赞》言《左氏》、《国语》、《世本》、《楚汉春秋》,皆无篇数;而《略论》有之。且《传赞》亦不言《楚汉春秋》为陆贾作;云"汉兴伐秦定天下,有《楚汉春秋》";云"述《楚汉春秋》,接其后事":颇似"楚汉春秋"四字,为秦、汉间纪事之书之总称,而非专指一书言之者。然则其所谓采《战国策》者,是否指后来三十三篇之《国策》言!亦自有可疑也。

裴骃《集解序》:"班固有言曰:司马迁据《左氏》、《国语》,采《世本》、《战国策》。"《索隐》:"《战国策》,高诱云:六国时纵横之说也,一曰《短长书》,亦曰《国事》。刘向撰为三十三篇,名曰《战国策》,按此是班固取其后名而书之,非迁时已名《战国策》。"案《战国策》本纵横家言,后人视为史籍,本属非是。汉时为纵横家言者,尚不乏人,其所传,自不能与刘向所撰,绝无异同。且今之《战国策》是否刘向所撰,亦有可疑。何也? 以凡世所传古书,有刘向之叙者,多不可信也。

古人著书,文辞非其所重,故其有所依据者,大抵直录前人之辞,不加更定。今《左氏》所载,事迹诚多与《史记》相同,辞句则皆大异。何史公于此,忽破成例乎? 故谓今之《左氏》曾为史公所见者必诬。即《世本》,世所传者,亦未必尽与史公所据相合,以二者相校,其间亦有异同也。

# 〔七六〕路　史

太史公谓百家之言黄帝者，其文不雅驯，因之言五帝惟取古《系世》及《尚书》家言。古说流传，看似荒唐，中实苞含史实，因此而失传者，盖不知凡几矣。后来纬候之作，虽妖妄不经，所苞古说仍甚多；设使不杂之以谶，由西汉人之手悉如其原状而传之，其有裨史学者必不少，亦可惜矣。然言古史，最为后人所称道者，莫如马骕，实亦抱此等见解者也。惟《路史》最为卓绝，所搜异说极多；排比虽或失当，然考证论断，多有特识，亦非规规于世俗之绳墨者，所能望其项背也。韦曜《洞纪》曰："天地剖判，君世宰人，可得而言者：惟庖牺画卦，神农作稼，黄帝舆服，最为昭显；其余非书纪所述，难可纪焉。"《御览皇王部一》知曜亦规规于世俗之绳墨而不敢取异说者。语曰：彼自有解，汝不解耳。惜乎世之知信其所解者甚多，肯宝其所不解者甚少也。

# 〔七七〕史家讲书法之原

史家讲书法,起于欧阳公之修《五代史》,而大成于朱子之修《纲目》;然其由来实甚早。《汉书·文帝纪》:十年,"将军薄昭死。"《注》引郑氏曰:"有罪,故言死。"后元年,"孝惠皇后张氏薨。"《注》引张晏曰:"后党于吕氏,废处北宫,故不曰崩。"姑无论作《汉书》者有此意与否,而注家则确已有借书法以为褒贬之意矣。

# 〔七八〕六经皆史之蔽

　　章实斋六经皆史之说，特有鉴于作史之道宜然，借是以发之而已。必如近人托古改制之说，谓其明知古事之不然，而姑为是言以自重，昔人诚未必然。然古事传者粗略；昔人又有一崇古之成见，心所跂慕之境，误会为古实如是，则其事极易。此犹今人愤国事之不淑，动辄曰东西列强如何如何，列强果如所言乎？无亦十九皆想象之声乎！然谓其有意欺人，固不可也；然遂以其所言者为实然，则尤不可。且如古者文书简易，而其时简策繁重，文书欲不简易，亦不可得。章氏乃谓周代掌故，皆六倍其文而庋之诸司，此岂近情理哉？《隋书·刘炫传》：牛弘问炫曰："《周礼》士多而府史少，今令史百倍于前，判官减则不济，其故何也？"炫答曰："古人委任责成，岁终考其殿最，案不重校，文不繁悉，府史之任，掌要目而已。今之文簿，恒虑覆治，锻炼若其不密，万里追证百年旧案，故谚曰'老吏抱案死'。古今不同，若此之相悬也，事繁政弊，职此之由。"士多而府史少一语，足破古代文书繁重之惑。

　　《周书·高昌传》，述其设官，颇为委曲；而又曰："其大事决之于王，小事则世子及二公（王子为之）随状断决，平章录记，事讫即除。籍书之外，无久掌之文桉。官人虽有列位，并无曹府，惟每旦集于牙门，评议众事。"官无曹府，此古之明堂所以于政事无所不苞也；作

《周官》者所据之国，固非高昌之比，然谓其能容更繁于后世之文书，得乎？

原刊一九四七年十一月五日《东南日报》副刊"文史"

# 〔七九〕 崔浩魏记

　　崔浩之死，非以史事，而浩书亦未尝废。见《崔浩论》条。然《李彪传》，彪表求修史，言"自成帝已来，至于太和，崔浩、高允，著述国书，编年序录，为《春秋》之体，遗录时事，三无一存"。则高允所记，虽云续浩，而浩书之见刊落者，亦不少矣。此何故欤？《浩传》言浩书"尽述国事，备而不典，而石铭显在衢路，往来行者咸以为言"。此语最可注意。野蛮部族，史事流传，悉由十口，《魏书·序纪》谓其"世事远近，人相传授，如史官之记录"。《序纪》固矫诬之物，而拓跋先世事迹，有由故老相传者，则必不诬。《奚斤传》言：斤聪辩强识，善于谈论，远说先朝故事，虽未皆是，时有所得，听者叹美焉。《北史·魏诸宗室传》云："(东阳王)丕声气高朗，博记国事，飨宴之际，恒居坐端，必抗音大言，叙列既往成败"，皆其征也。十口流传，安有故书为证，好奇爱博，过而存之，则所谓备而不典者矣。南北朝时，视史记为褒贬所寓，欲以是荣其先世，其有过恶，引为深玷，务求毁灭之者甚多。观魏收作史，诸家子孙，陈诉不绝，虽齐文宣袒收，诉者反致获罪，而仍不能止可知。然则当时于浩，多有不满，致魏朝得借以为浩罪状者，其流谤之人可知也。然拓跋氏之史迹，因此而见刊落丧失者，必不少矣，岂不惜哉！

　　或云：崔光既志在覆魏，而又斤斤为之存其史迹，何也？曰：史也者，天下之公，不徒非一人一家之私，抑亦非一部一族之私也。况我既见侮于魏矣，前车之覆，后车之鉴，可不详魏之行事，以资我之鉴戒欤？尽力于魏之史记者，前有李彪，后有崔光。光之还领著作也，史言其年耆多务，疾病稍增，而自强不已，及疾甚，敕子侄等，犹以史功不成，殁有遗恨。临殁，又言弟子鸿于肃宗，鸿即撰《十六国春秋》者也。其作《十六国春秋》也，史言其二世仕江左，故不录僭晋、刘、萧之书。又恐识者责之，未敢出之于外。世宗闻其撰录，遣散骑常侍赵邕，诏其随成者送呈。鸿以其书有与国初相涉，言多失体，且既未讫，迄不奏闻。后典起居注，乃妄载其表，谓谨以所讫者附臣邕呈奏云云。又云，鸿自正光以前，不敢显行其书，自后，以其伯光贵重当朝，知时人未能发明其事，乃颇相传读，亦以光故，执事者遂不论之。子子元，永安中乃奏其父书。夫曰涉魏初者言多失体，则鸿之书必义正辞严，抑十六国事与魏相涉，因此与晋、宋相涉者，必也多存其真，而非如今《魏书》之矫诬讳饰。其亡也，实与崔浩之书所谓备而不典者，同其可惜矣。始秘其书，而正光已后，稍稍出之于外者，以其时魏政已乱，不暇更兴文字之狱，亦非徒以光之庇之也。意虽疾魏，而犹妄言曾经呈奏者，盖以如是，则可云其书曾经进御，而致攻击之者，或以是而少息其心焉。永安之时，魏朝业几不国，而子元犹欲奏其父书，则以时人率重金匮石室之藏，如是则其书易行也，凡欲以存史事而已，岂其有爱于魏欤？《魏书·自序》云："世宗时，命邢峦追撰《高祖起居注》。书至太和十四年，又令崔鸿、王遵业补续焉。下讫肃宗，事甚委悉。"则鸿于魏史，亦曾竭力。以鸿之明于逆顺，而其尽力于魏史如是，而光之心从可知，而浩之心亦从可知矣。岂其有爱于虏欤？

魏收撰《魏书》，时人称为秽史。其后北齐后主，曾于武平四年，诏史官更撰《魏书》，而其事未有成。隋文帝诏魏澹别成《魏史》，《隋书·澹传》云"时称简正"。与其后炀帝又诏杨素更撰《魏书》，以素薨而止。事见《隋书·潘徽传》，则澹之书必仍有不满人意者在也。《北史·崔光传》云：光子劼，常恨魏收书，欲更作编年纪。使其成之，必有足观，而竟不能就，岂不重可惜欤？

原刊一九四七年七月二日《东南日报》<br>副刊"文史"第四十八期

# 〔八〇〕吴均齐春秋

　　《梁书·文学·吴均传》云："均表求撰《齐春秋》,书成奏之,高祖以其书不实,使中书舍人刘之遴诘问数条,竟支离无对,敕付省焚之,坐免职。"《南史》云："均将著史以自名,欲撰齐书,求借齐起居注及群臣行状,武帝不许,遂私撰《齐春秋》奏之。书称帝为齐明帝佐命,帝恶其实录,以其书不实,使中书舍人刘之遴诘问数十条,竟支离无对,敕付省焚之,坐免职。"《史通·古今正史》篇曰:均乞给起居注并群臣行状,有诏:"齐氏故事,布在流俗,闻见既多,可自搜访也。"诏辞不容伪造,则《南史》之说是也。流俗传说,往往能知事之内情,而于其外表则不能皆确,如时、月、日、地名、官名等是也。既靳起居注及群臣行状不与,而复以不实为之罪,可谓巧于立说矣。

　　《南史·梁书·帝纪》云:"初,皇考(梁武帝萧衍父顺之)之薨,不得志,事见《齐鱼复侯传》。至是,郁林失德,齐明帝作辅,将为废立计,帝欲助齐明,倾齐武之嗣,以雪心耻,齐明亦知之,每与帝谋。"此即所谓帝为齐明佐命者也。复雠在当时,不徒不以为讳,且以为荣,梁武未必恶吴均之实录。然顺之之杀鱼复侯,亦本非美事,《齐书》亦不著其事。梁武盖为其父讳,故不欲著其实也。然均书竟不能绝,亦何益耶?《梁书》、《南史》,叙均所著书,皆有《齐春秋》,《隋志》亦著录。《史通》云:其私本竟能与萧氏所撰并传于后,盖所焚者特其进呈之本而已。

善乎孟子之言之也,曰:"暴其民甚,则身弑国亡;不甚,则身危国削,名之曰幽、厉,虽孝子慈孙,百世不能改也。"天下之公,固终不容以一人一家之私掩也。

原刊一九四七年七月二日《东南日报》
副刊"文史"第四十八期

# 〔八一〕江淹齐史

《齐书·文学·檀超传》云:"建元二年,初置史官,以超与江淹掌史职。超史功未就,卒官,江淹撰成之,犹不备也。"《南史》不云卒官。云徙交州,于路见杀,余语同。《梁书·江淹传》云:"凡所著述百余篇,自撰为前后集,并《齐史》十志,并行于世。"《南史》云:"淹任性文雅,不以著述在怀,所撰十三篇,竟无次序。"又云:"凡所著述,自撰为前后集,并《齐史》传志,并行于世。"《隋书·经籍志》史部正史类,梁有江淹《齐史》十三卷亡。《史通·古今正史》篇云:"淹始受诏著述,以为史之所难,无出于志,故先著十志,以见其才。"云先著,后来当续有所撰。然则《隋志》之十三卷,当系十卷为志,三卷为传也。

原刊一九四七年《东南日报》副刊"文史"第四十六期

# 〔八二〕沈约宋书

　　赵瓯北《廿二史札记》谓沈约《宋书》，多取徐爰旧本，举其革易之际，为宋讳者反甚于为齐为证，可谓卓识。然谓"约于永明五年奉敕，次年二月即告成，共纪、志、列传一百卷，古来修史，未有若此之速者。"则其说未审。《十七史商榷》云："约表云：本纪、列传，缮写已毕，合志、表七十卷，臣今奏呈，所撰诸志，须成续上。今约书，纪十卷，传六十卷，适七十卷，外有志三十卷而无表，与《梁书》本传云著《宋书》百卷适合，则表中志表二字乃衍文。"其说是也。然期月而成纪传七十卷，亦非仍旧贯不为功矣。宋史始于何承天，草立纪传，止于武帝功臣，所撰志惟天文、律历，亦见约上书表。《宋书》元本，实大成于徐爰，《郡斋读书志》谓约书以何承天书为本，旁采徐爰之说，则大误矣。

　　　　原刊一九四七年四月二日《东南日报》副刊"文史"

# 〔八三〕唐以前无断代史

正史自班氏而降,皆断代为书,颇为论者所訾议。然史之断代,乃成于事之偶然;初未有人谓理当如是,此至唐世犹然也。何以言之?《史通·古今正史》篇云:"太宗以梁、陈及齐、周、隋氏,并未有书,乃命学士分修,仍使秘书监魏征总知其务,合为《五代纪传》,并目录凡二百五十二卷。书成,下于史阁。惟有十志,断为三十卷,寻拟续奏,未有其文。又诏左仆射于志宁、太史令李淳风、著作郎韦安仁、符玺郎李延寿同撰;其先撰史人,惟令狐德棻重预其事。太宗崩后,刊勒始成。其篇第虽编入《隋书》,其实别行,俗呼为《五代史志》。"云"合为《五代纪传》",则梁、陈、齐、周、隋之史,未尝各别为书可知。五代既合为一书,十志自无编入《隋书》之理。所谓"编入《隋书》"者,盖篇第之偶误。然篇第虽误,而书仍别行,可见十志未与《隋书》合,亦即可证《隋书》未与《梁》、《陈》、《齐》、《周书》分也。《梁》、《陈》、《齐》、《周》、《隋》既合为一;《宋》、《齐》、《魏》何缘独分?李延寿作《南北史》,实合八代为一编,延寿亦尝与官修,观私书之体例,自可推见官书之本意。隋为一统之世,可继《宋》、《齐》、《梁》、《陈》、《魏》、《齐》、《周》之后;《晋》又何不可冠《宋》、《齐》、《梁》、《陈》、《魏》、《齐》、《周》之前? 更自此而上推,曹魏以前之史,又何不可合而为一?《南北史·序传》,自言以拟《史记》,则其明征矣。然当时史家,意虽主合,而后人仍以断代视之者,则缘纂修之时,实系各为起讫,体例既不画一,前后衔接之间,又不免复缠矛盾,未免离之两美,合之两伤耳。

继《太史公书》之后,最有意于贯穿古今者,自当推梁武帝之《通史》。《史通》云:"其书自秦以上,皆以《史记》为本,而别采他说,以广异闻。至两汉以还,则全录当时纪传,而上下通达,臭味相依。又吴、蜀二主皆入世家,五胡及拓跋氏列于《夷狄传》。大抵其体皆如《史记》,所异者无表而已。""上下通达,臭味相依",盖谓其体例,去其复缠矛盾,必如是,乃觉血脉相贯,而可合为一编也。"别采他说,以广异闻",意盖主于求备,于《史记》如是,《汉书》已下自亦不至有所刊落。故梁武帝语萧子显,谓此书若成,众史可废。其无表者,盖析其事以入纪传,而非径行芟削也。《齐书·檀超传》:超掌史职,上表立条例,即谓封爵各详本传,无假年表。此书《梁书·本纪》云六百卷,《史通》云六百二十卷。《本纪》或以成数言之,《隋志》作四百八十卷,自系有所阙佚;然《梁书·吴均传》言书起三皇迄齐代,而《隋志》云起三皇迄梁,则后人或就原书有所增益;《梁纪》卷数减于《史通》,亦不能断为系举成数矣。以梁事续萧齐,则又时人作史不主断代之明征也。《周书·明帝纪》言:"帝集公卿以下有文学者八十余人,于麟趾殿刊校经史,又捃采众书,自羲、农以来,讫于魏末,叙为世谱,凡五百卷。"《陈书·陆琼传》:琼子从典,陈亡后入隋,杨素奏使续《史记》,迄于隋,其书未就。二书体例,盖与梁武帝之《通史》同。元晖《科录》,《隋志》入之子部杂家,意盖以为类书;《史通》叙于《古今正史》之篇,则意亦以为通史。《魏书·儒林·平恒传》云:"自周以降,暨于魏世,帝王传代之由,贵臣升降之绪,皆撰录品第,商略是非,号曰《略注》,合百余篇",意亦似与《科录》相类。《隋志》云,杂史类:"自后汉以来,学者多钞撮旧史,自为一书,或起自人皇,或断之近代。"虽断限有远近之殊,取材有多寡之异,其意亦并主于通贯也。《宋书·江夏王义恭传》:尝撰《要记》五卷,起前汉,讫晋太元。所苞者广,而卷帙甚少。《陈书·顾野王传》:撰《通史要略》一百卷。则其卷帙颇巨矣。

原刊一九四七年天津《民国日报》副刊"史与地"

# 〔八四〕读洞冥记

少读《史记》，言李少君、栾大事，心尝怪之，以为其惑人之术何浅，而人亦何以竟为所惑也。及读《抱朴子·祛惑》篇，言古强自云曾见尧、舜、禹、汤、孔子，凡人皆信其言。及病死黄整家，整犹疑其化去。蔡诞自言为老君守龙不谨，责付昆仑，昆仑去天不过数十丈，闻者亦多信之。项曼都自言乘龙升天，谒拜天帝，失仪见斥，河东因号为斥仙人。稚川云："予昔数见杂散道士辈，走贵人之门，专令从者作为空名，云其已四五百岁矣。人适问之年纪，佯不闻也，含笑俯仰，云八九十。须臾自言：我曾在华阴山断谷五十年，复于嵩山少室四十年，复在泰山六十年，复与某人在箕山五十年，为同人遍说所历。正尔，欲令人计合之，已数百岁人也。"此其术真不可以欺孺子，而亦能令人烟起雾合。然后知恒人之所信，不过如此，文成、五利之能惑人，无足怪也。

稚川言古强"曾略涉书记，颇知故事"，此道家之书每多附会史事之由。其所附会，亦多浅陋可笑。予昔亦读而疑之，今乃知其不足怪。其出之于口者如是，其笔之于书者，自亦不过如是也。其实《史记·封禅书》载公孙卿言黄帝事，即系如此，不过时代较早，且载诸正史，人不但不知其缪，且有援之以言古史者矣。

《洞冥记》载李充自言三百岁，孟岐年可七百岁。语及周初事，了然如目前。尝侍周公升坛，以手摩成王足；周公与之玉笏。黄安怀荆读书，画地记数，日久地成池。坐一神龟，广二尺。人问子坐此龟几年矣？对曰：昔伏羲始造网罟，获此龟，以授吾，吾坐龟背已平矣。此虫畏日月之光，二千岁即一出头，吾坐此龟，已见五出头矣。皆古强之类也。

欧洲文字有阴阳性之别，虽无生命之物，无形体之事，亦莫不然。予初闻怪之，继而思之，古言干将、莫邪，以为剑有雌雄，则欧人以无生命之物，亦有雌雄，亦不足怪也。盖邃初之人，固不知生物与无生物之别也。《洞冥记》言汉武帝解鸣鸿之刀，以赐东方朔，朔曰：此刀黄帝采首山之铜铸之，雄已飞去，雌者犹存，亦干将、莫邪之类也。

# 〔八五〕神异经

秦、汉间方士，多好求仙采药于穷荒之地，故于域外地理，颇有所知。传述既广，即未尝亲历者，亦撷拾其辞以欺世，故其书多荒怪之谈。然辗转传讹，自有所本，理而董之，亦或可考见其朔也。

《神异经》云："东方荒外，有豫章焉。树主一州。其高千丈，围百丈，本上三百丈。本如有条枝，敷张如帐。上有玄狐黑猿。树主人，为南北列，并面向西南。有九力士，操斧伐之，以占九州吉凶。斫复，其州有福；迟者，州伯有病；积岁不复者，其州灭亡。"据此，豫章在古亦为神木，与扶桑等同。

又云："荒外有大山，其中生不尽之木。昼夜火然。得暴风不猛，猛雨不灭。"又云："不尽木，火中有鼠，重千斤。毛长二尺余，细如丝。恒居火中，洞赤。时时出外而毛白。以水逐而沃之，即死。取纺绩其毛，织以为布。用之若有垢浣，以火烧之则净也。"又云："南荒之外有火山。昼夜火然。火中有鼠重百斤。毛长二尺余，细如丝，可以作布。恒居火中，时时出外而白。以水逐而沃之，乃死。取其毛，缉织以为布。"又云："东海之外，荒海中有山，焦炎而峙，高深莫测，盖禀至阳之为质也。海水激浪投其上，噏然而尽。计其昼夜，噏摄无极。若熬鼎，受其洒汗耳。"此皆因火山及火浣布而附会者也。《述异记》云："南方有灾火山。四月生火，十二月火灭。火灭之后，草木皆生枝条。至火生,草木叶落,如中国寒时也。取此木以为薪,然之不烬。以其皮绩之,为火浣布。"与《神异经》同一附会。

又云:"南方山有邯瞦之林,其高百丈,围三尺八寸。促节多汁,甜如蜜。咋啮其汁,令人润泽。可以节蚘虫。人腹中蚘虫,其状如蚓,此消谷虫也;多则伤人,少则谷不消。是甘蔗能灭多益少。凡蔗亦然。"观此,则中国人早知有蔗,特未能制以为饧耳。邯瞦,旧刻下注甘蔗二字,邯为借字,瞦则特造之字也。

又云:"北方荒中有石湖,方千里,岸深五丈余,恒冰,惟夏至左右五六十日解耳。有横公鱼,长七八尺,形如鲤而目赤。昼在湖中,夜化为人。刺之不入,煮之不死。以乌梅二枚煮之则熟。食之可止邪病。"此似今西伯利亚之湖。

原刊《齐鲁学报》第二期,一九四一年七月出版

# 〔八六〕 博物志

　　古人多有随意钞录之作,此书亦其一也。其题署何人,全不足据。书亦绝无体例,盖乡曲陋儒之所为。古类书弘博者甚多,皆不传,而此等书独有传于后者,卷帙少则移录易;且不知体例之人所为,正为不知体例之人所悦。通知著述体例之士少,不知著述体例之人多,而此等书遂传之寖广,不易湮灭矣。

　　然其为物既古,则作者虽陋,而仍时有可采。以其与他古籍间有异同,足资参证,又或足补他书之所不备也。如云:"泰山,一曰天孙,言为天帝孙也。主召人魂魄。东方万物始成,知人生命之长短。"案《后汉书·乌桓传》曰:"俗贵兵死,敛尸以棺,有哭泣之哀;至葬,则歌舞相送。肥养一犬,以彩绳缨牵,并取死者所乘马衣物,皆烧而送之,言以属累犬,使护死者神灵归赤山。赤山,在辽东西北数千里。如中国人死者魂神归岱山也。"《注》即引此书为说。又《风俗通义》云:"俗说岱宗上有金箧玉策,能知人年寿修短。武帝探策得十八,因读曰八十,其后果用耆长。"泰山知人生死,其说盖甚古,传于今者鲜矣,赖有此书及《后汉书》、《风俗通》,可以相证也。又云:"太行北去,不知山所限极,亦如东海,不知所穷尽也。漠北广远,中国人鲜有至北海者。汉使票骑将军霍去病北伐单于,至瀚海而还,有北海明矣。"可见古人于北方地理,甚为茫昧也。

　　古书述事多荒诞，然细加推勘，皆可知其致误之由，虽荒诞，非虚构也；然其或见信或不见信，则仍视其传之之书。此书云："有一国，在海中，纯女无男。又说得一布衣，从海浮出，其身如中国人衣，两袖长二丈。又得一破船，随波出在海岸边。有一人，项中复有面，生得，与语不相通，不食而死。其地皆在沃沮东大海中。"此事亦见《三国志·东夷传》，盖当时传闻，实有此辞，抑且有事实为据，非虚构也，然使不见《国志》，惟载是书，人亦将视为东野人之语矣。

　　又云："禹平天下，会诸侯会稽之野，防风氏后到，杀之。夏德之盛，二龙降之。禹使范成光御之行域外，既周而还。至南海，经防风。防风氏之二臣，以涂山之戮，见禹便怒而射之。迅风雷雨，二龙升去。二臣恐，以刃自贯其心而死。禹哀之，乃拔其刃，疗以不死之药，是为穿胸民。"又云："交趾民，在穿胸东。"说虽荒诞，然防风之族，及其所在，藉可推测。穿胸盖文身之民，刻画其胸以为饰也。

　　又云："荆州极西南界至蜀，诸民曰獠子。妇人妊娠，七月而产。临水生儿，便置水中，浮则取养之，沈便弃之。然千百多浮。既长，皆拔去上齿牙各一，以为身饰。"獠人能没水捕鱼，观此，可知其习之之凤矣。

　　又云："交州夷名曰俚子。俚子弓长数尺，箭长（尺）余，以燋铜为镝，涂毒药于镝锋，中人即死。不时敛藏，即膨张沸烂，须臾燋煎都尽，惟骨耳。"说似过甚，然夷人有毒矢，则必不诬也。《后汉书·南蛮传》：建武十二年，九真徼外蛮里张游，率种人慕化内属，封为归汉里君。注："里，蛮之别号，今呼为俚人。"知俚之称，实起于交域也。《志》又言："西方之人高鼻深目，多毛。南方之人大口。"西方人盖白种，南方人则马来族，固皆实录也。

古人本好附会，不求其实。此等短书，其荒陋，自更出于意计之外，然其附会之由，亦间有可考者。如云："尧以天下让于虞，三苗之君非之，帝杀有苗；有苗之民，浮入南海，为三苗国。"案郑注《甫刑》，以苗民为贬辞，其说盖是。然高注《淮南子》，已别列一说，谓窜三苗国民于三危矣。郭注《山海经》亦云："尧以天下让舜，三苗之君非之，帝杀之，有苗之民，叛入南海，为三苗国。"与《博物志》同，盖因民字而附会。《志》又言："汉武帝时，弱水西国，有人乘毛车渡弱水来献。"盖因弱字而附会也。又云："齐桓公与管仲自敦煌西涉流沙。沙石千余里，无水。时则有沃流处，人莫能知。皆乘橐驼，橐驼知水脉，遇其处，辄停，以足蹋地。人于其蹋处阙之，辄得水。"此释流沙，其荒甚矣，然古文家以居延泽当之，庸愈乎？

最可笑者，谓魏武帝伐冒顿，遇物如狸，能杀师子，竟不知冒顿在汉初也。此等处幸而传者亦皆浅陋，故能存其真，否则一经校改，转无由知其本不可信矣。

《志》云："《周书》曰：西域献火浣布，昆吾氏献切玉刀。火浣布污则烧之，则洁。刀切玉如䐀。布，汉世有献者，刀则未闻。"此所云《周书》，未知为何书。《志》又曰："《庄子》曰：地三年种蜀黍，其后七年多蛇。"案《释文》谓《庄子》"言多诡诞，或似《山海经》，或类占梦书，故注者以意去取。其内篇众家并同，自余或有外而无杂。惟郭子玄所注，特会庄生之旨，故为世所贵"。《庄子》五十二篇，今本惟三十三篇，盖非其全。此所引盖在逸篇中。然则其云《周书》，亦必有据也。

《志》云："《老子》云：万民皆附西王母，惟王、圣人、真人、仙人、道人之命，上属九天君耳。"此方士寿命之说。又云："《神仙传》曰：食者，百病妖邪之所钟。"又曰："所食逾少，心愈开，（年）愈益。所食愈多，心愈塞，年愈损。"此方士摄养之方。其言寿命，妖妄不经；言摄养,颇有至理也。

《志》云:"旧说云:天河与海通。近世有人居海渚者,年年八月,有浮槎,去来不失期。人有奇志,立飞阁于槎上,多赍粮,乘槎而去。十余日中,犹观日月星辰,自后茫茫忽忽,亦不觉昼夜。去十余日,奄至一处,有城郭状,屋舍甚严。遥望宫中,多织妇。见一丈夫,牵牛渚次饮之。牵牛人乃惊问曰:何由至此?此人具说来意,并问此是何处,答曰:君还至蜀郡,问严君平,则知之。竟不上岸。因还,如期。后至蜀问君平。曰:某年月日,有客星犯牵牛宿。计年月,正是此人到天河时也。"观此,知古人谓水与天接。

《志》云:"人有山行堕深涧者,无出路,饥饿欲死。左右见龟蛇甚多,朝暮引颈向东方。人因伏地学之,遂不饿。体殊轻便,能登岩岸。经数年后,辣身举臂,遂超山涧上,即得还家。颜色悦怿,颇更黠慧胜故。还食谷,唉滋味,百余日中,复本质。"案人不火食,即身轻能超越,野史中数见之。清末,似系光绪三十三年丁未。《时报》尚载有瑞典、那威人如此,盖非虚语。人不食不能生,此人或亦以不火食而身轻;学龟蛇呼吸,则方士附会之辞也。

语有传之甚久者。余小时,先母尝语予曰:"行雾中必饱食,饮酒尤佳。昔有三人,晓行遇雾,一无恙,一病,一死。无恙者饮酒,病者饱食,死者空腹。"先母云闻诸故老,不云见于书史也。余后读方书见之,亦不云说有所本。然是书已载之。

《志》云:"人借带眠则梦蛇。"与今心理学家之说合。

《志》云:"烧白石作白灰,既讫,积著地,经日俱冷,遇雨及水浇,即便然,烟焰起。"此事今人无不知之者矣,然此书郑重而道之,以为戏术,可见其时知者尚少,更无论资以为用也。

《志》云:"居无近绝溪群冢,狐虫之所近,此则死气阴匿之处也。"其说无稽。然绝溪群冢,易以致疾,而非尊生者之所居,则实矣。又云:"山居之民,多瘿肿疾,由于饮泉之不流者,今荆南诸山郡多此疾。瘇由践土之无卤者,今江外诸山县,偏多此病。"言医理未然,然言何地多何病,亦足备医史之甄采也。

原刊《齐鲁学报》第二期,一九四一年七月出版

# 〔八七〕拾遗记

此书为道家之书，其附会之迹，显然可见，然亦有间存古说者。

《记》云："帝喾之妃，邹屠氏之女也。轩辕去蚩尤之凶，迁其民善者于邹屠之地，迁恶者于有北之乡。其先以地命族，后分为邹氏、屠氏。女行不践地，常履风云，游于伊洛。帝乃期焉，纳以为妃。"案颛顼取于蜀山氏，为蚩尤之族，予别有考。今观此说，则帝喾亦取于蚩尤，无怪秦、楚等南方之族，皆以帝喾为祖也。

《记》云："尧命夏鲧治水，九载无绩。鲧自沈于羽渊，化为玄鱼，时扬须振鳞，横修波之上；见者谓为河精。羽渊与河、海通源也。海民于羽山之中，修立鲧庙，四时以致祭祀。常见玄鱼与蛟龙，跳跃而出，观者惊而畏矣。鲧之灵化，其事互说。神变犹一，而色状不同。玄鱼黄熊，四音相乱。传写流文，鲧字或鱼边玄也。群疑众说，并略记焉。"案以鲧化为玄鱼，似据字形傅会。然《尚书》亦言禹锡玄圭，何为而必锡玄圭乎？殷起东南，而契称玄王；鲧、禹治水，亦在东南，而鲧化玄鱼，禹锡玄圭。又古东南之族称黎，黎即黑也。夏后氏尚黑，大事敛用日昏，戎事乘骊，牲用玄。然则古东南之族，殆以黑为徽号，而殷人尚白，乃其迁殷后事，封商时初不然也。

《记》云："禹凿龙关之山，亦谓之龙门。至一空岩，深数十里，幽暗不可复行，禹乃负火而进。有兽，状如豕，衔夜明之珠，其光如烛。

又有青犬,行吠于前。禹计可十里,迷于昼夜。既觉,渐明,见向来
豕犬,变为人形,皆著玄衣。又见一神,蛇身人面。禹因与语,神即
示禹八卦之图,列于金板之上。又有八神侍侧。禹曰:华胥生圣
子,是汝邪? 答曰:华胥是九河神女,以生余也。乃探玉简授禹,长
一尺二寸,以合十二时之数,使量度天地。禹即执持此简,以平水
土。蛇身之神,即羲皇也。”此说亦以豕犬之神为玄衣,又以华胥为
九河神女,以羲皇为蛇身,并足见吾族起于江海之会。

《记》云:“(周)昭王二十四年,涂修国献青凤、丹鹊,各一雌一
雄。孟夏之时,凤、鹊皆脱易毛羽,聚鹊翅以为扇,缉凤羽以饰车盖
也。扇:一名游飘,二名条翮,三名亏光,四名仄影。时东瓯献二
女:一名延娟,二名延娱。使二人更摇此扇,侍于王侧,轻风四散,
泠然自凉。此二人,辩口丽辞,巧善歌笑;步尘上无迹,行日中无影。
及昭王沦于汉水,二女与王乘舟,夹拥王身,同溺于水。故江汉之
人,到今思之,立祀于江湄。数十年间,人于江汉之上,犹见王与二
女,乘舟戏于水际。至暮春上巳之日,禊集祠间,或以时鲜甘味,采
兰杜苞裹,以沈水中,或结五色纱囊盛食,或用金铁之器,并沈水中,
以惊蛟龙水虫,使畏之,不侵此食也。”此与帝之二女传说相涉,所沈
之食,又与角黍相类也。

《记》云:燕昭王九年,“思诸神异。有谷将子,学道之人也,言
于王曰:西王母将来游,必语虚无之术。不逾一年,王母果至,与昭
王游于燧林之下,说炎帝钻火之术。”又云:“秦始皇好神仙之事。有
宛渠之民,乘螺舟而至。舟形似螺,沈行海底,而水不浸入,一名沦
波舟。其国人长十丈,编鸟兽之毛以蔽形。始皇与之语,及天地初
开之时,了如亲睹。曰:臣少时,蹑虚却行,日游万里。及其老朽
也,坐见天地之外事。臣国在咸池,日没之所,九万里,以万岁为一
日。俗多阴雾,遇其晴日,则天豁然云裂,耿若江汉,则有玄龙、黑

凤,翻翔而下。及夜,燃石以继日光。此石出燃山,其土石皆自光澈,叩之则碎,状如粟,一粒辉映一堂。昔炎帝始变生食,用此火也。"古书皆以为燧人钻木取火,此独以为炎帝,顾名思义亦通,盖亦有所本。

《记》云:"(汉)孝惠帝二年,四方咸称车书同文轨,天下太平,干戈偃息,远国殊乡,重译来贡。时有道士,姓韩,名稚,则韩终之胤也,越海而来,云是东海神使,闻圣德洽乎区宇,故悦服而来庭。时有东极,出扶桑之外,有泥离之国来朝。其人长四尺,两角如茧,牙出于唇,自乳以来,有灵毛自蔽,居于深穴,其寿不可测也。帝云方士韩稚,解绝国人言。令问人寿几何?经见几代之事?答曰:五运相承,迭生迭死,如飞尘细雨,存殁不可论算。问女娲以前可闻乎?对曰:蛇身已上,八风均,四时序,不以威悦,揽乎精运。又问燧人以前,答曰:自钻火变腥以来,父老而慈,子寿而孝。自轩皇以来,屑屑焉以相诛灭,浮靡器动,淫于礼,乱于乐,世德浇讹,淳风坠矣。"此以燧人为变腥,与前说异,盖各有所本。以女娲为蛇身,亦旧说也。

《记》云:"晋太始元年,魏帝为陈留王之岁,有频斯国人来朝,以五色玉为衣,如今之铠。其使不食中国滋味,自赍金壶,壶中有浆,凝如脂,尝一滴则寿千岁。其国有大枫木,成林,高六七十里,善算者以里计之,雷电常出树之半。其枝交荫于上,蔽不见日月之光,其下平净扫洒,雨雾不能入焉。树东有大石室,可容万人坐,壁上刻为三皇之像,天皇十三头,地皇十一头,人皇九头,皆龙身。亦有膏烛之处,缉石为床,床上有膝痕,深三寸。床前有竹简,长尺二寸,书大篆之文,皆言开辟以来事,人莫能识。或言伏羲画卦之时有此书,或言是苍颉造书之处。傍有丹石井,非人之所凿,下及漏泉,水常沸涌,诸仙欲饮之时,以长绠引汲也。"此言三皇,袭纬书之文,云皆龙身,亦依附旧说。

《记》云:"石季伦爱婢名翔风,魏末于胡中得之,年始十岁,使房内养之;至十五,无有比其容貌。特以姿态见美,妙别玉声,巧观金色。石氏之富,方比王家,骄侈当世,珍宝奇异,视如瓦砾,积如粪土,皆殊方异国所得,莫有辨识其出处者。乃使翔风别其声色,悉知其处。"是时胡人来者多贾客,所市率珍异之物,观此等传说,实隐见当时西域商业情形也。

《记》云:"瀛洲,一名魂洲,亦曰环洲。东有渊洞,有鱼,长千丈,色斑,鼻端有角,时鼓舞群戏。远望水间有五色云,就视,乃此鱼喷水为云,如庆云之丽,无以加也。"此即今之鲸。可见说虽荒怪,自有所本。

此《记》附会,有极可笑者。如以鲧字亦作鲧,乃谓其化为玄鱼;长安城北有司寒之馆,则谓为汉惠帝祠韩终之所,改其字为祠韩;因人家元日,刻木铸金或画鸡于牖上,乃以为尧时祇支所献重明之鸟;皆是也。其云:"傅说赁为赭衣者舂于深岩以自给,梦乘云绕日而行,筮得利建侯之卦,岁余,汤以玉帛聘为阿衡。"则并误傅说与伊尹为一人矣,真可发一噱。

《山海经·海外南经》有岐舌国。郭《注》云:"其人舌皆岐,或云支舌也。"郝《疏》云:"支舌即岐舌。《尔雅·释地》云:枳首蛇,即岐首蛇,岐一作枝,枝支古字通也。又支与反字形相近,《淮南·墬形训》有反舌民。高诱《注》云:语不可知,而自相晓。又注《吕氏春秋·功名》篇云:一说南方有反舌国,舌本在前,末倒向喉,故曰反舌。是支舌,古本作反舌也。《艺文类聚》十七卷引此经作反舌国,其人反舌。《太平御览》三百六十七卷亦引此经同,而云一曰交。案交盖支字之讹也。二书所引经文作反舌,与古本正合。"案《类聚》、《御览》皆出郭《注》后,不应二书不误,而郭《注》反误。今观此《记》

云："西方有因霄之国，人皆善啸。丈夫啸闻百里，妇人啸闻五十里，如笙竽之音。秋冬则声清亮，春夏则声沈下。人舌尖处倒向喉内；亦曰两舌重沓，以爪徐刮之，则啸声愈远。故《吕氏春秋》云反舌殊乡之国，即此谓也。"然则郭《注》所引者，即此等道士造作之说耳。

《记》又云："太初二年，大月氏国贡双头鸡，四足一尾，鸣则俱鸣。武帝置于甘泉故馆，更以余鸡混之，得其种类，而不能鸣。谏者曰：《诗》云：牝鸡无晨。一云：牝鸡之晨，惟家之索。今雄类不鸣，非吉祥也。帝乃送还西域。行至西关，鸡反顾，望汉宫而哀鸣。故谣言曰：三七末世，鸡不鸣，犬不吠，宫中荆棘乱相系，当有九虎争为帝。至王莽篡位，将军有九虎之号。其后丧乱弥多，宫掖中生蒿棘，家无鸡鸣犬吠。"案牝鸡无晨，牝鸡之晨，惟家之索，见伪《古文尚书》，此书引之，而又误《书》为《诗》，方士之荒陋，固如是也，然其时代之晚，亦可见矣。

原刊《齐鲁学报》第二期，一九四一年七月出版

# 〔八八〕述异记

　　此书虽亦小说之类，然中存古说颇多，较之辗转改饰者，颇有区别。盘古古说，实赖此书以存，予别有考。今再略举数事如下。

　　《记》云："南海小虞山中有鬼母，能产天地。鬼一产十鬼，朝产之，暮食之。今苍梧有鬼姑神是也。虎头龙足，蟒目蛟眉。《注》：蟒蛇目圆，蛟眉连生。今吴、越间防风庙土木作其形，龙首牛耳，连眉一目。"案虞山即吴山，此可证吴之名或原于南方。鬼母能产天地，则宇宙原始，实由女神，较之《山海经》以羲和、常仪为帝俊之妻，其思想更古矣。朝生子而暮食之，其性质颇为酷虐，野蛮人固多畏恶神也。抑此亦古之寓言，以释万物之生死者与？其形状类龙蛇，可见其说起于海滨。而吴、越间防风庙土木作其形，又可见吴、越与南越，民族关系颇切也。抑其所谓龙首牛耳者，牛耳或牛角之传讹，则又与蚩尤有关系矣。见下。

　　《记》又云："昔禹会涂山，执玉帛者万国。防风氏后至，禹诛之。其长三丈；其骨，头专车。今南中民有姓防风氏，即其后也，皆长大。越俗祭防风神，奏防风古乐，截竹长三尺，吹之如嘷，三人披发而舞。"禹会诸侯，恐不能至越地。防风氏事，非禹后播迁南方者传述而误其地，则其人自与土著之越相争斗，而傅诸禹也。然南方民有姓防风者，则可见防风氏之实有其国。抑"伏羲鳞身，女娲蛇躯"，见

《鲁灵光殿赋》。而传亦谓为风姓；又北方实有房国，房即防也；得毋始皆在南，后乃稍徙而北欤？《记》又云："南康郡有君山，高秀重叠，有类台榭，名曰女娲宫。"则女娲之传说，固亦有在南方者矣。

《记》又云："轩辕之初立也，有蚩尤氏，兄弟七十二人，铜头铁额，食铁石。轩辕诛之于涿鹿之野。蚩尤能作云雾。涿鹿，今在冀州，有蚩尤神，俗云人身牛蹄，四目六手。今冀州人掘地，得髑髅如铜铁者，即蚩尤之骨也。今有蚩尤齿，长二寸，坚不可碎。秦、汉间说：蚩尤氏耳鬓如剑戟，头有角；与轩辕斗，以角觚人，人不能向。今冀州有乐名蚩尤戏，其民两两三三，头戴牛角而相觚。汉造角觚戏，盖其遗制也。"又云："太原村落间祭蚩尤神，不用牛头。今冀州有蚩尤川，即涿鹿之野。汉武时，太原有蚩尤神昼见，龟足蛇首，首疫，其俗遂为立祠。"案铜头铁额，骨如铜铁，皆因蚩尤造兵而傅会。古盖以蚩尤之族，多力如牛，故涿鹿之战，有教熊、罴、貔貅、貙、虎之说也。吴、越间防风庙鬼姑神，盖亦牛首，故其像犹作牛耳；抑牛耳或亦牛角之讹也？角觚之戏盛于秦，秦为飞廉后，固亦东南之族。《秦本纪》特记丰大特之神，亦可见其族之重牛矣。太原蚩尤神，龟足蛇首，则其族本起滨海之征也。《易·系辞传疏》引《帝王世纪》：炎帝人身牛首。《海外北经》：共工之臣相柳氏。相柳之所抵，厥为津溪，疑亦谓其牛首有角。

苍颉，古说皆以为帝王，无以为黄帝史者，其庙碑云："天生德于大圣，四目灵光，为百王作宪。"《春秋元命苞》云："仓颉四目，是谓并明。"《路史》言：庐陵县化仁山旧祠，有仓颉像，四目龙衮。盖亦传之自古。而蚩尤俗传亦云四目，则仓颉亦南方之族矣。然则中国文字，实始于南也。

《记》又云："尧使鲧治洪水，不胜其任，遂诛鲧于羽山，化为黄能，入于羽泉。今会稽祭禹庙不用熊，曰：黄能即黄熊也。陆居曰熊，水居曰能。昉按今江、淮中有鲛名熊。熊蛇之精，至冬化为雉，至夏复为蛇。今吴中不食雉，毒故也。"此可见鲧之传说，亦与南方有关。《月令》言"爵入大水为蛤"，知古谓飞潜可以相化，龙特其尤神者耳。此亦水滨之民之思想也。尧使鲧治水时，盖仍在东方，未迁西北。

《记》又云："饶州，俗传轩辕氏铸镜于湖边。今有轩辕磨镜石。石上常洁，不生蔓草。"案轩辕踪迹，不得至饶州，然亦可见南方铸冶之早。

《汉书·地理志》云："粤地，牵牛婺女之分野也。今之苍梧、郁林、合浦、交阯、九真、南海、日南，皆粤分也。其君禹后，帝少康之庶子云，封于会稽。"臣瓒曰："自交阯至会稽，七八千里。百粤杂处，各有种姓，不得尽云少康之后也。"案《汉书》之意，本指封于会稽者言之，臣瓒实误驳。然会稽之越而外，其君固亦未必无禹后也。《述异记》云："吴既灭越，栖句践于会稽之上，地方千里。句践得范蠡之谋，乃示民以耕桑。延四方之士，作台于外，而馆贤士。今会稽山有越王台。今交州麻林，一名纻林，句践种麻，将以弦弓。交州糠头山，句践贮米，于其上春，积糠为山。今会稽之上，有越王铸剑洲、箭镞洲。往往有得古箭镞。"又云："广州东界，有大夫文种之墓。墓下有石，有华表柱，石鹤一只。种即越王句践之谋臣也。"又云："洞庭湖中有钓洲。昔范蠡乘扁舟至此，遇风，止钓于洲上，刻石记焉。有一陂，陂中有范蠡鱼。昔范蠡钓得大鱼，烹食之，小者放于陂中。陂边有范蠡石床、石砚、钻镩。范蠡宅在湖中。"洞庭有范蠡遗迹，殊不足信。交、广之域，秦、汉后始开辟，岂有能傅会句践、文种者？然亦有其遗迹，则必会稽之越亡后，遗族滨于江南海上者，传其先世之事迹而弗审其地，致有此误也。

古人于植物多有迷信。其最显而易见者为桃。君临臣丧，以巫祝桃茢执戈；桃弧棘矢，以共御王事是也。羿死桃棓，盖亦由是。《述异记》云："南中有枫子鬼。枫木之老者为人形，亦呼为灵枫。"又云："后汉季子长为政，欲知囚情，以梧桐木为之，象囚形。穿地为坎，卧木囚于其中，祝之，罪正者不动，冤者木囚动出，时以为精诚所应。子长时为大理卿。"又云："秦缪公时，陈仓人掘地得物，若羊非羊，似猪非猪。缪公道中逢二童子，曰：此名蝹，在地中，食死人脑。若以松柏穿其首，则死。故今种柏在墓上，以防其害也。"此皆谓草木自有精灵，盖所谓物魅也。

《述异记》云："袁绍在冀州时，满市黄金，而无斗粟，饿者相食。人为之语曰：虎豹之口，不如饥人。刘备在荆州时，粟与金同价。"又云："永嘉之乱，洛中饥荒。怀帝遣人观市，珠玉金银，阗委市中，而无粟麦。袁宏表云：田亩由是丘虚，都市化为珠玉是也。"又云："汉末大饥，江淮间童谣云：太岳如市，人死如林。持金易粟，贵于黄金。"又云："洛中童谣曰：虽有千黄金，无如我斗粟。斗粟自可饱，千金何所直？"观此，知珠玉金银，久为市易所资，非徒以供玩饰矣。又云："汉世古谚曰：虽有神药，不如少年；虽有珠玉，不如金钱。"观此，又知泉货之早以金钱为主也。

《唐书》云："日本，古倭奴也。"又云："后稍习夏音，恶倭名，更号日本。使者自言国近日所出，以为名。或云：日本乃小国，为倭所并，故冒其号，使者不以情，故疑焉。"《唐书》此语，系咸亨元年遣使贺平高丽后，则自咸亨以前，犹以倭之名自通也。《述异记》云："磅磄山，去扶桑五万里，日所不及，其地甚寒。有桃树，千围，万年一实。一说：日本国有金桃，其实重一斤。"一说之辞，必后人所附益矣。《记》又云："大食王国在西海中。有一方石，石上多树，干赤叶青。枝上总生小儿，长六七寸。见人皆笑，动其手足。头着树枝，使摘一枝，小儿便死。"大食之名，亦非梁世所有也。

　　《记》又云："殷纣时,大龟生毛而兔生角,是甲兵将兴之兆。"龟毛兔角,古无此语,此必佛教入中国后附会之辞也。但任昉时已可有,不必后人窜乱耳。

　　　　　　　　原刊《齐鲁学报》第二期,一九四一年七月出版

# 附录：吕思勉先生自拟读史札记 分类及部分篇目①

## 古史史事

古史时地略说上、下，读《山海经》偶记，女娲与共工，神农与炎帝、大庭，炎黄之争考，少昊考，共工，禹治水，盘古考，华胥氏，纬书之三皇说，儒家之三皇五帝说，有巢燧人考，伏羲考，黄帝说探源（书三皇五帝考后），南强篇，论吴越文化，唐、虞、夏史考，禅让说平议，囚尧城辨，丹朱傲，帝尧居陶，中国未经游牧之世

## 唐虞夏史

夏都考，唐虞夏都邑（一至三），有扈氏，太康失国少康中兴，囚尧城，二十有二人

## 殷周史

释亳，惟周公诞保文武受命惟七年，西周皆都丰镐，周失西

---

① 此为吕思勉先生自拟读史札记的分类及部分篇目，标题系编者所加。先生的文稿札记，均按类别分别包扎，每一类包成一扎，内有同类之论文、读史札记及其他资料。部分没有篇目的，如同原样保持分类目录。已经出版的《吕思勉读史札记》主要按时间顺序编排，也兼顾内容的类别，但与先生的分类方法不尽相同，用作附录，以供读者研读参考。

畿之年，自契至于成汤八迁，商，汤弱密须氏，汤冢，惟尹躬天见
于西邑夏，盘庚五迁，余祭之死，是四国者，三王五霸，汤放桀，伊
尹生于空桑，周先世世系，大公为西方人，公刘，毕郢，武成取二
三策

# 史　事

齐桓公存三亡国考，诸葛亮治戎，高肇，炀帝雁门之围，荆卿
燕丹，司马宣王征辽东，二世，李斯，晋武帝不废太子，唐高祖称臣
突厥

# 社　会

# 政　治

巧吏，后魏吏治之坏，治都邑之道，民主古义，并耕而食，如其不
才君可自取，君与王之别，探筹，立宪古谊，汉初赏军功之厚，封地大
小，巡守相聘，五侯九伯，霸国贡赋，姬姓日也异姓月也，尊王（尊王
与民贵之义相成），卫伯。兴灭国继绝世，三恪，篡立者诸侯既与之
会则不复讨，大上皇，附庸，魏武帝，君臣之义，以畜喻君，君臣朋友，
车服，政（民与政相关之切）

# 职　官

后魏吏治之坏，郡县送故迎新之费，州郡秩俸供给，诸葛亮随身
衣食悉仰于宫，度地居民，掌固，计相主计，执金吾

# 选　举

才不中器，资格用人始于应付武人，传衣钵，中正非官，入财者得补郎，九品官人之始，汉吏治之弊，策试之制，宦学篇，考绩之法，汉世选举之弊，汉末名士，九品中正，山涛，限年入仕，访问，用人以抚绥新附

# 刑　法

三国之校事，毋赦，狱之迟速，断狱重情，后有犯罪宥勿坐，流罪赐外国（梁武帝改刑之谬），藏首级，龟兹刑法与中国类，九刑，民各有心，妇人无刑，郑人铸刑书上中下，戮尸，象刑，圜土即嫡作，象魏，五刑之属三千，父子兄弟罪不相及，投畀豺虎，赎刑，比伍相及，与于青之赏必及于其罚，命夫命妇不躬坐狱讼，贼杀郡将郡不得举孝廉，古今所无何八议之有（曲法失刑），诸署共咒且，吉翰，御史不宜司藩理，赦前侵盗仍究（惩臧私之道），扶桑国法，父为子隐子为父隐，为法急于黎庶缓于权贵（梁武帝宽刑法），校郎，无赦，父母杀子同凡论，法粗术非妙道，决斗复仇，舜为天子皋陶为士，上行下效，儒法异同，以吏为师，复仇，秦汉文法之学，古代法律不求统一，法令繁苛之弊，著魏律者，汉文帝除宫刑，追戮已出之女

# 兵　制

蚩尤作兵，三革，六国之兵，汉世犹用铜兵，兵无铠甲，屯田之弊，汉武用将，塞路，山泽堡坞，募兵之利弊，魏太祖征乌丸，魏时将

帅之骄，文臣轻视军人，孙氏父子轻佻，女子从军，守险，交绥，宋襄公，国士，致师，古师行多侵掠，兵食，古水战，战船之弊，丘甲，军师，五兵，私属，教士，原兵，军志，骑射，士气，铁面，开国之主必亲戎，儒将，唐将帅之贪，北俗不解用弹，车骑

## 币　价

汉人赀产杂论

## 交　通

汉时亭传之制

## 度量衡

## 赋　税

入边入中，户调之始，牢盆

## 户　口

论中国户口册籍之法，读朱子开阡陌辨（即井田之废，又名读商君书），滂，畸官，马尔萨斯人口论

## 实　业

马钧，居边而富

## 饮　食

饮食进化之序,古代贵族饮食之侈,肉食与素食,蔬食

## 钱　币

汉时珠玉之价,汉人不重黄金,皮币,商贾以币变易积货逐利,居边而富,户调之始,滂,畴官,冰鉴,盗摩钱质取镕

## 移　民

秦汉移民论

## 阶　级

汉世食客,寒素,韩起解玉,郭解

## 民　食

## 经　籍

四部,汲冢书,再论汲冢书,梁末被焚书籍,六经皆史之蔽

## 经　学

论尔雅谁作,释尔雅,易大义,论二戴记上中下,填然,稽古同

天，猎校，子路问强，上国，左氏不传春秋上中下，伪古文尚书本荀子，左国异同，古人著书只重大概，诗无作义，何邵公为学海，马郑序周官之谬油，毛诗传说之诬，诗序上下，左氏自相抵牾诗序袭之，诗序，毛诗训诂之误，公羊载后师之名甚多，孔子得百二十国宝书之诬，春秋所以明义，左氏，左氏记事不尽可信

## 学术上

庶民惟星解，中和，心学之原，曾子大孝，天生时而地生财，礼运礼器，形法，无为，大顺，因，仁，大顺，大略，帝，古哲学之传，知之极，指穷于为，补损以知足，命训，天志明鬼，戒杀，一贯致一，哀乐祸福

## 学术中

杨朱之政治学说，形而上者谓之道、形而下者谓之器义，人生始生曰魄、既生魄、阳曰魂解，读崔东璧遗书，汉儒术盛衰上、下，名他人之学，申公，读论衡，思乡原，焚书上、下

## 学术下

《儒术之兴》上、中、下

## 文　字

史通点烦篇补，诗注

## 宗　教

易抱龟南面,三兆三易,日者龟策列传,神嗜饮食,窦公,大人见临洮,淮南王书无中篇,读抱朴子上、中、下,原神仙家,巫能视鬼,禁巫祠道中,赛本作塞,论汉人行序之说,图谶(一至七),读洞冥记,金人,轮回,沙门致敬人主,沙门与政,梁武帝废郊庙牲牷,僧徒为乱,淫祀,黄老君,于吉神书,太平道五斗米道

## 葬　埋

坟墓,桐棺三寸非禹制,墓祭,死于兵者不入兆域,厚葬,殉葬,不朽(《汉书·刘盆子传》),东沃沮之葬,北邙

## 医　学

减食致寿,绝菜患肿,脉法,手术,瞽者审于音声,父子相似,医疗贵人有四难

## 四裔上

吐蕃缘起,唐代吐蕃兵力,女国,西山八国,滑国考,徐福,偶夷即倭夷,唐代市舶,越之姓,幽都,畜虫,拓跋氏先世考,肖望之对待匈奴之议论,使臣图自利,西王母,北狄嗜利(辅弼劝辽兴宗不用兵),九姓,秦韩,蒿离,大宗停薛延陀婚,周人畏突厥之甚,突厥渠帅凡五,四镇,新罗击走海寇,宾叟骆蜀,官南方者之贪,晋初东夷

种落之多，卑弥乎，头曼城，赵陀年寿，西夜子合，拓跋氏之虐，突厥之先，倭人国，匈奴官制，匈奴风俗，拓跋氏先世上下，鬼方考，山戎考

## 四裔中

鲜卑，宇文氏先世，辫发，柔然，丁零，丁零居地，突厥与蒙古同祖，丁零宗教，突厥之兵，奚，康里，回文，契丹农业，契丹文字，契丹文学，突厥契丹宗教类乌桓，度斤、郁督军、都尉鞬、乌德鞬，蛮夷滑夏由传汉人文化，山戎考，赤狄白狄，长狄考，匈奴龙庭，朝鲜东徙之迹，辰国，江汉常武，匈奴为夏后氏苗裔，越之姓

## 四裔下

唐宋以前之中日交涉，夜郎侯见杀，头曼北迁及渡河南之年，优留单于非真单于，金代制匈奴，五胡次序无汝羌名，苻洪因谶改姓之诬，慕容拓跋，发、北发，泾洛诸戎，古匈奴居地，周伐猃狁为东迁后事，作《洪范》之年，中山

## 服　饰

## 宫　室

## 风　俗

## 道　德

处乱之道，勇以毅为贵

# 宗 族

汉人多从母姓,禁以异姓为后

# 妇 女

农业始于女子,唯女子与小人为难养,女称君亦称君子。汉时男女交际之废,交趾嫁娶之俗,乌丸俗从妇人计,汉时婚嫁之年,出妻改嫁上下,汉尚主之法,妻死不娶,王莽妃匹无二,汉世妾称,取女不专为淫欲(即取女闭之),適庶之别,汉世婚姻多出自愿

# 伦 理

孝子,五伦,救父杀夫助夫杀父,孟施舍似曾子北宫黝似子夏,君子有勇而无义为乱小人有勇而无义为盗,父为子隐子为父隐,竭力,往者不悔来者不预,子强,忠欲,辞色,知力,朋友之道

# 地 理

地图,五岳,地平线,归虚,弱水黑水,南交,大九州考

# 纪 年

生日,历日,古人不重生日,古人周岁增年

# 史　学

论晋书(一至七),路史,大史公书采战国策,空籍五岁,本纪世家皆史记前已有,史记于众所习知之事皆弗论,春秋史记皆史籍通称,记府,唐以前无断代史,六经皆史之蔽,崔浩魏记,吴均齐春秋,江淹齐史,沈约宋书

# 考　古

# 未分类

神异经,博物志,拾遗记,述异记